JUNTOS

AN INTERMEDIATE COURSE

JULIANNE DUEBER

University of Missouri—St. Louis

PRENTICE HALL Englewood Cliffs, New Jersey 07632

Library of Congress Cataloging-in-Publication Data

Dueber, Julianne.
    Juntos : an intermediate course / Julianne Dueber.
      p.   cm.
    Spanish and English.
    "To be used in third and fourth semester university classes"-
  -Pref.
    Includes index.
    ISBN 0-13-512500-6
    1. Spanish language--Textbooks for foreign speakers--English.
    2. Spanish language--Grammar--1950-   I. Title.
    PC4112.D8 1990
    468.2'421--dc20   89-8520
                                                        CIP

Acquisitions editor: Steve Debow
Editorial assistant: Maria F. Garcia
Editorial/production supervision
        and interior design: Louise B. Capuano
Cover design: Lundgren Graphics Ltd.
Cover photo: Andrew Solloway
Manufacturing buyer: Ray Keating

On the cover: "Tango, USA," a 17- by 59-foot mural in Jackson Heights, Queens, New York.
It was painted by Pamela Shoemaker to reflect the beauty and excitement of a multi-ethnic, but predominantly
Hispanic, community in Queens. Shoemaker is a New York artist whose projects have appeared in many
public areas of the city.

Text photo credits appear on page 404.

© 1990 by Prentice-Hall, Inc.
A Division of Simon & Schuster
Englewood Cliffs, New Jersey 07632

Printed in the United States of America

10 9 8 7 6 5 4 3 2 1

ISBN   0-13-512500-6

Prentice-Hall International (UK) Limited, *London*
Prentice-Hall of Australia Pty. Limited, *Sydney*
Prentice-Hall Canada Inc., *Toronto*
Prentice-Hall Hispanoamericana, S.A., *Mexico*
Prentice-Hall of India Private Limited, *New Delhi*
Prentice-Hall of Japan, Inc., *Tokyo*
Simon & Schuster Asia Pte. Ltd., *Singapore*
Editora Prentice-Hall do Brasil, Ltda., *Rio de Janeiro*

To my mother, DOROTHY CARPENTER DUEBER

Contenido

Preface

Juntos is a Spanish review text designed to be used in third and fourth semester university classes. All sections of *Juntos* have been written to attain one final goal: to advance students' knowledge of Spanish by fine-tuning the skills of reading speaking, listening, and writing. No skill has been overlooked and a balanced approach to learning Spanish has been emphasized, since it is the author's view that increased practice in any one skill will automatically help students better their other skills in using the language. A workbook manual complements the textbook by offering students additional practice, with the answers to all exercises at the back of the manual.

An extra effort has been made to update the methods previously used in other Spanish textbooks in order to help students attain better oral proficiency, traditionally a weakness in many teaching methods and textbooks. Too often, students have had to answer questions pertaining to persons whom they do not know. When confronted with meaningless questions, they tend not to think in Spanish but rather to answer the question simply with the correct verb form. *Juntos* eliminates this kind of question and instead includes material that relates to students' personal experiences, often with questions that are humorous or absurd. Since it has been scientifically proved that humor helps people to relax, to seek more creative answers to questions and problems, and to learn better, the study of a foreign language provides the perfect opportunity to apply this principle in classroom discussions of students' everyday life.

Each lesson begins with a reading of contemporary interest or about Hispanic culture. Special emphasis is given to Hispanic American cultures in the United States since the Hispanic people will soon become the nation's largest minority group. The readings in each chapter are fairly short and are designed to be used as a point of departure for utilization of the language. Since this is a course in which the *Spanish language* is emphasized, the readings are designed to stimulate discussion. Some will be controversial and students will not always agree with the statements made. This is intentional. The idea is to get the students to do more than simply give rote answers. They will have to give their own opinions and examine all aspects of an issue. Questions that allow students to answer "sí" or "no" have been avoided.

Each lesson in *Juntos* consists of the following framework:

Lecturas: readings at the beginning and end of each chapter with accompanying comprehension and vocabulary exercises.

Haga el papel: a section in which a student role-plays with another student in given situations.

Gramática: grammar topics are reviewed, followed by appropriate exercises.

Me gustaría saber . . .: personal questions which one student can ask another while working in pairs.

Composición guiada: a guided composition which leads students through a specific topic, enabling them to concentrate on the grammar constructions being studied.

Composición libre: a composition on a topic which students can develop in any way they choose.

A propósito: a section which helps students gain more knowledge of Spanish with varied topics such as compound words, how to use the phone, and how to write letters.

Refranes: proverbs in Spanish which help give the flavor of the language.

Repaso: a review section on grammar after every three lessons.

ACKNOWLEDGMENTS

I would like to thank the following Spanish colleagues from throughout the United States who reviewed *Juntos* and provided valuable suggestions and constructive criticism at various stages of the manuscript's development:

Margaret E. Beeson, *Kansas State University*

José Montero, *Georgia State University*

Alan Smith, *Boston University*

Rosslyn Smith, *Texas Tech University*

Harlan Sturm, *University of Massachusetts at Amherst*

A special thanks is due to those who checked the manuscript for linguistic accuracy: Lourdes Morales, Alegría Kent, Jesús Brezmes, and Ellen Meier.

I would also like to thank the following people for their support and helpful suggestions: Marion P. Holt, C. Marit Sherry, Thomas Amrine, Chris Johnson, Craig Larson, Patrick Berger, Dennis Preis, Vicki Klein, Barbara Cooper, Grace Fanger, and Jean Wehner, along with the hundreds of students and their instructors who have used these materials in manuscript form. Their comments have proved invaluable.

The following staff members at Prentice Hall deserve much credit for bringing *Juntos* to publication: Maria Felicidad Garcia, Marilyn Coco, Wayne Spohr, Ray Keating, Martha Masterson, Supplements Editor, and Louise B. Capuano, Production Editor. A special thanks is due to Steve Debow, Acquisitions/Development Editor, whose enthusiasm, patience, sense of humor, and guidance made working on *Juntos* an enjoyable experience.

Julie Dueber

1

Pasatiempos

Pasatiempos para todos

Todos tenemos nuestros pasatiempos favoritos. Necesitamos divertirnos y expresarnos a través de nuestras diversiones preferidas. Según los psiquiatras, el no tener horas libres para hacer lo que queremos nos puede causar daño físico y mental en el futuro. Hay personas que sufren de problemas cardíacos y de presión alta porque no gozan de un pasatiempo favorito. La persona sin intereses fuera del trabajo y de la familia muchas veces se siente muy aislada y triste porque sólo hace lo que tiene que hacer y no hace nada por sí misma. Desgraciadamente no puede relajarse. El que tiene otros intereses puede esperar con placer anticipado su tiempo libre, aunque tenga un trabajo pesado. Sus actividades relajantes pueden ser un escape de una situación imposible o pueden dar significado a su vida.

Paradójicamente algunos participamos en diversiones físicas para descansar y aliviar la tensión. Según investigadores científicos, hacer algo muy enérgico suelta un químico en el cerebro que nos da un sentimiento de bienestar. Hay muchas actividades que podemos escoger, como jugar a los deportes, nadar, montar a caballo, montar en bicicleta, esquiar, correr, andar, bailar y escalar montañas. Unas requieren más ejercicio que otras. También la estación del año determina qué hacemos en nuestro tiempo libre. ¿Quién se puede imaginar nadar en un río en el invierno o esquiar en la nieve en el verano? Tenemos que hacer más esfuerzo en el invierno para hacer ejercicio porque hay menos cosas que hacer y hace demasiado frío para participar en la mayoría de las actividades físicas.

En nuestros momentos sedentarios, podemos encontrar diferentes maneras de relajarnos: podemos ir al cine, mirar la televisión, visitar con nuestros amigos, jugar a las cartas, coleccionar sellos, mirar eventos deportivos, hablar por teléfono o leer libros.

Participamos en nuestros pasatiempos por muchas razones. A veces nos encontramos con ganas de buscar tranquilidad, otras veces sentimos la necesidad de correr aventuras que pueden ser reales o imaginarias. Todo depende de nuestro ánimo. Tocar un instrumento musical nos puede entusiasmar o darnos tranquilidad, mientras que remar en un río un poco caudaloso nos proporciona una experiencia más emocionante.

Tomar una decisión acerca de qué hacer con nuestros ratos libres a veces nos puede crear un poco de conflicto, pero vale la pena pensar en temas tan agradables como: ¿Qué vamos a hacer este fin de semana? ¿Vamos de compras o tal vez a caminar por el parque o . . . ? Bueno, lo más importante es buscar la manera más divertida de entretenernos.

VOCABULARIO

PASATIEMPOS

acampar   to camp
cazar   to hunt
coser   to sew
dar un paseo (una vuelta)   to take a walk
escalar montañas   to climb mountains
hacer ejercicio   to exercise
ir de excursión   to go on a trip
hacer un viaje   to travel
ir a una corrida de toros   to go to a
    bullfight
ir a una fiesta   to go to a party
ir de compras   to go shopping
jugar a los bolos   to bowl
leer el periódico   to read the newspaper
meditar   to meditate
mirar a la gente   to people-watch
pescar   to fish
sacar fotos   to take photographs
tejer con gancho   to crochet
tocar el piano   to play the piano
tomar el sol   to sunbathe

VERBOS

entretener   to entertain
gozar de   to enjoy (the)
proporcionar   to provide, furnish
relajarse   to relax
soltar   to release

SUSTANTIVOS

el ánimo   mood

el bienestar   well-being
el cerebro   brain
el daño   damage
el esfuerzo   effort
el pasatiempo   pastime, hobby
la presión alta   high blood pressure
la primavera   spring
el verano   summer
el otoño   autumn
el invierno   winter

ADJETIVOS

aislado   alone, isolated
caudaloso   swift (river)
pesado   tiresome, boring

EXPRESIONES UTILES

a través de   through, by means of
desgraciadamente   unfortunately
esperar con placer anticipado   to look for-
    ward to
valer la pena   to be worthwhile

PALABRAS CONFUSAS

asistir a (un drama)   to attend (a play)
atender   to take care of, attend to

conocer   to know (be acquainted with)
saber   to know (facts, how to)

jugar (a un deporte)   to play (a sport)
tocar (un instrumento)   to play (an
    instrument)

vocabulario y comprensión

A. Encuentre la palabra correcta para la definición de la izquierda.

1. _____ insufrible
2. _____ estación más fría del año
3. _____ acción enérgica del cuerpo o del espíritu
4. _____ tener gusto en algo
5. _____ estación más calurosa del año
6. _____ apartado, separado
7. _____ cuidar de una persona
8. _____ tener cierto mérito
9. _____ someterse al examen introspectivo
10. _____ coger peces

a. meditar
b. verano
c. pescar
d. aislado
e. valer
f. invierno
g. gozar de
h. insoportable
i. esfuerzo
j. atender

B. Conteste Ud. las preguntas siguientes.

1. Según los psiquiatras, ¿qué les pasa a las personas que no tienen pasatiempos favoritos?
2. Cuando hacemos mucho ejercicio, ¿qué cosa nos da un sentimiento de bienestar?
3. ¿Cuáles son algunos daños físicos que resultan si la gente no tiene horas libres para divertirse?
4. ¿Por qué participa el individuo en sus pasatiempos favoritos?

juntos

A. Para discutir:

1. A las personas de 10 años, ¿qué les gusta hacer en su tiempo libre? ¿a las de 20 años? ¿a las de 40 años? ¿a las de 80 años? ¿Por qué son diferentes estas actividades?
2. ¿En qué otros pasatiempos activos puede Ud. pensar?, ¿en qué otros pasatiempos sedentarios? Consulte su diccionario.
3. ¿Cuál es su pasatiempo favorito? ¿Por qué? ¿Prefiere hacerlo sólo o con otras personas? ¿Por qué?

4. En su opinión, ¿por qué hace una persona las siguientes cosas: mirar la televisión, escalar montañas, cazar animales, beber alcohol, tomar drogas o ir de compras?

B. Haga el papel.   Con un compañero de clase, haga Ud. los papeles siguientes. Use su imaginación y creatividad para crear una escena, seria o cómica, en las situaciones siguientes. ¡Diviértanse!

1. You are in a crowded subway and have to edge past a drunk *(un borracho)*. What do you and he say?

2. You are on a beach and a strange man or woman tries to flirt with you. Invent a conversation with him or her.

3. You have just met a person of the opposite sex at a party. Ask him (her) where he (she) goes to school, what classes he (she) takes, where he (she) lives, etc.

GRAMATICA

El género y el plural de los sustantivos

GENDER OF NOUNS

In Spanish, nouns referring to persons and things are masculine (used with articles *el* or *un*) or feminine (used with articles *la* or *una*).

1. Most nouns ending in *-o* are masculine.

   el chico   *boy*   **el** edificio   *building*

   Exception: **la** mano   *hand*

2. Nouns ending in *-a* are usually feminine.

   la chica   *girl*   **la** entrevista   *interview*

   Exceptions: **el** día   *day*   **el** sofá   *sofa*

3. Words of Greek origin that end in *-ma*, *-pa*, and *-ta* are masculine.

el drama	*drama*	el tema	*theme*
el sistema	*system*	el diploma	*diploma*
el mapa	*map*	el poeta	*poet*
el cometa	*comet*		

4. Nouns ending in *-ión*, *-tad*, *-dad*, *-tud*, *-umbre*, *-ie*, and *-ez* are generally feminine.

la lección	*lesson*	la libertad	*freedom*
la ciudad	*city*	la costumbre	*custom*
la virtud	*virtue*	la vejez	*old age*
la serie	*series*		

5. Nouns ending in *-ista* may be masculine or feminine.

   el pianista   *male pianist*   la pianista   *female pianist*

PLURAL OF NOUNS

1. Nouns ending in a vowel add -*s* to form the plural; those ending in a consonant add -*es*.

el hombre	los hombres
la historia	las historias

la flor	las flores
el papel	los papeles
el inglés	los ingleses

2. Nouns ending in -*z* change the *z* to *c* before adding -*es*.

el lápiz	los lápices
una vez	las veces

3. Nouns ending in -*es* and -*is* don't change in the plural.

la dosis	las dosis
el miércoles	los miércoles

4. Compound nouns have the same form in the singular and plural and are always masculine.

   el abrelatas   *can opener*   **los** abrelatas   *can openers*

NOTE: *When forming the plural of nouns, it is sometimes necessary to add or delete an accent to keep the stress of the singular form. (See Apéndice 2 for rules on accentuation.)*

el joven	los jóvenes
el francés	los franceses
la lección	las lecciones

> **NOTE:** *In Spanish, the article, the noun, and the adjective always agree in gender and number.*
>
> el español práctico   los españoles prácticos
>
> la familia unida   las familias unidas

práctica

A. Un chico escribió una lista de cosas, pero no escribió el artículo definido antes de cada sustantivo. Ayúdelo con esa tarea.

1.	hotel	11.	holandés
2.	tema	12.	turista
3.	lección	13.	especie
4.	vez	14.	papel higiénico
5.	sistema	15.	dilema
6.	despensa	16.	percha
7.	sello	17.	grifo
8.	eternidad	18.	parabrisas
9.	lunes	19.	chofer
10.	sofá	20.	mano

B. Escriba la forma plural de cada nombre usando el artículo definido correspondiente.

1.	crisis	11.	problema
2.	mujer	12.	parte
3.	clima	13.	mano
4.	imitación	14.	sofá
5.	héroe	15.	vanidad
6.	juventud	16.	hierba
7.	día	17.	examen
8.	pez	18.	mapa
9.	optimista	19.	estupidez
10.	martes	20.	víctima

Los artículos

THE DEFINITE ARTICLE

FORMAS	SINGULAR	PLURAL
MASCULINE	**el** otoño **the** *fall*	**los** otoños **the** *falls*
FEMININE	**la** señorita **the** *young lady*	**las** señoritas **the** *young ladies*

NOTE: *Spanish has only two contractions:*

a + el = al   Vimos al presidente.
de + el = del   Regresaron del cine.

The definite article is used:

1. to denote a specific person or thing;

    La mujer que está en **la** sala de estar es su mamá.
    The woman who is in the living room is his mother.

    El mejor equipo va a ganar **el** campeonato.
    The best team is going to win the championship.

2. with abstract nouns or nouns used in a general sense;

    Así es **la** vida.   *That's life.*

    Las legumbres son necesarias.   *Vegetables are necessary.*

3. with the names of countries and persons that are modified;

    la España de la posguerra   **el** pobre Carlos

4. with the names of some countries;

    la Argentina   **el** Perú   **los** Estados Unidos   **el** Ecuador

---

NOTE: *Spanish speakers today often have a tendency to omit the definite article. Pay attention to native speakers to find out what is currently acceptable in each Spanish-speaking country.*

---

5. with titles such as *señor*, *señorita*, and *doctor* (except before *don* and *doña*, and when speaking directly to someone);

    ¿Te gusta **el** doctor Martínez?   ¿Dónde está **la** señorita Ramos?

    but

    ¿Conoces a doña Inés?   ¿Cómo está Ud. hoy, Sr. Moreno?

6. with parts of the body and articles of clothing instead of the possessive adjective;

Me duele **la** cabeza.   *My head aches.*

Nos pusimos **el** abrigo.   *We put our coats on.*

7. with the names of languages except after the verbs *hablar, aprender, leer, enseñar,* and *estudiar,* and the prepositions *de* and *en*;

El español es mi lengua favorita.

   but

Siempre hablamos inglés en casa. (no definite article)

8. with the days of the week, seasons of the year (except after the verb *ser*), and with dates and the time;

El viernes es su cumpleaños.

El otoño es mi estación favorita.

Son **las** nueve de la mañana.

Hoy es **el** 28 de septiembre.

   but

Hoy es sábado. (no definite article after *ser*)

Es primavera.

9. with the possessive pronoun.

¿Las llaves? No he podido encontrar **las** mías.

THE INDEFINITE ARTICLE

FORMAS	SINGULAR	PLURAL
MASCULINE	**un** dedo *a finger*	**unos** dedos *some fingers*
FEMININE	**una** copa *a stem glass*	**unas** copas *some stem glasses*

The indefinite article is *not* used:

1. before *ciento, mil, cierto, otro,* and *medio;*

otra cerveza	*another beer*
media docena	*a half a dozen*
cierto hombre	*a certain man*
mil veces	*a thousand times*
ciento dos graduados	*a hundred and two graduates*

2. after the verb *ser* with nouns of nationality, profession, or affiliation, provided such nouns are not modified.

   Juan es católico.   *Juan is a Catholic.*

   María es argentina.   *María is an Argentinian.*

   Ese hombre es profesor.   *That man is a teacher.*

   > *but*

   Ese hombre es **un** profesor excelente.   *That man is an excellent teacher.*

práctica

A. Complete la carta siguiente con el artículo definido o el indefinido si es necesario.

Querida Mati:

Acabo de regresar de _____ clase. Querías saber más de _____ universidad aquí. Bueno, te lo digo todo. _____ vida es muy divertida. Claro, tengo que ir a mis clases y estudiar, pero, ¿sabes _____ cosa? Me gustan _____ clases más aquí que en _____ colegio. Aquí yo tengo _____ responsabilidad de ir a

_____ escuela. Hay _____ mil razones por las que me encanta _____ vida universitaria. _____ razón es que tengo _____ profesor de inglés muy guapo, _____ señor Castañeda. También es _____ novelista en su tiempo libre. El habla _____ francés. Es _____ francés muy romántico. Cuando me mira con _____ ojos azules, tengo ganas de desmayarme. ¡Ay de mí! Ya son _____ dos y tengo que estar en _____ otra clase en _____ media hora. No te enojes conmigo. Te escribo _____ otra vez.

Con cariño,

B. Conteste Ud. las preguntas siguientes.

1. ¿Quién es el remitente (*sender*) de la carta?
2. ¿Cuál es su profesión?
3. ¿Cómo es ella? ¿seria, frívola, trabajadora?
4. ¿Por qué le gusta la vida universitaria?
5. ¿De quién está enamorada? ¿Por qué?
6. ¿Qué lengua extranjera sabe ella?

Las palabras interrogativas

The interrogative words listed below are used to make questions. They are placed at the beginning of the sentence and always have an accent mark.

¿Cómo?	*How?*	¿Cómo estás?
¿Cuál(es)?	*Which one(s)?*	¿Cuál es tu casa?
¿Cuándo?	*When?*	¿Cuándo vienen ellos?
¿Cuánto, -a?	*How much?*	¿Cuánto vale el oro?
¿Cuántos, -as?	*How many?*	¿Cuántas personas somos?
¿Dónde?	*Where?*	¿Dónde vives?
¿Adónde?	*To where?*	¿Adónde vamos?
¿De dónde?	*From where?*	¿De dónde eres?
¿Para qué?	*For what reason?*	¿Para qué sirve esto?
¿Por qué?	*Why?*	¿Por qué no llamaste?
¿Qué?	*What?*	¿Qué es esto?
¿Quién(es)?	*Who?*	¿Quién es él?
¿De quién(es)?	*Whose?*	¿De quién es esta bolsa?

práctica

En cada frase escriba una pregunta usando la palabra interrogativa correcta según el modelo.

> Los aficionados están _en el estadio._
> _¿Dónde_ están los aficionados? _(en el estadio)_

1. El suelo está _limpio._
2. Hay _un espejo_ en mi bolso.
3. _Ese hombre_ es el hermano de Tomás.
4. _Dos hombres_ están aquí para verte.
5. Este abrigo es _de José._
6. Los jóvenes van _al parque._
7. El chalet está _en las montañas._
8. La mujer es _atractiva y rica._
9. Está aquí _porque tiene una cita._
10. Ellos llegarán _mañana a las ocho._
11. Esta vaso sirve para _vino tinto._
12. Prefiero _esta blusa a las otras._

Los sujetos del verbo

Each Spanish verb has a subject (person) and number. The subject of a verb may be in the first, second, or third person, singular or plural. In Spain, one distinguishes between the familiar _you_ (_tú_ and _vosotros_) and the formal _you_ (_usted_ and _ustedes_): _tú_ and _vosotros_ are used when addressing family, friends, or children, and _usted_ and _ustedes_ are used when addressing someone you do not know well, or someone of higher authority. In other Spanish-speaking countries, both _tú_ and _usted_ are used in the singular, but only _ustedes_ is used in the plural, regardless of the degree of familiarity. The abbreviations _Ud._ and _Uds._ are commonly used. Below is a list of the subject pronouns in Spanish and their English equivalents.

SINGULAR	PLURAL
yo *I*	nosotros (m.) nosotras (f.) *we*
tú *you*	vosotros (m.) vosotras (f.) *you*
él *he* ella *she* usted *you*	ellos (m.) ellas (f.) *they* ustedes *you*

OMISSION OF SUBJECT PRONOUNS

1. The subject pronouns *yo, tú, nosotros,* and *vosotros* are often omitted in Spanish when the verb ending clearly identifies the subject. However, these pronouns are often used to provide emphasis.

    ¿Quién hizo esto?   **Yo** no lo hice.
    Who did this?   ***I** didn't do it.*

2. The subject pronoun is also omitted even when the verb ending does not identify the subject in sentences where the subject is already understood.

    ¿Sabe Juan que su novia está aquí?   Sí, lo sabe.
    Does Juan know his girlfriend is here?   *Yes, he knows.*

Conjugaciones

Spanish consists of three verb conjugations—the *-ar, -er,* and *-ir* verbs—which are correspondingly classified as the first, second, and third conjugations.

First conjugation: hablar, tomar, estar

Second conjugation: poner, vender, creer

Third conjugation: vivir, decir, dormir

Every verb may be conjugated in any tense, showing person, number, and mood. Tenses are the different forms which a verb has to indicate the time of the action or state.

El presente

REGULAR VERBS

PERSONA	LLEVAR	VENDER	DECIDIR
yo	llevo	vendo	decido
tú	llevas	vendes	decides
Ud., él, ella	lleva	vende	decide
nosotros, -as	llevamos	vendemos	decidimos
vosotros, -as	lleváis	vendéis	decidís
Uds., ellos, ellas	llevan	venden	deciden

práctica

Cambie las frases siguientes usando los sujetos entre paréntesis.

1. Ud. siempre cocina. (nosotros, yo, ellos, él)
2. El insiste en conducir. (tú, vosotros, yo, Uds.)
3. Yo enseño aquí. (ellas, Paco, nosotros, vosotros)
4. ¿Dónde vives? (Uds., yo, nosotros, ella)
5. Aprende mucho. (nosotros, yo, tú, ellos)
6. Lee un libro. (yo, vosotros, ellos, tú)

STEM-CHANGING VERBS

To obtain the stem of a verb, remove the infinitive ending (-*ar*, -*er*, or -*ir*).

cerr ar   **volv** er   **ped** ir

Stem-changing verbs have the regular tense endings but show a change in the stem when the last stem vowel is stressed. The changes occur in all but the *nosotros* and *vosotros* forms since the stem vowel is not stressed.

CLASS I VERBS

Class I (-*ar* and -*er*) verbs have a stem change in the present indicative and subjunctive and some command forms.

STEM VOWEL *E* TO *IE*   STEM VOWEL *O* TO *UE*

empezar   **volver**

empiezo	empezamos	vuelvo	volvemos
empiezas	empezáis	vuelves	volvéis
empieza	empiezan	vuelve	vuelven

OTHER CLASS I VERBS

E TO *IE*

-*AR* VERBS   -*ER* VERBS

apretar	*to squeeze*	defender	*to defend*
atravesar	*to cross*	encender	*to light, to turn on*
cerrar	*to close*		*(an appliance)*
confesar	*to confess*	entender	*to understand*
despertar(se)	*to wake up*	perder	*to lose*
gobernar	*to govern*	querer	*to want*
helar	*to freeze*	tener (tengo)	*to have*
nevar	*to snow*		
pensar	*to think*		
sentarse	*to sit down*		

O TO UE

-AR VERBS

despertarse

acordarse	*to remember*		
acostarse	*to go to bed*		
almorzar	*to eat lunch*		
contar	*to count, to tell*		
costar	*to cost*		
encontrar	*to find*		
✶recordar	*to remember*		
✶renovar	*to renew*		
volar	*to fly*		

-ER VERBS

devolver	*to return*
doler	*to ache*
llover	*to rain*
mover	*to move*
oler (**o** to **hue**)	*to smell*
poder	*to be able*
resolver	*to solve*
soler	*to be accustomed to*

U TO UE

jugar   *to play (a sport or a game)*

CLASS II VERBS

Class II (-ir) verbs have a stem change in the present indicative, preterite, present subjunctive, imperfect subjunctive, and some command forms.

STEM VOWEL *E* TO *IE*

sentir

siento	sentimos
sientes	sentís
siente	sienten

OTHER CLASS II VERBS

E TO IE

advertir	*to warn*
convertir	*to convert*
divertirse	*to have fun*
hervir	*to boil*
mentir	*to lie*
preferir	*to prefer*
referir	*to refer*
sentirse	*to feel*
venir (vengo)	*to come*

O TO UE

dormir	*to sleep*
morir	*to die*

Estado del tiempo

	C min	F	C max	F	Condiciones
Bogotá	-04	39	19	65	nublado
Buenos Aires	17	62	26	78	despejado
Caracas	15	59	24	75	despejado
La Habana	19	67	28	62	nublado
Lima	20	69	28	81	nublado
Lisboa	06	43	12	54	nublado
Madrid	-01	30	11	52	despejado
México	08	46	23	73	nublado
Montevideo	19	66	22	71	despejado
Río de Janeiro	19	66	31	87	lluvia
San Juan	21	71	29	85	despejado
Santiago	12	54	32	90	despejado
Sao Paulo	18	64	28	82	nublado

CLASS III VERBS

Class III (-ir) verbs have a stem change in the present indicative, preterite, present subjunctive, imperfect subjunctive, and some command forms.

STEM VOWEL E TO I

pido	pedimos
pides	pedís
pide	piden

OTHER CLASS III VERBS

E TO I

competir	to compete	reír(se)	to laugh
conseguir	to obtain	reñir	to fight
corregir	to correct	repetir	to repeat
decir (digo)	to say	servir	to serve
elegir	to elect	sonreír	to smile
impedir	to prevent	vestir(se)	to dress
medir	to measure		

VERBS WITH AN IRREGULAR *YO* FORM

COMMON IRREGULAR VERBS		VERBS ENDING IN *-CER* OR *-CIR*	
caer	caigo	aparecer	aparezco
decir	digo	conducir	conduzco
		conocer	conozco
hacer	hago	obedecer	obedezco
oír	oigo	ofrecer	ofrezco
poner	pongo	parecer	parezco
salir	salgo	producir	produzco
tener	tengo	traducir	traduzco
traer	traigo		
valer	valgo		
dar	doy		
estar	estoy		
saber	sé		
ver	veo *ves ve vemos veía ven*		

SOME IRREGULAR VERBS

haber	he, has, ha, hemos, habéis, han
ir	voy, vas, va, vamos, vais, van
oír	oigo, oyes, oye, oímos, oís, oyen
ser	soy, eres, es, somos, sois, son

> **NOTE:** *See the appendix for verbs which have spelling changes in the present tense.*

The present tense is used:

1. to indicate what is happening now (it may be translated in English in three ways);

vivo $\begin{cases} \text{*I live*} \\ \text{*I do live*} \\ \text{*I am living*} \end{cases}$

Cuidado: Do not fall into the trap of translating such auxiliary words as "do" and "am" when writing the present tense in Spanish.

English: *I do live in Mexico.*
Spanish: Yo **vivo** en México.

English: *They are studying to be teachers.*
Spanish: **Estudian** para ser profesores.

2. to express an action which will take place in the immediate future;

    Llegamos mañana en el vuelo 786.
    We will arrive tomorrow on Flight 786.

3. to indicate habitual action;

    Paco normalmente **se acuesta** a la medianoche.
    Paco normally goes to bed at midnight.

4. instead of the future to ask for instructions.

    ¿Pago la cuenta?   *Shall I pay the bill?*

IDIOMATIC USES OF THE PRESENT TENSE

1. The present tense is used to form idiomatic expressions: with the verb *hacer* to indicate an action that has been going on for a period of time and is still going on (the third person singular form *hace* is **always** used in this construction);

Hace + time expression + *que* + present tense

    Hace tres años que asistimos a esta escuela.
    We have been attending this school for three years.

    ¿Cuánto tiempo hace que sales con José?
    How long have you been going out with José?

2. with the verb *llevar* + period of time + the present participle to refer to an action that started in the past and is still going on;

    Llevan dos horas estudiando para el examen final.
    They have been studying for the final exam for two hours.

3. with the verb *acabar* + *de* + infinitive to describe an action that has just happened.

Acabamos de celebrar el día del santo de Emilio.
We have just celebrated Emilio's saint's day.

práctica

A. Cambie las frases siguientes usando los sujetos entre paréntesis.

1. Yo doy mi dinero.   (tú, ellos, nosotros)
2. Dormimos bien.   (tú, yo, ellos, vosotros)
3. Vamos al parque.   (yo, Uds., ellos, tú)
4. Tiene sueño.   (tú, yo, nosotros, vosotros)
5. Es de aquí. (yo, tú, nosotros, vosotros, Uds.)

B. Complete la carta siguiente con la forma correcta de cada verbo entre paréntesis.

Querida Mati:

Hola, mujer, ¿cómo _____ (estar)? Por fin (yo) _____ (tener) tiempo para escribirte. _____ (acabar) de tomar un examen terrible en la clase de física. No _____ (saber) si _____ (querer) continuar con mis estudios para ser doctora porque los profesores _____ (exigir) tanto día tras día. Ellos _____ (pensar) que su clase es la única que tomamos. _____ (ser) la lucha eterna entre profesores y estudiantes, ¿verdad? No te preocupes, Mati, _____ (estar) sólo diciendo tonterías. _____ (estar) determinada a terminar mis estudios. Siempre _____ (hacer) mis tareas y normalmente _____ (sacar) buenas notas. ¿Cuándo _____ tú (ir) a visitarme? Yo _____ (volver) a San Luis para las vacaciones de Navidad el 21 de diciembre. ¡No _____ (poder) esperar! El viaje de regreso _____ (costar) una fortuna. Nos _____ (ver) pronto. Escríbeme.

Un abrazo,

Manolita

En la tabla de medidas de McCall's, seleccione la talla con las medidas más parecidas a las suyas.

5'5" a 5'6"	SEÑORITAS										
	Los patrones para Señoritas están diseñados para una silueta proporcionada y desarrollada: más o menos de 5'5" a 5'6" sin zapatos.										
	Talla	6	8	10	12	14	16	18	20	22	24
Busto — Largo de la Espalda	Busto	30½	31½	32½	34	36	38	40	42	44	46
Cintura	Cintura . . .	23	24	25	26½	28	30	32	34	37	39
Caderas } 9"	Caderas . .	32½	33½	34½	36	38	40	42	44	46	48
	Largo de la espalda . . .	15½	15¾	16	16¼	16½	16¾	17	17¼	17¾	17½

C. Conteste Ud. las preguntas siguientes.

1.   ¿Tiene Manolita mucho tiempo libre para las diversiones?

2.   ¿Es difícil o fácil la vida universitaria para ella?

3.   ¿Para qué carrera estudia ella?

4.   ¿Es una buena estudiante? ¿Cómo lo sabe Ud.?

5.   ¿Cuándo va a volver para las vacaciones?

6.   ¿Va ella a continuar sus estudios?

7.   ¿Cree Ud. que ella va a tener éxito en su carrera? ¿Por qué?

D. Hágale una pregunta a su compañero de clase usando *saber* o *conocer* según el caso.

> las calles de Guadalajara
> ¿Conoces las calles de Guadalajara?

1.   la hora

2.   dónde vive el presidente

3.   Carlos

4.   conducir

5.   mi mamá

6.   la música de Beethoven

7.   si vienen tus amigos a la fiesta

8.   Colombia

9.   conjugar estos verbos

10.   el preámbulo de memoria

E. Me gustaría saber. . . .   Con un compañero de clase, conteste Ud. las preguntas siguientes. Use estas preguntas como un punto de partida para crear otras.

Compañero 1:

1. ¿Por qué estamos aquí en esta clase?
2. ¿Cuántos años tiene el profesor (la profesora)?
3. ¿Sabes qué hora es?
4. ¿Dónde vives? ¿Con quién vives?
5. ¿Con quién sales esta noche? ¿Quieres salir conmigo?
6. Escucha, ¿oyes un ruido extraño?
7. ¿Qué dices cuando recibes una buena nota?
8. ¿Cómo medimos la distancia—en kilómetros o millas?
9. ¿Cuándo comienza esta clase?
10. ¿Quién es tu actor (actriz) favorito(a)?

Compañero 2:

1. ¿Cómo es esta escuela—buena o mala?
2. ¿Riñes *(quarrel)* con los miembros de tu familia? (Use *nosotros*)
3. ¿Conoces personalmente al presidente de este país?
4. ¿Sabes dónde vivo?
5. ¿Qué haces cuando tienes hambre?
6. ¿De qué nacionalidad eres?
7. ¿Dónde almuerzan tú y tus amigos?
8. ¿Quieres bailar conmigo?
9. ¿Vienes mañana a la clase? ¿Por qué?
10. ¿Prefieres hablar español o inglés? ¿Por qué?

Las vacaciones, la restauración del espíritu

Cuando nos cansamos de trabajar constantemente, a muchos nos gusta soñar con nuestras vacaciones. Un problema es decidir dónde vamos a pasarlas. En el diálogo siguiente, la familia Martínez, de un barrio en Nueva York, trata de decidir adónde ir. Nadie está de acuerdo y tienen que decidir.

PAPÁ: ¿Qué les parece visitar a los abuelos en Puerto Rico? Hace mucho tiempo que no los vemos.

MAMÁ: Prefiero ir a Florida a la Isla Sanibel. Quiero añadir a mi colección de conchas°.   *shells*

JAVI: Todos mis amigos van a acampar en los Catskills. Dicen que el paisaje es muy hermoso y hay un parque de excursiones cerca.

PAPÁ: Me parecen buenos sus planes pero tenemos obligaciones familiares. Los abuelos nos echan mucho de menos.

MAMÁ: Tu papá tiene mucha razón, Javi. Tengo una idea. ¿Por qué no vamos primero a Puerto Rico por unos días y podemos volver a Nueva York pasando por Florida?

JAVI: Pero no me gusta esa idea. Las vacaciones van a ser muy aburridas.

PAPÁ: Mira, Javi. Podemos ir a Puerto Rico y Florida ahora. En el otoño podemos pasar un fin de semana acampando. Las hojas van a estar espectaculares. ¿Qué te parece?

JAVI: OK, si me prometen que vamos al parque de excursiones.

MAMÁ: Te lo prometemos, querido.

juntos

A. Invente un diálogo.   Ahora invente su propio diálogo breve con su familia o amigos, discutiendo dónde pasar las vacaciones.

B. Haga el papel.   Con un compañero de clase, haga Ud. los papeles siguientes.

1. You are in a drugstore in Puerto Vallarta and cannot decide which suntan lotion *(loción bronceadora)* to buy. The druggist is trying to help you decide which lotion is best for your skin *(la piel)*.
2. You are discussing an upcoming trip with a travel agent. She wants you to take a cruise *(un crucero)*, but you are afraid of the water and get seasick *(mareado)*. You prefer to travel by plane *(en avión)*. Plan a trip to an interesting place.

C. Composición guiada.   Escriba Ud. una composición sobre el siguiente tema usando la información de la lectura de esta lección. Siga el esquema dado aquí. Puede dar su opinión como una conclusión.

Tema:	**Las vacaciones son importantes para todos pero algunos rehusan ver su importancia.**
Introducción:	A. Todos deben tomar sus vacaciones
	B. ¿Por qué no las toman algunas personas?
	C. Tipos de vacaciones
Desarrollo:	A. Las vacaciones son beneficiosas
	1. ¿Cómo son beneficiosas?
	B. ¿Qué le pasa a la persona que no toma sus vacaciones?
	C. ¿Qué tipo de vacaciones es mejor para una persona?
	D. Los lugares diferentes que mejor relajan a la persona
Conclusión:	Dé su opinión de la importancia de las vacaciones en su experiencia personal.

D. Composición libre.   Escriba Ud. una composición diciendo dónde le gusta pasar las vacaciones y por qué. Incluya las cosas que hace mientras está allí.

El uso del diccionario

DICTIONARY PLACEMENT OF SPANISH LETTERS

Our English letter *w* does not exist in Spanish. In order to say a word like "whiskey," the Spanish speaker would say "huisqui."

Spanish has four letters of the alphabet that do not exist in English—*ch, ll, ñ,* and *rr.* These have separate dictionary listings. For example, the word *llano* is found in a separate category after all Spanish words beginning with *l.* After *luz,* the *ll* section of the dictionary begins with the word *llaga.* Likewise, all *ch* words come after the *c* listings and all *ñ* words come after the *n* listings. (The *rr* is never used to begin a word.)

EXACT TRANSLATION

Students often fall into the trap of trying to translate directly from English to Spanish. Never write out a composition first in English and then try to translate word for word into Spanish. This is a very difficult task that highly trained professional translators do. For example, a student once incorrectly translated our colloquial "a marriage on the rocks" as "un casamiento en las rocas." Because Spanish does not use the same colloquial expression, he should have written "un casamiento arruinado" (or "roto").

Another disastrous example of this direct translation can be seen when trying to put an English verb into Spanish. In English we have many auxiliary words which are not literally translated into Spanish.

*It is possible that it **may rain** tomorrow.*   Es posible que **llueva** mañana.

Note that the concept "may rain" is contained in the present subjunctive verb form *llueva.*

The more you read, listen to, speak, and write Spanish, the more automatically you will use the language correctly. It takes practice. Get used to thinking only in Spanish.

---

práctica

Estudie los refranes siguientes y piense en sus equivalentes en inglés. Ud. va a poder examinarse en la «Lección de repaso.»

Poderoso caballero es don dinero.

Al pan, pan, y al vino, vino.

Más vale tarde que nunca.

2

Nuestra imagen física: dos enfoques

Nuestra obsesión por la apariencia física

Según una encuesta[1] hecha por unos psicólogos, nosotros disfrutamos de mejor salud que en el pasado pero no nos sentimos satisfechos con nuestra apariencia física. En la opinión de una de las personas entrevistadas (de sexo femenino), una persona debe prestar más atención a la vida interna que a la apariencia física. Sin embargo, sólo el 18% de los hombres y el 7% de las mujeres indicaron que no están preocupados por su apariencia. A pesar de nuestras protestas, es obvio que la mayoría de los entrevistados (tanto hombres como mujeres) consideran la apariencia física muy importante.

En otra encuesta[2] tomada en 1972, los participantes mostraron poca satisfacción con su apariencia física, pero en una encuesta más reciente, los participantes se mostraron aún menos contentos. Lo interesante es que los hombres de hoy día se encuentran sujetos a las presiones del ambiente que está muy influenciada por la propaganda que glorifica a la gente delgada y bien parecida. Por otro lado, las mujeres todavía siguen descontentas con su apariencia física, particularmente de los muslos y de las caderas. Como lo demostró la encuesta, las mujeres prestan mucha más atención a la apariencia física (especialmente al peso) que a su condición física y emocional. Consecuentemente, las mujeres dieron más importancia al maquillaje y al vestido que a un programa regular de ejercicios físicos, mientras que los hombres opinaron que ellos hacían ejercicios físicos porque les daba no sólo buena salud y mejoraba su físico sino que también, a la vez, los hacía sentirse bien.

La preocupación con la apariencia física afecta a hombres y mujeres de muchas y diferentes maneras. Un hombre comentó: «Yo era un niño feo, era un joven feo, y ahora soy un adulto feo. Me enojo cuando oigo a alguien decir que la apariencia no importa. No es verdad. La mayoría de la gente me niega ciertas oportunidades a causa de mi apariencia.» Este sentimiento es tan fuerte sobre todo para los adultos que desde la niñez viven atormentados por una apariencia física negativa. Como dijo una mujer: «Mi apodo cuando crecía era 'piernas de elefante'. Aunque he luchado por mantenerme delgada, no puedo tolerar la idea de mirar mis piernas en el espejo. Rehuso llevar pantalones cortos. Mis piernas todavía me parecen enormes aunque mi esposo me dice que no lo son.»

Para descubrir algunas razones por esta obsesión con la apariencia, debemos mirar nuestra manera de criar a los niños. Desde los años tempranos, enseñamos a los chicos a estar orgullosos de sí mismos porque son fuertes y atléticos. Por otra parte, elogiamos a las chicas por su belleza. Se puede ver que la diferencia en el pun-

---

[1] *Psychology Today*, abril 1986.
[2] Ibid.

to de vista de los hombres y las mujeres con respecto a su propia apariencia empieza a una edad muy temprana. No nos gusta admitir que seguimos ese estereotipo, pero es una conclusión inescapable. En la encuesta más reciente, el 45 por ciento de las mujeres admitieron que les gustaría considerar la cirugía estética, pero lo sorprendente es que la tercera parte de los hombres también opinaron que la considerarían. Esto tal vez significa que las ideas del hombre macho (al cual no le importaba si lucía bien físicamente o no, pero que siempre se encontraba dominando cualquier situación) está finalmente desapareciendo. Sólo el futuro nos dirá si los resultados de la encuesta son verdaderos.

VOCABULARIO

VERBOS

crecer – to grow

aguantar   to bear

criar   to raise

elogiar   to praise

hacer ejercicios   to do exercises

levantar pesos   to lift weights

lucir   to look nice

mejorar   to better

opinar   to express an opinion

parecerse a   to look like

SUSTANTIVOS

estómago

el **abdomen**   stomach, abdomen

la **altura**   height

el **antebrazo**   forearm

el **brazo**   arm

la **belleza**   beauty

el **bíceps**   biceps

la **cadera**   hip

la **cara**   face

la **cintura**   waist

la **cirugía**   surgery

el **desengaño**   disillusionment

la **encuesta**   survey

el **músculo**   muscle

el **muslo**   thigh

los **pantalones cortos**   shorts

el **pecho**   breast, chest

el **peso**   weight

la **pierna**   leg

la **presión**   pressure

el **sobrepeso**   overweight

el **torso inferior**   lower torso

el **torso superior**   upper torso

el **tríceps**   triceps

ADJETIVOS

avergonzado   ashamed

orgulloso   proud

EXPRESIONES UTILES

a causa de   because of

por otra parte   on the other hand

sin embargo   nevertheless

PALABRAS CONFUSAS

moverse   to move (from one place to another)

mudarse   to move (change residence)

realizar   to realize (a goal), to accomplish

darse cuenta (de)   to realize (a fact)

vocabulario y comprensión

A. Encuentre la palabra correcta para la definición de la izquierda.

1. _____ soportar, tolerar
2. _____ que tiene orgullo
3. _____ obesidad
4. _____ hacer efectiva una cosa
5. _____ alabar, hacer elogios
6. _____ producir algo
7. _____ reunión de opiniones de un cuestionario
8. _____ cambiar una casa por otra
9. _____ armonía física que inspira placer
10. _____ expresar la opinión

a. encuesta
b. opinar
c. aguantar
d. criar *for oral*
e. sobrepeso
f. elogiar
g. belleza
h. realizar
i. mudar
j. orgulloso

B. Conteste Ud. las preguntas siguientes.

1. Según el artículo, ¿quiénes están más preocupados de su apariencia? ¿Por qué?
2. ¿Quiénes hicieron las encuestas mencionadas?
3. ¿Quiénes están menos satisfechos con su apariencia—los hombres o las mujeres?
4. ¿Cómo criamos a los niños?
5. ¿Cómo puede una persona mejorar su apariencia física?

juntos

A. Para discutir:

1. ¿Está Ud. de acuerdo con la conclusión de la encuesta que estamos muy preocupados de nuestra apariencia? Dé ejemplos para probar su tesis.
2. De niño(a), ¿tenía Ud. un apodo *(nickname)*? ¿Era negativo o positivo? ¿Le dañaba el apodo o le gustaba? ¿Por qué? ¿Todavía lo tiene?
3. ¿Va Ud. a criar a sus niños de una manera diferente con respecto a la imagen de su cuerpo? ¿Por qué?
4. En su opinión, ¿por qué hay tanto énfasis en la apariencia física? ¿Es bueno o malo este énfasis? ¿Por qué?
5. Dé ejemplos de este énfasis en los programas de televisión. Sea específico.
6. ¿Por qué hay tantas jóvenes que son anorécticas o bulímicas? En su opinión, ¿por qué sufren más las chicas que los chicos de esta enfermedad?

7. ¿De qué parte de su cuerpo está Ud. más orgulloso? ¿De qué parte está menos orgulloso? ¿Por qué?

B. Haga el papel. Con un compañero de clase, haga Ud. los papeles siguientes. Puede crear una escena seria o cómica. ¡Manos a la obra!

1. You are in a health spa, talking to one of the "counselors." He (or she) tells you that you should lose five inches *(pulgadas)* from your waist, five from your thighs, and eight from your hips. This is your first day there!

2. You get a bad case of stomach flu *(la gripe)* and have to go to the doctor. Call up and make an appointment. Describe your symptoms to the doctor, and he (or she) will examine you and tell you what medicine to take, etc.

3. A friend of yours gets a bad case of diarrhea *(diarrea)*. You go to the pharmacy to get medicine for him (or her). Explain the problem to the pharmacist and get his (or her) advice on what to eat, etc.

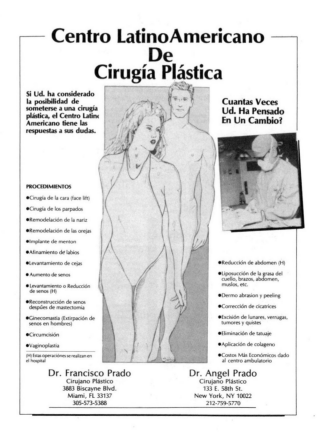

GRAMATICA

Los verbos y pronombres reflexivos

1. A verb is reflexive when it has an identical subject and object and the verb acts upon the subject, which can be a person or a thing.

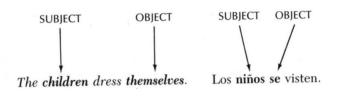

SUBJECT   OBJECT   SUBJECT   OBJECT

The children dress themselves.   Los **niños se** visten.

2. In Spanish each subject of the verb has a special reflexive pronoun.

yo **me** visto	*(I dress myself, I get dressed)*
tú **te** vistes	*(you dress yourself, you get dressed)*
él **se** viste	*(he dresses himself, he gets dressed)*
ella **se** viste	*(she dresses herself, she gets dressed)*
Ud. **se** viste	*(you dress yourself, you get dressed)*

nosotros **nos** vestimos	*(we dress ourselves, we get dressed)*
vosotros **os** vestís	*(you dress yourselves, you get dressed)*
ellos **se** visten	*(they dress themselves, they get dressed)*
ellas **se** visten	*(they dress themselves, they get dressed)*
Uds. **se** visten	*(you dress yourselves, you get dressed)*

3. Some verbs are typically used with a reflexive construction.

acostarse	*to go to bed*
bañarse	*to bathe*
callarse	*to stop talking*
despertarse	*to wake up*
ducharse	*to take a shower*
levantarse	*to get up*
peinarse	*to comb one's hair*
ponerse	*to put on (clothing)*
quedarse	*to stay, remain*

quitarse   *to take off* (clothing)
sentarse   *to sit down*

4.   Many verbs have both reflexive and nonreflexive meanings.

NONREFLEXIVE		REFLEXIVE	
acordar	*to agree to*	acordarse	*to remember*
acostar	*to put to bed*	acostarse	*to go to bed*
burlar	*to deceive*	burlarse	*to make fun of*
conducir	*to drive*	conducirse	*to behave*
despedir	*to dismiss*	despedirse	*to say goodbye*
detener	*to detain*	detenerse	*to stop*
dirigir	*to direct*	dirigirse	*to address*
dormir	*to sleep*	dormirse	*to fall asleep*
encontrar	*to meet*	encontrarse	*to be* (situated, located)
hacer	*to make*	hacerse	*to become*
ir	*to go*	irse	*to leave*
levantar	*to lift*	levantarse	*to get up*
llamar	*to call*	llamarse	*to be called*
llevar	*to carry, take*	llevarse	*to take away*
negar	*to deny*	negarse	*to refuse*
parecer	*to seem, appear*	parecerse	*to look like*
poner	*to put, place*	ponerse	*to put on*
probar	*to taste, try*	probarse	*to try on*
quitar	*to take away*	quitarse	*to take off*
volver	*to return*	volverse	*to turn around, become*

5.   Some verbs are used with a reflexive pronoun but do not have a reflexive meaning. The most common ones are listed below:

arrepentirse (de)   *to repent*
asomarse   *to look out of*
atreverse (a)   *to dare*
burlarse (de)   *to make fun of*
darse cuenta (de)   *to realize*
empeñarse (en)   *to insist on*
enterarse (de)   *to find out (about)*
equivocarse   *to make a mistake*
irse   *to leave*
portarse bien   *to behave*
portarse mal   *to misbehave*
quejarse (de)   *to complain*
tratarse (de)   *to be a question of*

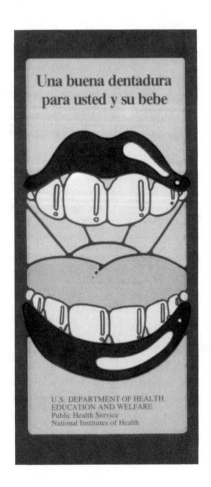

6. The reflexive pronouns *nos*, *os*, and *se* may be used to express reciprocal action. This construction is used to express the English "each other."

Juan y Luisa **se quieren**.   *Juan and Luisa love each other.*

Nos entendemos, ¿verdad?   *We understand each other, don't we?*

Occasionally this construction can be confusing because the reader does not know if the construction is reflexive or reciprocal. Study the following sentence.

Los viejos **se hablan**.   *The old people **talk to each other**.*

or

*The old people **talk to themselves**.*

To make certain that a reciprocal meaning is understood, add a phrase such as *el uno al otro*.

Los viejos se hablan **los unos a los otros**.
*The old people talk **to each other**.*

To clarify the following sentence, add *a sí mismos*.

Los viejos se hablan **a sí mismos**.   *The old people talk **to themselves**.*

7. Many reflexive verbs can be expressed in English by *to get* or *to become*.

aburrirse	*to get bored*
alegrarse	*to become happy*
animarse	*to get excited*
asustarse	*to become frightened*
cansarse	*to get tired*
emborracharse	*to get drunk*
enfadarse	*to get mad*
enfermarse	*to get sick*
enojarse	*to get mad*
enriquecerse	*to get rich*
envejecerse	*to get old*
impacientarse	*to become impatient*
irritarse	*to become irritated*
interesarse	*to become interested*
mejorarse	*to get better*
mojarse	*to get wet*

8. Spanish uses three different verbs to express the English "to become":

Ponerse refers to physical or emotional change.

Paco **se puso** contento cuando oyó las noticias.
Paco became happy when he heard the news.

Volverse also refers to a change in physical or emotional state, but it denotes a sudden change.

Juana **se volvió** loca cuando su esposo Felipe el Hermoso se murió.
Joan became crazy when her husband Philip the Handsome died.

Hacerse indicates personal effort.

Luis **se hará** enfermero dentro de dos años.
Luis will become a nurse within two years.

Hacerse can also mean "to turn into" when it refers to a change in something's natural state.

La nieve **se hizo** agua cuando se fundió.
The snow turned into water when it melted.

práctica

A. Cambie los verbos siguientes según el caso.

1. Maricarmen se enfada.
   (divertirse, vestirse, hablarse, acostarse)
2. Normalmente nos despertamos pronto.
   (yo, tú, ellos, el señor)
3. Con frecuencia los jóvenes se hablan los unos a los otros.
   (nosotros, Mercedes y Piedad, Pedro y Eduardo)
4. Tú te levantas temprano.
   (despertarse, bañarse, dormirse)
5. No voy a irme.
   (sentarse, acostarse, arrepentirse)

B. Complete Ud. las frases siguientes usando un verbo reflexivo apropiado.

1. Cuando alguien me insulta, yo _____.
2. Cuando tenemos sueño, _____.
3. Cuando no hago mi tarea, el profesor _____.
4. Cuando los estudiantes no están preparados para la clase, el profesor _____.
5. Cuando nuestro equipo gana un partido, nosotros _____.
6. Cuando una persona gana mucho dinero, ella _____.
7. Cuando bebes mucha cerveza, tú _____.
8. Cuando tengo ganas de salir, yo _____.
9. Cuando ganamos la lotería, _____.
10. Cuando el semáforo (*traffic light*) no cambia, mi amigo _____.
11. Cuando llueve mucho, la gente sin paraguas _____.

12. Si el chico no lleva un abrigo en invierno, él _____ .

13. Cuando ve una película de horror, María _____ y su novio _____ de ella.

C. Me gustaría saber. . . . Pregúntele lo siguiente a un compañero de clase. *Cuidado*: ¡Algunos verbos son reflexivos, otros no!

Compañero 1:

1. ¿A qué hora te levantas por la mañana durante la semana? ¿durante el fin de semana? ¿A qué hora te acuestas?

2. ¿Te cansas o te animas cuando practicamos nuestro español? ¿Te aburres en esta clase? ¿Qué clases te aburren más? ¿Te interesan estas preguntas?

3. Cuando una persona bebe mucho alcohol, ¿qué le pasa? ¿Te irritas con los borrachos? ¿Te enfadan ellos? ¿Por qué?

4. ¿Te enojas cuando oyes de una persona que bebe alcohol y conduce su coche?

DONANTES DE
SANGRE DE LA
SEGURIDAD SOCIAL

YO SOY
DONANTE
DE
SANGRE
¿Y TU?

Compañero 2:

1. ¿Nos reímos *con* o *de* un estudiante cuando se equivoca?
2. ¿Te levantas inmediatamente después de despertarte?
3. ¿A quién te pareces en tu familia? ¿A quién me parezco en esta clase? ¿Te pareces a mí? ¿Por qué no?
4. ¿Dónde te duchas?, ¿en el comedor, en el baño, en la cocina, en el garaje o en la sala? ¿Dónde te desayunas? ¿Dónde te acuestas? ¿Dónde estacionas tu coche?, ¿en tu habitación? ¿Dónde duermes?

El adjetivo

AGREEMENT OF ADJECTIVES

1. Adjectives agree with the nouns they modify in gender and number. Most adjectives end in *-o* in the masculine singular and *-a* in the feminine. For adjectives not ending in *-o*, the form is normally the same for both genders.

un cuadro estupendo   una profesora estupenda
un asunto inolvidable   una situación inolvidable
un pájaro azul   una pared azul

unos asuntos inolvidables   unas situaciones inolvidables
un pájaro azul   unos pájaros azules

2. Adjectives ending in -*or*, -*án*, -*ín*, and -*ón* require an -*a* in the feminine form. These include such adjectives as *holgazán, hablador, trabajador, encantador,* and *conservador.*

un político conservador   una política conservadora
unos políticos conservadores   unas políticas conservadoras

These adjectives also double as nouns:

Juan es un **conservador** político.   *Juan is a political **conservative**.*

3. Adjectives of nationality ending in a consonant have an -*a* in the feminine form.

el hombre español   los hombres españoles
la mujer española   las mujeres españolas

el chico holandés   la chica holandesa
los chicos holandeses   las chicas holandesas

4. An adjective that modifies two or more nouns of different genders is masculine plural.

la película y el cine argentinos

5. Certain adjectives are shortened before a masculine singular noun: *un, buen, mal, primer, tercer, algún,* and *ningún.* The adjective *grande* is also shortened to *gran* before either a masculine *or* a feminine singular noun.

un buen profesor   el tercer día   el primer presidente
el mal agüero   un señor
el gran libro   la gran industria

   but

la buena profesora   la tercera mujer   la primera fecha

> **NOTE:** *The adjective* cada *(each) has a singular, invariable form:*
>
> cada chico   cada chica

ADJECTIVES AS NOUNS

Adjectives are often used with articles as nouns. This usage is helpful to avoid useless repetition. Notice the difference between the two following sentences.

¿Cuál de estas corbatas quieres, **la corbata gris** o **la corbata marrón?**
Which of these ties do you want, the gray tie or the brown tie?

¿Cual de estas corbatas quieres, **la gris** o **la marrón?**
Which of these ties do you want, the gray or the brown?

A. Dé todas las formas de los adjetivos siguientes, masculino singular y plural y femenino singular y plural.

1. verde
2. inglés
3. cada
4. joven
5. importante
6. feliz
7. trabajador
8. holgazán
9. alguno
10. francés

B. Descríbase a sí mismo y a otra persona usando los sustantivos siguientes. Incluya su nacionalidad. Use adjetivos como excelente, experto, terrible, malo, etc.

estudiante, trabajador, papá, mamá, atleta, amigo, organizador, artista, fotógrafo, cocinero, ciclista.

PUNTOS A RECORDAR

Todos los factores de riesgo de contraer cáncer *no* son iguales. El riesgo más importante es el tabaco. Y algunos factores, combinados, aumentan notablemente el riesgo —por ejemplo, fumar *y* tomar mucho al consumir bebidas alcohólicas. Sin embargo, usted puede controlar todos los factores de riesgo como el historial de salud en la familia y lo hereditario.

Este folleto fue posible hacerlo gracias a sus contribuciones a la American Cancer Society.

Reprinted from "Tomando el control"
with permission of the American Cancer Society

PLACEMENT OF ADJECTIVES

1. Descriptive adjectives normally follow the noun.

el edificio rectangular	*the rectangular building*
el abrigo azul	*the blue coat*
la actriz famosa	*the famous actress*

   Exception: An adjective that denotes an inherent characteristic of a thing precedes the noun.

   la blanca nieve   *white snow*

2. Limiting adjectives normally precede the noun.

mil veces   *a thousand times*
otra oportunidad   *another opportunity*
ciento treinta artículos   *one hundred and thirty items*
estos días   *these days*

3. Certain adjectives have a different meaning when they precede or follow the noun.

	BEFORE THE NOUN	AFTER THE NOUN
antiguo	*old, former*	*old, ancient*
algun(o)	*some*	*any at all*
bajo	*lowly, vile*	*low, short*
cierto	*a certain, particular*	*sure, definite*
gran, grande	*great*	*large* (size)
medio	*half*	*average*
mismo	*same*	*himself (herself,* etc.)
nuevo	*new* (another)	*new* (brand new)
pobre	*unfortunate*	*poor* (without money)
propio	*own*	*proper*
único	*only*	*unique*
viejo	*old* (long-time)	*old* (in years)

Vendrán en **media** hora.   *They will come in a **half an hour**.*
Este es un examen **medio**.   *This is an **average** exam.*

Esta es mi **única** clase.   *This is my **only** class.*
Esta es una clase **única**.   *This is a **unique** class.*

Los adjetivos y pronombres demostrativos

DEMONSTRATIVE ADJECTIVES

1. Demonstrative adjectives point out the person or thing referred to (for example, *these boys [estos chicos]*).

FORMAS	SINGULAR		PLURAL	
MASCULINE	este	*this*	estos	*these*
	ese	*that*	esos	*those*
	aquel		aquellos	
FEMININE	esta	*this*	estas	*these*
	esa	*that*	esas	*those*
	aquella		aquellas	

2. Demonstrative adjectives agree in gender and number with the nouns they modify.

este paciente **aquí**	*this patient here*
ese paciente **allí, ahí**	*that patient there* (near the speaker)
aquel paciente **allá**	*that patient over there* (farther away)

DEMONSTRATIVE PRONOUNS

1. Demonstrative pronouns can replace nouns to avoid repetition. The pronoun agrees with the noun in gender and number. Demonstrative pronouns have the same forms as demonstrative adjectives but always have an accent on the stressed syllable.

esta píldora	*this pill*	(demonstrative adjective)
ésta	*this (one)*	(demonstrative pronoun, replacing the noun 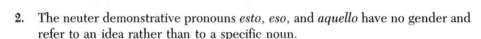 *píldora*)

2. The neuter demonstrative pronouns *esto, eso,* and *aquello* have no gender and refer to an idea rather than to a specific noun.

   ¿Qué piensas de los recientes accidentes nucleares?
   What do you think of the recent nuclear accidents?

   Creo que todo **eso** es muy peligroso.
   *I think all of **that** (situation) is very dangerous.*

   ¿Qué es **esto**?   *What is **this**?*
   Eso es una jeringuilla.   ***That's** a syringe.*

3. In Spanish *éste* expresses "the latter" and *aquél* "the former."

   Bécquer escribía poemas románticos pero Neruda escribía poemas sensuales. **Este** era chileno y **aquél** era español.
   *Bécquer wrote romantic poems, but Neruda wrote sensual poems. The **former** was a Spaniard and the **latter** a Chilean.*

NO TENGA MEDICINAS AL ALCANCE DE LOS NIÑOS

—————————————————— *práctica* ——————————————————

A. Cambie los nombres al singular.

1. estos huesos

2. estas muletas (*crutches*)

3. aquellos guantes de plástico (*disposable gloves*)

4. esos niños

5. esas sillas de rueda (*wheelchairs*)

6. aquellas enfermeras

B. Hay mucha confusión en la oficina del Dr. González. Todos hablan al mismo tiempo. Complete la conversación siguiente con el demostrativo apropiado.

José, ¿quieres darme _____ termómetro allí? Gracias.
Doctor, ¿dónde debo colgar _____ cortinas aquí?
Allí, en _____ ventanas.
José, pon _____ estetoscopio allí al lado del alcohol.

¿De quién es _____ receta (*prescription*) que tengo en las manos?

_____ allí es del Sr. Palomo.

¿Cómo se llama _____ mujer sentada al lado de Juan?

_____ es la esposa del Sr. Palomo.

José, ¿no crees que todo _____ es estimulante? ¡Yo, sí!

María, _____ trabajo está hecho. ¿Por qué no nos vamos?

Sí, doctor. ¿Por qué no vamos a _____ restaurante mexicano en el centro?

Sí, mujer, es una buena idea pero _____ vez, no pidas salsa picante. (*hot sauce*)

Los adjetivos y pronombres posesivos

POSSESSIVE ADJECTIVES—SHORT AND LONG FORMS

SHORT FORM		LONG FORM	
Singular	*Plural*	*Singular*	*Plural*
mi	mis	mío, -a	míos, -as
tu	tus	tuyo, -a	tuyos, -as
su	sus	suyo, -a	suyos, -as
nuestro, -a	nuestros, -as	nuestro, -a	nuestros, -as
vuestro, -a	vuestros, -as	vuestro, -a	vuestros, -as
su	sus	suyo, -a	suyos, -as

1. The short form of the possessive adjective always precedes the noun. It agrees in gender and number with the thing possessed, *not* with the possessor.

    nuestras citas   **vuestra** amistad
    tu amor   **mi** hijo

2. Because the possessive adjectives *su* and *sus* can mean "his," "her," "your," and "their," the forms *de ella, de él, de Ud., de ellas, de ellos,* or *de Uds.* can be substituted to avoid confusion.

    su tío   el tío **de él**
    su clase   la clase **de Ud.**
    sus apuntes   los apuntes **de ella**

3. The long form of the possessive adjectives is always placed after the noun and agrees in gender and number with the thing possessed. It is emphatic and usually follows the verb *ser*.

Es un buen amigo **mío**.   *He is a good friend of mine.*

Son unos parientes **nuestros**.   *They are relatives of ours.*

Ese es el libro **tuyo**, ¿verdad?   *That's your book, right?*

Note: As with *su* and *sus*, it is sometimes necessary to clarify the meaning of *suyo, -a* and *suyos, -as*.

¿De quién es esta chaqueta, de Guzmán o de Alfonso?

Es de Alfonso. (*Instead of*: Es suya.)

POSSESSIVE PRONOUNS

SINGULAR		PLURAL	
el mío	la mía	los míos	las mías
el tuyo	la tuya	los tuyos	las tuyas
el suyo	la suya	los suyos	las suyas
el nuestro	la nuestra	los nuestros	las nuestras
el vuestro	la vuestra	los vuestros	las vuestras
el suyo	la suya	los suyos	las suyas

Possessive pronouns agree in gender and number with the nouns they replace and are usually preceded by a definite article except after *ser*, when it may be omitted.

Tengo mis llaves aquí.   ¿Dónde has puesto **las tuyas**?

¿**Es suyo** este libro, señor?   Sí, es **mío**, gracias.

práctica

A. Conteste las preguntas siguientes según el modelo.

> ¿De quién son **estos** collares? (de ellas)
> **¿Esos?** Son **suyos.**
>
> (Note that *suyos* agrees with the masculine plural *collares* and *not* with the possessors.)

1. ¿De quién son esos calcetines? (de vosotros)
2. ¿De quién son aquellas blusas? (de Carmen)
3. ¿De quién es este abrigo? (de Daniel)
4. ¿De quién es ese libro? (de nosotros)
5. ¿De quién es esta moto? (de María)
6. ¿De quién son estos guantes? (de ti)

B. Me gustaría saber. . . .   Hágale las preguntas siguientes a un compañero de clase. Practiquen los demostrativos y posesivos. ¡Cuidado con las respuestas!

Compañero 1:

1. ¿De quién es este libro que tengo en las manos? (Ese es tuyo. *or* Ese libro es tuyo.)
2. ¿Cómo se llama esa mujer?
3. ¿Cómo es nuestro texto de clase?
4. ¿Te gusta este texto?
5. ¿Cómo se llama aquel edificio enfrente de éste?
6. ¿Dónde pusiste tus llaves? ¿Dónde puse las mías?
7. ¿Es ésta tu clase favorita? ¿Por qué?

Compañero 2:

1. ¿De quién son esos zapatos? (del Compañero 1)
2. ¿Prefieres este reloj mío o el tuyo? ¿Por qué?
3. ¿Quieres cambiar tus zapatos por los míos?
4. ¿De quién es esa camisa que llevas?
5. ¿De quién son estos pantalones que llevo?

6. ¿Conoces a aquel señor?

7. ¿Cómo se llama este libro aquí?

práctica

Ponga la forma correcta del adjetivo en su lugar correcto *antes* o *después* del sustantivo. Cuidado con el género y el número.

La profesora dice que (este) _____ clase _____ es muy importante para (nuestro) _____ futuro _____. Dice que en la ciudad hay más de (medio) _____ millón _____ de (español) _____ habitantes _____ y que debemos aprender a hablar (su, nativo) _____ lengua _____. Tenemos (algunos) _____ conversaciones _____ sobre las (mucho) _____ oportunidades _____ que hay para una (bilingüe) _____ persona _____. La Oficina de Inmigración está en el (tercero) _____ piso _____ y una compañía de exportación está en el (doce) _____ piso _____. La profesora dice que (este, dos) _____ organizaciones _____ necesitan (calificado) _____ personas _____. Una (mío) _____ amiga _____ ya tiene (un) _____ trabajo _____ en la Oficina de (Mexicano) _____ Turismo _____ y ella tiene la _____ (mismo) calificación _____ que yo. Creo que es (mucho, interesante) _____ más _____ estudiar una lengua cuando uno puede usarla. Puesto que yo soy una _____ (trabajador) persona _____, voy a continuar mis estudios de español.

La cocaína

El abuso de la cocaína se ha convertido en un problema muy serio para los oficiales de salud pública en diferentes lugares del mundo. La cocaína viene de la planta «coca» que crece principalmente en Latinoamérica. Después de ser extraída de las hojas de la planta, es parecida al anestético local *Novocaína*. Además de ser un anestético local, también es un estimulante poderoso del sistema nervioso. Le da al usuario una sensación de excitación eufórica. Cuando unos investigadores de la droga entrevistaron a ciertos drogadictos, un porcentaje alto reportó que prefería la cocaína a la comida, al sexo, a la familia y a los amigos. Su percepción de la realidad se distorsiona con el efecto de la droga. Los drogadictos tienen muy poca energía, emociones casi muertas y una falta de interés en el sexo.

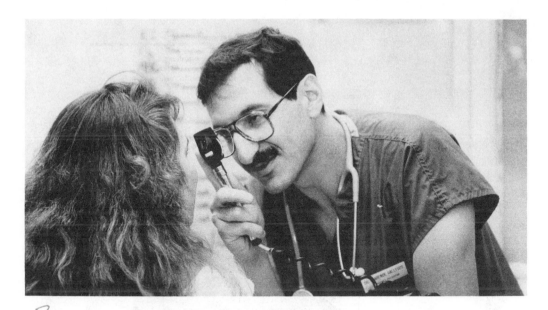

Besause

Debido a que la droga les quita su habilidad de dormir, muchos usuarios toman más cocaína o recurren a otras drogas—al alcohol, la marijuana, o los sedantes. A veces sufren de alucinaciones y delirios de persecución. Algunos creen que unos insectos están hormigueándolos. Muchos pierden peso y sufren de desnutrición. Como otros anestéticos locales, la cocaína en dosis grandes puede causar convulsiones, parálisis respiratoria, y aún la muerte.

Si un adicto quiere deshacerse de este bajo hábito, sufre de muchos síntomas de desintoxicación. No puede pensar claramente, está muy irritable, sin energía, y duerme constantemente. Los síntomas pueden durar de pocos días a varias semanas. El hábito se puede romper con mucha dificultad y, si no se hace, puede resultar en la muerte.

acute

El problema con la droga no era tan agudo, hasta que empezaron a refinarla. Ahora se ha hecho posible ingerir la droga en dosis más concentradas. Los indios da Latinoamérica han masticado las hojas de la coca por muchos siglos sin un daño aparente a su salud. Ellos todavía las mastican para suprimir su apetito y para no sentir el frío de las montañas. Es increíble imaginar que una droga que antes se usaba en jarabes para la tos, en vinos y aún en Coca Cola es la misma droga que ahora está causando tantos problemas sociales y personales. Algunos países latinoamericanos como Brasil, Venezuela, Ecuador, Perú, Colombia y Bolivia producen esta droga refinada tan lucrativa. Esta situación resulta muy difícil de resolver porque ahora es una cuestión de dinero y de la economía de países muy pobres. Una cosa es cierta: el uso de la droga se ha hecho epidémico en algunos países del mundo libre.

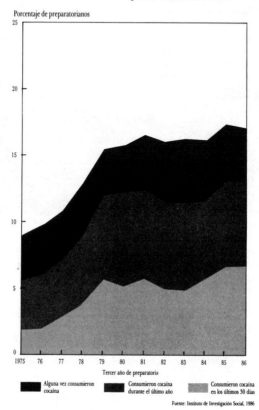

Gráfica 2

Porcentaje de estudiantes de tercer año de preparatoria que han consumido cocaína

VOCABULARIO

VERBOS

deshacerse de   to get rid of
hormiguear   to crawl, creep
ingerir   to ingest, consume
masticar   to chew

recurrir   to resort to
suprimir   to suppress

SUSTANTIVOS

la **desintoxicación**   withdrawal
la **salud**   health

vocabulario y comprensión

A. Encuentre la palabra correcta para la definición de la izquierda.

1. _____ introducir algo en el estómago
2. _____ deshacer, arruinar
3. _____ hacer más fina o pura una cosa
4. _____ que produce beneficio o provecho
5. _____ animal pequeño
6. _____ hacer cesar
7. _____ fácil de enojar
8. _____ sacar una cosa de donde estaba
9. _____ que excita
10. _____ substancia medicinal

  a. insecto
  b. estimulante
  c. ingerir
  d. irritable
  e. destruir
  f. droga
  g. extraer
  h. suprimir
  i. refinar
  j. lucrativo

B. Conteste Ud. las preguntas siguientes.

1. ¿De qué planta viene la droga cocaína?
2. ¿Dónde crece?
3. ¿Para qué productos se usaba la droga en el pasado?
4. ¿Qué personas todavía usan la droga en su forma natural? ¿Por qué la usan?
5. ¿A qué droga es parecida la cocaína? ¿Para qué se usa esta droga en la medicina moderna?
6. ¿Cuáles son los «buenos» efectos de la droga? ¿Cuáles son los malos efectos?
7. ¿Por qué prefiere el adicto la droga a su familia y a otras cosas?
8. Describe una reacción típica a la cocaína.

juntos

A. Para discutir:

1. ¿Conoce Ud. a un adicto a la cocaína? Describa sus síntomas y diga por qué Ud. cree que el adicto la toma.
2. ¿Por qué es la droga tan peligrosa en su forma refinada?
3. ¿Qué personas famosas se han destruido con la droga?
4. ¿Cómo debe la sociedad tratar de resolver este problema social?
5. ¿Ha usado Ud. la droga? ¿Por qué?

B. Haga el papel.   Haga Ud. los papeles siguientes.

1. You have just arrived at Kennedy Airport. A friendly but sinister looking man
    asks you to carry one of his bags *(maletas)* through customs *(la aduana)* be-
    cause he is so loaded down. You are afraid it contains drugs. Get yourself out of
    this situation.

2. A customs official at Kennedy Airport tells you he is going to strip-search you
    because he has reason to believe you are carrying drugs. Talk yourself out of
    this problem.

3. Your son or daughter tells you about a good friend's use of drugs at school.
    Your child obviously needs your help in dealing with this situation. Give him
    (or her) some parental advice.

C. Composición guiada.   Escriba una composición sobre el tema siguiente. Siga el
esquema dado aquí. Debe dar su opinión como una conclusión.

Tema:	**El alcohol (no) es una droga dañosa.**

Introducción: A.   Muchos creen que ser alcohólico es menos serio que ser dro-
                              gadicto.
                    B.   ¿Qué dicen los expertos médicos?

Desarrollo: A.   Beber alcohol no es contra la ley si uno tiene 21 años.
                        1. Los jóvenes consiguen identificaciones falsas que causan
                            problemas legales.
                  B.   ¿Cómo son las fiestas de los jóvenes?
                  C.   ¿Por qué ponen los colegios tanto énfasis en no conducir
                        después de beber alcohol?
                  D.   Los efectos del alcohol.
                  E.   Las estadísticas del uso del alcohol.

Conclusión: Dé su opinión si Ud. cree que el alcohol es una droga dañosa. ¿Es tan peligrosa como la cocaína? ¿Qué les aconseja Ud. a los jóvenes?

D. Composición libre.   Escriba una composición breve de un día típico en su vida. Empiece con el momento cuando se despierta y termine cuando se acuesta. Use tantos verbos reflexivos como sea posible.

Más sobre el diccionario

Cultivate a curiosity about Spanish words. Whenever you do not know what a word means, try to figure it out from the context. If all else fails, look it up. Knowledge of words is essential for communication. Unpleasant situations can arise if you fail to look up important words. This happened to an American girl when her Spanish boyfriend wrote her: "Estoy muy deprimido porque me suspendieron en el examen de latín." ("I am depressed because they failed me in the Latin exam.") The girl was so thrilled that her friend had written to her that she forgot to look up the key words "deprimido" and "suspendieron." She would have written him a letter ignoring his plight and unknowingly would have offended him. Be curious and careful about your use of Spanish words.

Read the following dictionary listings for practice. See how many Spanish expressions you can find. Notice the differences in meaning and how important it is to keep looking for the right expression.

to take, to have, to be, to let, to come, to get, to go, to turn

práctica

A. Find the following English phrases in Spanish in the dictionary.

1. to keep quiet
2. head (of a bed)
3. house (legislative body)
4. to get old envejecerse
5. decay (of the teeth)
6. to catch one's eye
7. piano key
8. nut (for securing a bolt)
9. to make over (clothes)
10. iron (for pressing clothes)

B. Find the following English phrases in Spanish in the dictionary.

1. to be in a hurry
2. at last
3. introduction (of a book)
4. introduction (of a person)
5. on purpose
6. to put out (a fire)
7. to take to heart
8. heart attack
9. queen (in chess)
10. party (political)

C. Refranes.   Estudie los refranes siguientes y piense en sus equivalentes en inglés.

De tal palo, tal astilla.

Cada uno en su casa es rey.

Quien busca, halla.

3

De vacaciones

Como tomar vacaciones

Tomamos vacaciones para darnos un descanso de la vida cotidiana, para relajarnos y para divertirnos. Las vacaciones alivian la tensión y nos ayudan a enfrentarnos a la vida diaria con una energía renovada. Para lograr lo ya mencionado, tenemos que planear con cuidado lo que vamos a hacer. Una cosa es segura: todos debemos variar nuestra rutina durante las vacaciones. Visitar a los parientes en cada vacación no es aconsejable, a menos que ellos tengan bastante espacio y haya una oportunidad de escapar de ellos.

Lea Ud. los consejos siguientes para las vacaciones y empiece a planear sus próximas.

—Lleve dinero extra porque las cosas siempre cuestan más de lo que esperamos.

—Lleve la ropa necesaria para los lugares que va a visitar. Puede hacer mucho frío en las montañas, especialmente durante la noche.

—Lleve zapatos cómodos para caminar. Si le duelen los pies, no podrá relajarse.

—No lleve su trabajo de la escuela ni de la oficina. Muchas personas arruinan sus vacaciones porque se sienten frustrados cuando saben que hay trabajo que tendrán que hacer cuando vuelvan. Es mejor no tenerlo consigo. Olvídelo por un rato.

—Visite un lugar diferente cada año.

—Permítase bastante tiempo para hacer lo que quiere para evitar fatiga y frustración.

—Practique cómo relajarse antes de salir para las vacaciones. Toma mucha práctica aprender a descansar para algunos fanáticos del trabajo. Empiece por tomar vacaciones de tres o cuatro días sin hacer nada.

—Vuelva de las vacaciones por lo menos un día antes de volver al trabajo para prepararse psicológicamente para el cambio de ambiente.

—Empiece a preparar sus próximas vacaciones inmediatamente después de volver de éstas.

—No pierda tiempo preocupándose por su trabajo. Ud. merece el descanso.

¡Diviértase mucho!

VOCABULARIO

VERBOS

doler to ache
enfrentarse a to stand up to, to face
evitar to avoid
relajarse to relax

SUSTANTIVOS

el **ambiente** environment
el **consejo** advice

ADJETIVOS

aconsejable advisable
cotidiano daily

PALABRAS CONFUSAS

perder to miss (a train)
echar de menos, extrañar to miss (a person or thing)
la **fiesta** party (social event)
el **partido** party (political)

VOCABULARIO SUPLEMENTARIO

Estudie este vocabulario útil para planear un viaje a un país hispano. Ud. tiene ganas de usar su español, ¿verdad?

VERBOS

alquilar to rent
aterrizar to land
bajar de to get out of
despedirse de to say goodbye to
despegar to take off
facturar to check (luggage)
recoger to pick up
reservar to reserve
subir a to get on
volar to fly

SUSTANTIVOS

la **aduana** customs
el **aduanero** customs official
el **aeropuerto** airport
el **agente de viajes** travel agent
el **andén** platform (train station)
el **asiento** seat
la **azafata (la aeromoza)** stewardess

el **billete (el boleto)** ticket
el **cinturón de seguridad** seatbelt
el **compartimiento** compartment
el **crucero** cruise
el **equipaje** luggage
la **etiqueta** ticket (for baggage)
la **estación de ferrocarril** train station
el **folleto** brochure
la **gira** tour
la **línea aérea** airline
la **litera** berth (train)
la **maleta** suitcase
el **mostrador** counter
la **parada** stop (on a trip)
el **pasajero** passenger
la **puerta** gate (airport)
el **revisor** conductor (train)
la **tarifa** rate
la **tarjeta de embarque** boarding pass
la **ventaja; la desventaja** advantage;
　　disadvantage
el **vuelo** flight

EXPRESIONES UTILES

abrocharse/desabrocharse los cinturones
to fasten/unfasten seatbelts
con destino a   destined for
de ida y vuelta   round-trip

hacer la maleta   to pack a suitcase
llegar adelantado/retrasado   to arrive
early/late
valer la pena   to be worthwhile

vocabulario y comprensión

A. Encuentre la palabra correcta para la definición de la izquierda.

1. __i__ tomar tierra un avión
2. __f__ levantar una cosa caída
3. __h__ registrar los equipajes
4. __e__ cerrar con broches o botones
5. __c__ guardar una parte de una cosa
6. __i__ iniciar el vuelo
7. __b__ divertir el ánimo
8. __j__ hacerse digno de algo
9. __g__ hacer como nuevo
10. __a__ tranquilizarse; cesar el trabajo

a. descansar
b. relajar
c. reservar
d. aterrizar
e. abrochar
f. recoger
g. renovar
h. facturar
i. despegar
j. merecer

B. Encuentre la palabra correcta para la definición de la izquierda.

1. __d__ tabla de precios e impuestos
2. __g__ que sirve para llevar ropa, etc.
3. __h__ que va de camino de un punto a otro
4. __b__ sitio donde se para
5. __i__ excursión con un grupo de personas
6. __c__ viaje de turismo por mar
7. __f__ silla
8. __j__ cama superpuesta en un tren
9. __a__ conjunto de objetos que se llevan de viaje
10. __e__ funcionario de ferrocarriles que
comprueba los billetes de viajeros

a. equipaje
b. parada
c. crucero
d. tarifa
e. revisor
f. asiento
g. maleta
h. pasajero
i. gira
j. litera

C. Conteste Ud. las preguntas siguientes.

1. ¿Para qué sirven las vacaciones?
2. ¿Qué alivian ellas?
3. ¿Cuánto dinero debe traer el viajero de vacaciones?
4. ¿Cuál es el resultado beneficioso de las vacaciones?
5. ¿Qué *no* debe hacer el viajero durante las vacaciones?

juntos

A. Para discutir:

1. ¿Adónde le gusta a Ud. viajar de vacaciones? ¿Por qué? ¿Qué tipo de vacaciones no le gusta tomar? ¿Por qué? ¿Prefiere ir en tren, en avión, o en coche? ¿Por qué?

2. ¿Prefiere Ud. pasar tiempo en la playa o en las montañas? ¿Dónde prefieren pasarlas su familia o sus amigos? ¿Causa esto problemas? ¿Cómo resuelven la diferencia de opinión?

3. A tu parecer (*in your opinion*), ¿qué tipo de vacaciones relaja más a una persona—un crucero o una caminata en las montañas? ¿Por qué?

4. ¿Piensa Ud. en su trabajo de escuela cuando está de vacaciones? ¿Cómo puede olvidar sus responsabilidades aquí? ¿Vuelve muy relajado o más cansado que nunca?

5. Cuando el avión despega, ¿es necesario abrocharse el cinturón de seguridad o desabrochárselo?

6. Cuando Ud. compra un billete de avión, ¿prefiere comprar uno sólo de ida o uno de ida y vuelta? ¿Por qué?

7. ¿Siempre llegan los aviones a tiempo o llegan retrasados? ¿Qué línea aérea siempre llega a tiempo? ¿Qué línea llega retrasada?

8. Cuando el avión llega adelantado, ¿viene su familia a tiempo por usted? ¿Qué tiene Ud. que hacer si todavía no están en el aeropuerto?

9. ¿Con quiénes le gusta tomar las vacaciones? ¿Por qué?

10. ¿Adónde va para sus próximas vacaciones? ¿Cuánto dinero va a costar el viaje? ¿Cuánto tiempo tiene que ahorrar dinero para pagarlo? ¿Cree Ud. que vale la pena?

11. ¿Quiere visitar un país hispano para practicar su español? ¿Cuándo piensa Ud. hacerlo?

12. Cuando Ud. viaja, ¿prefiere viajar en primera o segunda clase? ¿Cuáles son las ventajas de viajar en cada clase?, ¿las desventajas?

B. Haga el papel.   Con un compañero de clase, haga Ud. los papeles siguientes. Varíen el papel como quieran.

1. You are at the Iberia ticket counter in Madrid buying a round-trip ticket to Barcelona. Tell the man you want to sit in the nonsmoking section (*la sección de no fumar*). Check your luggage and get a boarding pass. Ask about the plane's gate number. Pay for the ticket with a traveler's check (*un cheque de viajeros*).

2. You have just arrived at the Atocha train station in Madrid and do not have a hotel for the night. Talk to the clerk at the station's tourist information bureau.

Tell him (or her) how much you want to spend for the night and where you want to stay. Ask him (or her) to speak slowly so that you can understand him (or her). Ask what bus to take to get to the hotel.

GRAMATICA

Los verbos «ser» y «estar»

Since *ser* and *estar* both mean "to be," the choice of which verb to use is often one of the most perplexing problems you will face when writing Spanish. When using a tense other than the present, ask yourself which verb you would use in the present

TARIFA ESPECIAL IDA Y VUELTA.

PARA IR Y VOLVER POR MENOS.

tense. Sometimes it is difficult to relate to these verbs in other tenses, and this simple question often solves the problem. Note that Spanish speakers have very specific meanings when they use each verb. Choosing which one to use will become second nature to you if you practice and use them often.

ser ("to be")

yo	**soy**	nosotros, -as	**somos**
tú	**eres**	vosotros, -as	**sois**
Ud., él, ella	**es**	Uds., ellos, ellas	**son**

USES OF *SER:*

1. with normative adjectives expressing objective reality regarding such things as color, shape, size, financial status, physical characteristics, and personality;

    El edificio **es** rectangular.

    Su blusa **es** roja.

    Antonio **fue** popular.

    La familia Martínez **es** rica.

    Sus padres **son** viejos.

2. to tell time and the date;

    Mañana **es** el 21 de agosto.

    Son las dos y media.

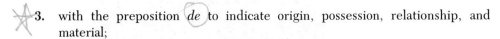

3. with the preposition *de* to indicate origin, possession, relationship, and material;

    El hombre **es** de carne y hueso.

    Esos **son** los zapatos de Pepe.

    Los viajeros **serán** del Japón.

    Este coche **es** de mis padres.

4. in impersonal expressions;

    Es imposible salir tan pronto.

    Será necesario decirle la verdad.

5. when "to be" means "to take place," locating events;

   La fiesta **es** en casa de Rosana.
   La reunión va a **ser** en la oficina de Susana.

6. to form the passive voice;

   Aquellos edificios **fueron** construidos por mi compañía.

7. to identify;

   ¿Qué **es** eso? **Es** el horario para los obreros.

8. to express nationality;

   Los visitantes **son** holandeses.

9. to denote profession.

   Son profesores.

práctica

Escriba la forma correcta del verbo *ser* en el tiempo presente.

1. Dicen que los chicos __son__ de aquí.
2. ¿Qué __es__ eso que tienes en la mano?
3. Siempre __son__ las tres y cuarto cuando llaman.
4. Por fin __es__ posible hacerlo a tiempo.
5. La escultura __es__ de acero y madera.
6. El y yo __somos__ muy amigos.
7. Hoy __es__ domingo.
8. Los edificios van a __ser__ diseñados por un arquitecto famoso.
9. Así __es__ la vida, ¿verdad?
10. El gazpacho __es__ una sopa fría.
11. José __es__ costarricense.
12. Paco __es__ abogado.

estar ("to be")

yo	**estoy**	nosotros, -as	**estamos**
tú	**estás**	vosotros, -as	**estáis**
Ud., él, ella	**está**	Uds., ellos, ellas	**están**

USES OF *ESTAR:*

1. to express location of entities;

    Granada **está en Andalucía.**
    Mi familia **está en Colorado.**
    Tus zapatos **están debajo de la cama.**

2. with past participles to express a condition resulting from an action;

    Estamos fatigados.   *(We wore ourselves out working.)*
    La puerta **está abierta**.   *(Someone opened it.)*
    Mis abuelos **están muertos**.   *(They died in the past.)*

3. with the present participle (*gerundio*) to form the progressive tenses;

    Mañana a esta hora **estaremos conduciendo** a California.
    Tomorrow at this time we will be driving to California.

    Todo el mundo **está hablando** del choque de avión.
    Everyone is talking about the airplane crash.

4. in idiomatic expressions;

estar acostumbrado	*to be accustomed to*
estar conforme	*to be in agreement, to agree*
estar de acuerdo	*to be in agreement, to agree*
estar de buen (mal) humor	*to be in a good (bad) mood*
estar de prisa	*to be in a hurry*
estar de vacaciones	*to be on vacation*
estar de vuelta	*to be back*
estar listo	*to be ready*
estar para	*to be about to*
estar por	*to be in favor of*

    Estamos listos para salir.   *We are ready to leave.*

    Estoy por decirle la verdad.   *I am in favor of telling him the truth.*

Estuvimos de vacaciones hace un mes.
We were on vacation a month ago.

5. with adjectives expressing that which is abnormal, unusual, recently changed, or constantly changing, to describe, for example, how something looks, tastes, and feels at any given moment.

Manolita **está tan joven** esta noche.
Manolita looks so young tonight. (Did she recently get a facelift?)

La sopa **está fría**.
The soup is (tastes) cold. (Who let it stand there before serving it?)

Esta paella **está sabrosa**.
This paella is (tastes) delicious. (My compliments to the chef.)

práctica

A. Escriba la forma correcta del verbo *estar* en el tiempo presente.

1. Vosotros _____ bien, ¿verdad?
2. Las niñas _*están*_ cantando alegremente.
3. José, ¿ _*estás*_ contento de estar aquí conmigo?
4. ¿Por qué siempre _*está*_ cerrada la puerta cuando llegamos?
5. Yo _*estoy*_ mareada porque tomé medicina. *La puerta es cerrada violentamente*
6. Nosotros _*estamos*_ fatigados.
7. El _*está*_ conduciendo a Guadalajara.
8. Mario, _*estás*_ tan guapo esta noche. ¿Qué pasa?

B. Escriba la forma correcta de *ser* o *estar* en el tiempo presente.

1. Los chicos _*están*_ jugando al fútbol.
2. Mis amigos y yo _*somos*_ de aquí.
3. _*Son*_ las ocho de la tarde.
4. ¿Por qué _*estás*_ tú tan desorientado?
5. Esta hamburguesa _*está*_ fría.
6. Los asientos _*son*_ de metal.
7. Madrid _*está*_ en España.
8. Todos mis abuelos _*están*_ muertos.

9. Nosotros _somos_ compañeros del equipo de básquetbol.

10. Este _es_ un vaso para vino.

11. Ellos _están_ en casa.

12. El coche _está_ sucio.

13. La reunión _está_ en la oficina del señor Suárez.

14. Nosotros _estamos_ por salir inmediatamente.

15. Las chicas _están_ listas para salir.

CONFUSING USES OF *SER* AND *ESTAR*

1. To translate the English sentence "He is sitting down," you have to ask yourself whether he is in the actual act of sitting down or whether he is already seated. Notice the difference between the two sentences in Spanish.

   El está sentándose.   *He is sitting down.* (i.e., in the act of sitting down.)
   El está sentado.   *He is sitting down.* (i.e., he is seated.)

   Notice that the first sentence describes an *action* while the second sentence describes the *result of an action*. This distinction is very important to make; otherwise our English can confuse you when trying to use the right verb in Spanish.

2. *Ser* is used to express the passive voice and always describes an action. Do not confuse the passive voice with an expression of state or condition. Note that when the verb *estar* is used to denote condition, *no* action is involved. (See Lección 12 for information on the difference between the active and passive voices.) Compare the following sentences and notice the difference in meanings.

   La puerta **está** cerrada.   (condition—no action)   *The door is closed.*
   La puerta siempre **es** cerrada por el portero.   (action)
   The door is always closed by the custodian.

A. Escoja el verbo que correctamente completa la frase.

1. Los niños (son, están) cansados porque limpiaron la casa.
2. (Eran, estaban) las cuatro cuando el partido terminó por fin.
3. ¿Por qué no (eras, estabas) aquí cuando llegamos?
4. María Luisa (es, está) una niña preciosa.
5. El ejército (fue, estuvo) derrotado por los insurgentes.
6. El libro (es, está) azul.
7. Lo que dices no (es, está) verdad.
8. Hoy (es, está) el primero de junio.
9. La botella (es, está) llena de vino.
10. El helado (es, está) mi postre favorito.
11. Guzmán (es, está) ausente. absent
12. Estos zapatos (son, están) de Italia.

13. (Son, Están) las seis.

14. (Soy, Estoy) acostumbrada a la humedad de San Luis.

15. Los estudiantes (son, están) sentados.

16. El público (es, está) sentándose.

17. La cena (es, está) lista.

18. Pepe (es, está) un hombre muy listo.

19. ¿Qué (es, está) esto?

20. Mi casa (es, está) lejos de la universidad.

B. Complete las frases siguientes con la forma correcta de *ser* o *estar*.

1. Nosotros ___somos___ mexicanos.

2. Nueva York ___está___ cerca de Boston.

3. Los jugadores ___están___ practicando para el compeonato.

4. Esta chaqueta ___es___ del señor que ___está___ sentado allí.

5. Mónica, ¿por qué ___estás___ tan pálida?

6. Esta sopa no ___está___ caliente. Recaliéntela, por favor.

7. Susana ___es___ una persona muy abierta.

8. Ese ensayo ___está___ escrito en ruso.

9. Su coche ___está___ muy sucio.

10. Su papá ___es___ agente de viajes.

11. ___Es___ importante hacer tu tarea.

12. La mesa ___es___ de madera y metal.

13. El programa siempre ___es___ anunciado por el Sr. López.

14. Hoy ___es___ viernes, gracias a Dios.

15. Nuestra mamá ___es___ viuda.

C. Complete las frases siguientes, usando *ser* o *estar* según el caso.

Querido Juan:

Hola, ¿cómo _____? Yo _____ de vacaciones en la playa de Carolina del Norte. Nosotros _____ aquí porque la familia de mi esposa, Angela, _____ de aquí y ellos _____ en otra cabina cerca de nosotros. Angela _____ muy delgada estos días porque perdió 25 libras en dos meses. Yo _____ muy orgulloso de ella y ella _____ de buen humor porque _____ contenta. Mis hijos _____ unos chicos preciosos. Eso _____ una observación típica de los papás, ¿verdad? Aquí _____ las tres de la tarde y los chicos _____ en la playa. Angela _____ en la cocina preparando un

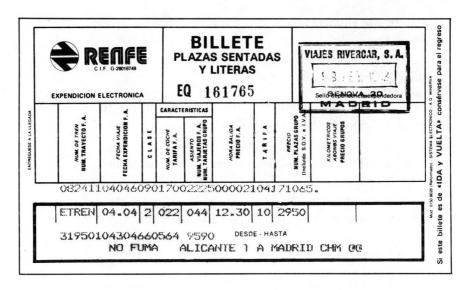

informe (*report*) para el presidente de su compañía. La reunión va a
_____ en San Diego. Ella _____ un poco nerviosa pero va a
_____ bien preparada.

No puedo creer que hoy _____ el 24 de junio. Yo _____ muy
contento con mi trabajo. Mi jefe _____ por subir mi salario pero él
_____ esperando la decisión de su jefe.

Juan, cuando me pongo el traje de baño y me miro en el espejo, creo
que _____ muy viejo. ¿Cómo _____ posible a mi edad tan
joven? Angela dice que yo todavía _____ joven pero como
_____ mi esposa, tiene que decir eso.

Bueno, los chicos _____ aquí insistiendo en que me bañe con
ellos en el mar. Llámame cuando puedas.

Un abrazo fuerte,

Pepe

D. Me gustaría saber. . . .   Pregúntele a un compañero.

Compañero 1:

1. ¿Cómo estás hoy? ¿y tu familia?
2. ¿De qué ciudad eres? ¿De dónde son tus padres?
3. ¿De qué humor estás hoy? ¿Estás de buen humor?
4. ¿Está abierta la puerta o está cerrada?
5. ¿Dónde está tu mejor amigo en este momento?
6. ¿Soy yo tu mejor amigo(a)?
7. ¿Estás satisfecho(a) con la comida de la cafetería?
8. ¿Vas a estar mañana aquí en la clase? ¿Por qué?

Compañero 2:

1. ¿Cómo estás después de hacer mucho ejercicio?
2. ¿Qué hora es?
3. ¿Cuál es la fecha? ¿Qué día es hoy?
4. ¿De qué país son tus zapatos? ¿De dónde son los míos?
5. ¿Estás sentándote o ya estás sentado(a)?
6. ¿De qué es esta silla en que estoy sentado(a)?
7. Descríbeme cómo eres.
8. ¿Soy yo tu persona favorita? ¿Por qué?

OTHER EQUIVALENTS OF "TO BE " IN SPANISH

Many of our English expressions with "to be" do not use *ser* or *estar* in Spanish. Examples are:

1. *tener.*

tener frío	*to be cold*	tener razón	*to be right*
tener calor	*to be hot*	no tener razón	*to be wrong*
tener hambre	*to be hungry*	tener sueño	*to be sleepy*
tener sed	*to be thirsty*	tener vergüenza	*to be ashamed*
Tengo frío.	*I'm cold.*	El tiene razón.	*He's right.*

2. *hacer.*

hacer frío	*to be cold*	Hace bastante frío.	*It's pretty cold.*
hacer viento	*to be windy*	Hace mucho viento.	*It's very windy.*

```
┌─────────────────────────────────────────────────────────┐
│                                              ┌─────────┐  │
│                                              │   ┌───┐ │  │
│          CAJAS DE SEGURIDAD                  │   └───┘ │  │
│                                              └─────────┘  │
│  ──────────────────────────────────────                  │
│                                                           │
│  A su disposición sin costo alguno en el área de caja de  │
│  recepción; servicio las 24 horas. El hotel no se hace res-│
│  ponsable por dinero o valores dejados en las habitacio-  │
│                                                      nes. │
│                                                           │
│                                              ┌─────────┐  │
│                                              │  ●____  │  │
│                                              │  |__|   │  │
│               CAMA EXTRA                     └─────────┘  │
│                                                           │
│  ──────────────────────────────────────                  │
│  Llame a recepción, extensión 3, con gusto se la propor-  │
│                                        cionaremos.        │
└─────────────────────────────────────────────────────────┘
```

3. The verbs "hallarse" and "encontrarse" are often used instead of "estar" to describe someone or something in a place or condition.

Me hallo fatigada. = **Estoy** fatigada.
I am tired. (Literally: I find myself tired.)

Nos encontramos aquí sin dinero. = **Estamos** aquí sin dinero.
We are here without any money. (Literally: We find ourselves without money.)

4. The verb "quedar" is also used instead of "estar" to describe the result of an action.

El asesino **quedó** (**estuvo**) sorprendido cuando el policía lo capturó.
The murderer was surprised when the policeman caught him.

El adverbio

1. Adverbs are formed in Spanish by adding the suffix *-mente* to the feminine singular form of the adjective *or* to the invariable singular form of other adjectives.

rápida	rápidamente
alegre	alegremente
fácil	fácilmente

2. Many words have their own adverbial form. Note the following typical examples of adverbs.

TYPE OF ADVERB

PLACE	aquí, acá, allí, arriba, abajo
TIME	hoy, mañana, ayer, anteayer, temprano
MANNER	como, bien, mal, despacio
QUANTITY	muy (mucho), bastante, tan, tanto, más
NEGATION	no, tampoco, nunca, nada
ORDER	antes, después, primero
DOUBT	acaso, tal vez, quizás

3. The adverb form is often replaced by the prepositional phrase *con* + noun.

cuidadosamente	con cuidado
alegremente	con alegría
tristemente	con tristeza

4. To avoid repetition of the suffix *-mente* in a series of adverbs, the suffix is only attached to the last adverb. The prepositional phrase with *con* may also be used.

El escribe **fácil** y **cuidadosamente**.   *He writes easily and carefully.*

or

El escribe **fácilmente** y **con cuidado**.

práctica

A. Forme el adverbio apropiado del adjetivo. Use *-mente* y la forma alternativa *con* + sustantivo si es posible.

> Ellos planean sus vacaciones _____ (cuidadoso)
> *cuidadosamente* o *con cuidado*

1. El revisor nos habló _____ (lento).

2. El piloto aterrizó el avión _____ (cuidadoso).

3. Las azafatas sirvieron la comida _____ (rápido).

4. Los viajeros esperaron _____ (paciente) en el andén.

5. La mamá vigilaba _____ (tranquilo) a sus hijos.
6. Eso _____ (simple) no es verdad.
7. Ellos nos trataron _____ (cariñoso).
8. Los pasajeros esperaron _____ (ansioso) en la sala de espera.
9. El aduanero revisó _____ (ligero) nuestras maletas.
10. —¡Qué pasen un buen día!
    —¡ _____ (igual), señorita!

B. Describa cómo Ud. hace las siguientes cosas. Use una variedad de adverbios. Use dos adverbios en la misma frase cuando sea posible.

1. ¿Cómo baila Ud?
2. ¿Cómo habla español? ¿Cómo lo habla la profesora?
3. ¿Cómo hace los ejercicios?
4. ¿Cómo estudia para esta clase?
5. ¿Cómo hace la maleta?

Los comparativos

Comparisons show equality (as fast as, as intelligent as) or inequality (faster than, more intelligent than) between two or more persons or things.

COMPARISONS OF EQUALITY

1. Spanish uses the following expressions for comparisons of equality.

   tan + adjective + *como*
   tan + adverb + *como*
   tanto, -a, -os, -as + noun + *como*

   Ese piloto es **tan** experto **como** el otro. (adjective)
   That pilot is as skilled as the other one.

   Este expreso llega **tan** despacio **como** el tren local. (adverb)
   This express train arrives as slowly as the local train.

   Note: Tanto agrees with the noun it modifies.

   El ha volado con esta línea aérea **tantas** veces **como** yo. (noun)
   He has flown with this airline as many times as I have.

2. *Tanto como* by itself means "as much as."

Ella viaja **tanto como** él.   *She travels as much as he does.*

3. *Tanto* by itself means "so much" and *tan* followed by an adjective or adverb means "so."

Llueve **tanto** aquí.   *It rains so much here.*

Ella es **tan** lista.   *She is so sharp.*

Ella habla **tan** bien.   *She speaks so well.*

práctica

Combine las frases siguientes para expresar una comparación de igualdad según el modelo.

El alemán es difícil. El ruso es difícil también.
El alemán es tan difícil como el ruso.

---

1. La aduana es difícil. El vuelo internacional es difícil también.
2. La estación de ferrocarril es moderna. El aeropuerto es moderno también.
3. Un viaje en tren es divertido. Un viaje en coche es divertido también.
4. Chris habla bien el español. Michelle habla bien el español también.
5. María fuma mucho. José fuma mucho también.
6. Pedro tiene muchos amigos. Yolanda tiene muchos amigos también.
7. Juan tiene mucha simpatía. Yo tengo mucha simpatía también.
8. Enrique se porta mal. Carlos se porta mal también.

COMPARISONS OF INEQUALITY

1. *Más* + adjective, adverb, or noun + *que* are used to express "more . . . than."

   Un avión vuela **más rápido que** un pájaro.
   An airplane flies faster than a bird.

   Juanito habla **más despacio que** Raúl.
   Juanito speaks more slowly than Raúl.

2. *Menos* + adjective, adverb, or noun + *que* are used to express "less . . . than."

   Yo tengo **menos tiempo que** tú.   *I have less time than you do.*

   Ella está **menos cansada que** yo.   *She is less tired than I am.*

3. *Más que* and *menos que* are used to express "more than" and "less than."

   A, E, I, O, U. El burro sabe **más que** tú.
   A, E, I, O, U. The burro knows more than you.

   El estudia **menos que** nosotros.   *He studies less than we do.*

4. Before a number, *de* is used instead of *que* to express "than."

El niño tiene **más de trescientas** pesetas en su bolsillo.
The boy has more than three hundred pesetas in his pocket.

Note: No . . . más que before a number means "only."

El equipo **no** anotó **más que** un gol.   *The team scored only one goal.*

5. When a comparative clause is joined to another clause that refers to a particular noun in the comparative clause, *than* is expressed by *de* + article + *que*.

Tenemos más votos **de los que** necesitamos.
We have more votes than we need.

El nos muestra más cariño **del que** verdaderamente siente.
He shows us more love than he really feels.

6. If the comparison between two clauses does not refer to a noun, the invariable phrase *de lo que* is used to connect the two clauses.

El estudia más **de lo que** piensas.   *He studies more than you think.*

Este viaje es más divertido **de lo que** esperábamos.
This trip is more fun than we were expecting.

Teléfonos que conviene tener siempre a mano

Información		Guardia Civil de Tráfico	·	457 77 00
Información del Metro		Oficina de Información y Reclamaciónes		
(Oficinas de Información del Metro:		de la Comunidad de Madrid		442 42 22
Sol, Atocha y Retiro)	435 22 66	Tele-Ruta (Estado carreteras)		441 72 22
Cavanilles, 58	252 76 43	**Urgencias**		
Información Aeropuerto Barajas	205 43 72	Policía		091
	231 44 36	Policía Municipal		092
Información Iberia	411 25 45	Bomberos		232 32 32
Información Renfe	733 22 00	Protección Civil		446 81 62
	733 30 00	Ambulancias Municipales		252 32 64
Oficina de Turismo	241 23 25	Urgencias de La Paz		734 55 00
Información Ayuntamiento	266 66 00	Ciudad Sanitaria La Paz		734 26 00

IRREGULAR COMPARATIVE FORMS

		REGULAR	IRREGULAR
ADJECTIVES	bueno	más bueno, -a,-os,-as	mejor(es)
	malo	más malo, -a,-os,-as	peor(es)
	pequeño	más pequeño, -a,-os,-as	menor(es)
	joven	más joven(es)	menor(es)
	grande	más grande(s)	mayor(es)
	viejo	más viejo, -a,-os,-as	mayor(es)
ADVERBS	mal		peor
	bien		mejor

SUPERLATIVE OF ADJECTIVES AND ADVERBS

1. Add the definite article to the comparative form to form a superlative.

    Jorge dice que Argentina tiene **el mejor equipo de fútbol**.
    Jorge says that Argentina has the best soccer team.

    Paco es **el ingeniero más inteligente**.   *Paco is the smartest engineer.*

    Julia es **la menos atlética**.   *Julia is the least athletic.*

2. *De* is required in Spanish when a preposition follows the superlative.

    El Talgo es el tren más rápido **de** España.
    The Talgo is the fastest train in Spain.

    Elena es la chica más inteligente **de** la clase.
    Elena is the smartest girl in the class.

3. The superlative of adverbs can be expressed by the construction *lo más (menos)* + adverb + *posible.*

    Completamos el trabajo **lo más rápido posible**.
    We did the work as fast as possible.

4. The absolute superlative is used to denote a person or thing that possesses a quality to an extreme degree. It is formed by adding *-ísimo* to adjectives ending in a consonant. Adjectives which end in a vowel drop the final syllable before adding *-ísimo.*

    Estas clases son **dificilísimas**.   *These classes are extremely difficult.*

Note: When forming the absolute superlative, a spelling change is required for adjectives ending in *-co, -go,* and *-z.*

rico	riquísimo	(**c** to **qu**)
amargo	amarguísimo	(**g** to **gu**)
feliz	felicísimo	(**z** to **c**)

práctica

A. Haga comparaciones de desigualdad, usando *más* o *menos* según el modelo.

> Nueva York/San Luis
> Nueva York es más grande que San Luis.

1. el béisbol/el básquetbol
2. el gobierno de los Estados Unidos/el gobierno de Nicaragua
3. el campo/la ciudad
4. mi abuela/mi papá
5. el verano/la primavera
6. una bicicleta/un avión
7. un baile/un examen
8. el humor/el enojo *(anger)*
9. una bomba nuclear/la dinamita
10. un kilómetro/una milla

B. Lea las frases siguientes y responda a las preguntas.

1. José tiene mil pesetas, Paco tiene doscientas y Pedro tiene dos mil.

   ¿Quién es el más rico de los chicos?
   ¿Quién es el menos rico?
   ¿Tiene Paco más o menos pesetas que José?

2. Alegría tiene veinte años, Julia tiene quince y Bárbara tiene veintiuno.

   ¿Quién es la mayor?
   ¿Quién es la menor?
   ¿Tiene Julia más años o menos años que Bárbara?

3. Los Belmonte tienen tres hijos; los Sánchez, ocho; y los González, seis.

¿Quiénes tienen la familia más grande?

¿Quiénes tienen la familia más pequeña?

¿Tienen los Belmonte más o menos hijos que los Sánchez?

C. Corrija las frases siguientes si son falsas. ¡Claro que Ud. tiene su propia opinión!

1. Las mujeres son más inteligentes que los hombres.

2. El béisbol es un deporte más interesante que el fútbol.

3. Los rusos tienen tantos derechos como los americanos.

4. La cocaína no es tan peligrosa como la marijuana.

5. Más hombres fuman cigarillos de los que fuman pipas.

6. El campo ofrece más ventajas culturales que la ciudad.

7. Hablamos el español tan bien como el profesor (la profesora).

8. Los Estados Unidos tiene una historia tan antigua como la de España.

9. La pintura de Picasso es más realista que la de Goya.

10. El anaranjado (*orange*) es el color más tranquilo de todos.

D. Complete las frases siguientes con *del que, de la que, de los que, de las que,* or *de lo que.*

1. El tren llegó más tarde _____ esperábamos.
2. Juan va a recibir un salario más alto _____ recibe su papá.
3. Este ejercicio va a causarnos más preguntas _____ queremos.
4. El vive más cerca de aquí _____ yo sabía.

E. Me gustaría saber. . . . Hágale a un compañero de clase las preguntas siguientes.

Compañero 1:

1. ¿Quién tiene más años, tu papá o tu mamá? ¿Tengo más años que tú? ¿Tienes más años que el profesor (la profesora) de español? ¿Quién es mayor, tu abuela o tu primo?
2. ¿Es más interesante mirar la televisión o ir a una fiesta? ¿tomar exámenes o visitar con los amigos?
3. ¿Estás tan interesado(a) como yo en estas preguntas o estás más o menos interesado(a)?
4. ¿Es mejor la calidad de la vida del campo que la de la ciudad? ¿Hay más cosas que hacer en la ciudad o en el campo?
5. ¿Eres más alto(a) que yo o menos alto(a)?
6. ¿Quién es la persona más inteligente de la clase? ¿Quién es la persona más interesada en los deportes? ¿en la política? ¿en las fiestas?

Compañero 2:

1. ¿Qué es peor—beber alcohol o tomar cocaína? ¿Por qué? ¿Qué es mejor—votar o no votar? ¿Por qué?
2. ¿Puedes cantar tan bien como Julio Iglesias? ¿Cantas mejor o peor que él?
3. ¿Tienes tanto dinero como un Rockefeller? ¿Tienes más o menos dinero?
4. ¿Hay más o menos de treinta horas en un día?
5. ¿Son estas preguntas más difíciles de lo que esperabas?
6. ¿Quién es el mayor de la clase? ¿Quién es el menor?

Granada, tierra soñada por mí

«Granada, tierra soñada por mí» son palabras de una canción que cariñosamente capta el encanto de esta ciudad hechicera. La ciudad se encuentra en Andalucía en el sur de España. Se hizo famosa en la época de los árabes, que llegaron a la Península Ibérica en 711, conquistando toda la península en sólo siete años. El mismo año marca el principio de la guerra de la Reconquista, una lucha de los

cristianos para apoderarse de sus viejos territorios. Los árabes perdieron poco a poco muchos de los territorios suyos durante la Reconquista, hasta que sólo quedó el reino de Granada a fines del siglo XIII. Mientras el resto de Europa sufría por la Edad de las tinieblas, los árabes crearon la cultura más alta de toda Europa, introduciendo avances importantes en filosofía, teología, astronomía, matemáticas, agricultura, arquitectura, medicina y ciencia. Mucha tolerancia existía entre moros, cristianos y judíos hasta que llegaron dos hordas africanas, primero los almorávides, y después los almohades a fines del siglo XI. Estas tribus bárbaras decretaron la expulsión de los cristianos y judíos que rehusaron convertirse a la religión musulmana. Este fanatismo religioso ayudó a los cristianos a ganar más apoyo en su lucha contra los árabes.

Granada aumentó en importancia después de la captura de Córdoba por los ejércitos cristianos y alcanzó su apogeo durante la dinastía de los nazaritas entre los siglos XIII y XV. Los reyes castellanos toleraron a los nazaritas por más de dos siglos, hasta 1492 cuando los Reyes Católicos, Fernando e Isabel, tomaron posesión de Granada el dos de enero, terminando para siempre la dominación de casi ocho siglos de los árabes en España. El último rey de Granada, Boabdil, les entregó las llaves a la ciudad. Dicen que mientras salía, miró hacia atrás y empezó a suspirar y llorar por la pérdida de su querida Granada. Su madre, muy enojada,

le dijo: «Haces bien en llorar como una mujer lo que no has sabido defender como un hombre.» El lugar donde Boabdil lloraba hoy día se llama «Suspiro del moro.»

Granada está situada al pie de la cordillera más alta de España, la Sierra Nevada. El granadino típico pasa muchas horas gozando de los jardines, las fuentes y la música de guitarra en su ciudad hermosa y tranquila. La sensación de que el tiempo no pasa es característica de Granada y hay un aire de contemplación que encanta al turista. Según dijo una persona anónima, elogiando su ciudad: «Dale limosna, mujer, que no hay en la vida nada como la pena de ser ciego en Granada.» Con las otras ciudades árabes en Andalucía, como Sevilla y Córdoba, está separada del resto de España por su herencia árabe.

La Alhambra, el lugar de más interés turístico del país, se encuentra en Granada. Turistas de todo el mundo hacen el viaje a esta fortaleza antigua. El complejo de edificios incluye el palacio de los reyes moros; la Alcazaba, una fortaleza construida en 1238; y el Palacio del Generalife, la residencia veraniega de los reyes.

Una visita a Granada es esencial para la persona que quiere aprender y entender más de la dominación árabe en España. ¡Buen viaje!

VOCABULARIO

VERBOS

alcanzar   to reach, attain
apoderarse   to seize control
conquistar   to conquer
decretar   to decree
elogiar   to praise
encantar   to charm
soñar   to dream
suspirar   to sigh

SUSTANTIVOS

el **apogeo**   apogee, height
el **apoyo**   support
la **cordillera**   mountain range
la **Edad de las tinieblas**   the Dark Ages
el **ejército**   army

el **encanto**   charm
la **fortaleza**   fortress
la **granada**   pomegranate
la **horda**   horde
la **limosna**   alms
la **lucha**   struggle
el **moro**   Moor (Arab)
el **siglo**   century

ADJETIVOS

ciego   blind
granadino   a person from Granada
hechicero   charming, enchanting
musulmán   Moslem
oscuro   dark
veraniego   summer

vocabulario y comprensión

A. Encuentre la palabra correcta para la definición de la izquierda.

1. _____ causar placer	**a.**	oscuro
2. _____ dar aspiración profunda que indica pena	**b.**	apoderarse
3. _____ resolver con autoridad	**c.**	veraniego
4. _____ adquirir a fuerza de armas	**d.**	suspirar
5. _____ hacerse dueño de una cosa	**e.**	siglo
6. _____ conjunto de fuerzas militares	**f.**	encantar
7. _____ regalo caritativo	**g.**	ejército
8. _____ cien años	**h.**	decretar
9. _____ que no está iluminado	**i.**	limosna
10. _____ perteneciente al verano	**j.**	conquistar

B. Conteste Ud. las preguntas siguientes.

1. ¿Dónde está Granada?

2. ¿En qué época histórica floreció Granada?

3. ¿Por qué estaba enojada la madre de Boabdil?

4. ¿En qué año reconquistaron los cristianos la ciudad de Granada? ¿Quiénes eran reyes durante ese año?

5. ¿Reconoce Ud. el nombre de los reyes? ¿Por qué? ¿Qué cosa de importancia hicieron?

6. ¿Qué avances culturales contribuyeron los árabes a España?

7. ¿Qué pasaba en el resto de Europa mientras España florecía bajo los árabes?

8. ¿Cuál es el significado de la cita «Dale limosna, mujer . . .»?

9. ¿Qué atracción turística se encuentra en Granada? ¿Qué era durante la dominación árabe?

10. ¿Quién fue el último rey de Granada? ¿Cómo lo caracterizaría Ud.? ¿Por qué?

juntos

A. Haga el papel.   Haga Ud. los papeles siguientes.

1. You are in Sevilla at a bus station. You ask when the next bus leaves for Granada, how much the trip will cost, whether there is a bathroom on the bus, how long the trip will take, and if the seats are reserved. You also ask the ticket agent *(taquillero)* where you can eat at a decent restaurant that won't cost a fortune. Tell the agent to have a nice day. (Don't forget the social amenities!)

2. You are at the Barcelona airport. You ask a porter where you can rent *(alquilar)* a car. He shows you where to go, accompanying you to the office to help you rent an automobile. After you get the car, he then asks you to go dancing with him that night. Make up your mind whether to accept or reject the invitation.

3. You have just arrived at the airport in Mexico City, and your baggage was not on your plane. Talk to the clerk and describe your suitcases, what you had in them, etc. Find out when you will get them. Tell the clerk where you are staying in the city. Impress upon him (or her) the urgency of getting your clothes and other belongings back.

B. Composición guiada.   Escriba una composición sobre el tema siguiente usando el esquema dado aquí.

Tema: **Tengo mis vacaciones más relajantes cuando visito la playa.**

Introducción: A. Las brisas del mar y el sonido de las olas me relajan.
     B. Puedo olvidar completamente las preocupaciones y responsabilidades de la casa y del trabajo. ¿Cómo?
     C. Una buena preparación asegura buenas vacaciones.

Desarrollo:	A.	Debo prepararme mentalmente para el viaje.
	B.	Debo traer la ropa apropiada.
	C.	Debo traer cosas necesarias para la playa, tales como . . .
	D.	Las cosas que debo hacer antes de irme de casa.
	E.	Cómo me siento cuando dejo la casa y el trabajo.
	F.	Actividades de un día típico en la playa y sus efectos positivos.
Conclusión:		El efecto general que las vacaciones tienen para mí y por qué creo que debo hacer un viaje cada año.

C. Composición libre.   Escríbale una carta a su familia describiéndole su visita a Granada y el viaje en tren con un estudiante de Francia. Empiece con el saludo «Querida familia» y termine la carta con «Con cariño».

Prefijos

Since a large percentage of Spanish vocabulary comes from the Latin and Greek languages, a knowledge of commonly used prefixes from these languages will help build your vocabulary. A prefix is a syllable or syllables at the beginning of a word. Prefixes change or modify the word's meaning. Prefixes are attached either to whole words or to roots. A whole word is one that can be used without the prefix. A root is a word or word element from which other words are formed. It cannot be used alone.

Note the change in meaning that occurs when adding a different prefix to the root word *poner*.

Whole word: *poner*, to put or place

anteponer	*to place in front of*
componer	*to compose*
contraponer	*to set opposite*
deponer	*to depose*
disponer	*to dispose*
entreponer	*to interpose*
exponer	*to expose*
imponer	*to impose*
interponer	*to interpose*
oponer	*to oppose*
posponer	*to postpone*
proponer	*to propose*
reponer	*to replace*
sobreponer	*to superimpose*

práctica

A. Find as many prefixes as you can that change the meanings of the following verbs. Note their meanings in English.

1. tener
2. traer

3. hacer
4. venir
5. decir

B. Refranes. Estudie los refranes siguientes y piense en sus equivalentes en inglés.

El hombre en la plaza, la mujer en la casa.

Al hombre osado, la fortuna le da la mano.

El hábito no hace al monje.

> **NOTA AL ESTUDIANTE:** *Estos ejercicios son diferentes de los que Ud. ha hecho en las tres primeras lecciones. Tienen otro punto de vista y pueden mejorar su español. Las respuestas están en el Apéndice. Buena suerte. Piense mucho antes de empezar cada ejercicio.*

A. Corrija las frases siguientes si es necesario. Las formas del tiempo presente pueden ser incorrectas o puede haber un error de concordancia entre el sustantivo y el verbo. Escriba *C* si el verbo es correcto.

1. _____ Ellos *rein* mucho en casa.
2. _____ ¿Cuándo *volven* Uds.?
3. _____ ¡*Digo* que sí!
4. _____ Los pobres *peden* limosnas.
5. _____ ¿Dónde *podemos sentarse*?
6. _____ Ella siempre nos *minte*.
7. _____ La familia *almuerza* temprano.
8. _____ *Me divierto* con mis amigos.
9. _____ Ellos siempre *reñen*.
10. _____ ¿Cuándo *te gradúas*?
11. _____ La compañía *construe* apartamentos.
12. _____ ¿Con quién *pensas* salir esta noche?
13. _____ Me *dole* el estómago.
14. _____ Tú y yo *van* mañana, ¿verdad?
15. _____ No *recordo* mi número de teléfono.
16. _____ Vosotros *tenéis* razón.
17. _____ ¿*Serven* cerveza aquí?
18. _____ *Escogo* no salir.
19. _____ Ellos *obtenen* sus herramientas allí.
20. _____ *Debemos ejercer* nuestros derechos.

B. Corrija las frases siguientes. Las frases incorrectas tienen un error en el uso de *ser* y *estar*. Tenga en cuenta que algunas frases son correctas. Escriba *C* si el verbo es correcto.

1. _____ Ella es en un coma.
2. _____ El está la última persona que sube al avión.

3. _____ Los maestros están enseñando.

4. _____ ¿Cómo está Ud.? Yo soy muy bien.

5. _____ Es un poco lejos de aquí.

6. _____ Los jóvenes fueron aplaudidos.

7. _____ Ellos son pensando en su mitin.

8. _____ La música está muy importante.

9. _____ Estoy de San Luis.

10. _____ Tienes que ser en la oficina a las nueve.

11. _____ El está paralizado.

12. _____ Ella era detrás de un hombre.

13. _____ La España de hoy está diferente.

14. _____ El es en un hospital.

15. _____ El está enfermo.

16. _____ Su asiento es cerca de la ventana.

17. _____ La capital de los peruanos es en Lima.

18. _____ La gente es tratando de hacer una buena cosa.

19. _____ Ella es viuda.

20. _____ Somos cansados de la lluvia.

C. Corrija las frases siguientes si es necesario. Los usos de los verbos reflexivos pueden ser incorrectos o puede haber un error de concordancia entre el sustantivo y el verbo. Escriba *C* si el verbo es correcto.

1. _____ La mamá acaba de *despertarse* a los niños.

2. _____ ¿Cuándo vamos a *acostarse*?

3. _____ *Nos aburrimos* cuando estudiamos demasiado.

4. _____ ¿A qué hora *te levantaste* ayer, Juan?

5. _____ Yo *te irrito* cuando no vienes a tiempo.

6. _____ ¿*Te van*?
Sí, *me voy*.

7. _____ La vieja siempre *moja* cuando no lleva un paraguas.

8. _____ La película de horror *asustó* al niño.

D. Corrija las frases siguientes si es necesario. Las formas de los adjetivos pueden ser incorrectas o puede haber un error en su colocación. Escriba *C* si el verbo es correcto.

1. _____ Cervantes era un escritor *grande*.

2. _____ Se puede resolver *nuestra* problema.

3. _____ La clase de español es mi *única* clase los martes.

4. _____ *Uno* día ellos van a casarse.

5. _____ Julia es *la* alma de la fiesta.

6. _____ El chico y la chica *españolas* son mis amigos.

7. _____ Me compré un coche *nuevo*. Es un '85.

8. _____ Bajo *ciertas* condiciones, firmaremos el contrato.

9. _____ Pepita es una mujer *holgazán*.

10. _____ Los jóvenes *franceses* vienen pasado mañana.

E. Corrija las frases siguientes si es necesario. La palabra interrogativa puede ser incorrecta. Escriba *C* si es correcta.

1. _____ *¿Cómo* vamos—en coche o en tren?

2. _____ *¿Cómo* tiene lugar la próxima reunión—mañana?

3. _____ *¿Cuánto* veces tenemos que llamarte?

4. _____ *¿Qué* te llamas—Juan o Carlos?

5. _____ *¿Quién* te dijeron eso?

6. _____ *¿Porqué* no viniste a mi fiesta?

7. _____ *¿Quiénes* chaqueta es ésta? ¿Es de Juan Carlos?

8. _____ *¿Dónde* vamos—a tu casa o a la mía?

9. _____ *¿Qué* es esto?

10. _____ *¿Qué* de estos vestidos prefieres—el azul o el rosado?

F. Corrija las frases siguientes si es necesario. Las formas de los artículos definido e indefinido pueden ser incorrectas. Escriba *C* si el artículo es correcto.

1. _____ El hombre es *un* capitalista.

2. _____ Dame *una* otra bebida, por favor.

3. _____ ¡Ay de mí! Ya son *los* dos y no he hecho nada.

4. _____ En *la* media hora van a venir por nosotros.

5. _____ La vieja es *una* buena católica.

6. _____ Así es *la* vida, ¿verdad?

7. _____ No tenemos *el* menor idea.

8. _____ Hoy es *el* lunes, el primer día laborable.

9. _____ Vamos a *el* parque.

10. _____ Hoy es *el* primero de agosto.

G. Corrija las frases siguientes si es necesario. Las frases incorrectas tienen un error en el uso de las comparaciones de igualdad o de desigualdad *o* en el superlativo de los adverbios o adjetivos. Escriba una *C* si la frase es correcta.

1. _____ No tienes *tan* años *como* yo.

2. _____ Juan es *más* inteligente *como* su hermano.

3. _____ María tiene *tanta* habilidad artística *como* José.

4. _____ Estos ejercicios son *menos* interesantes *que* una buena novela.

5. _____ Patricia *es más años* que su hija.

6. _____ José es el chico *más bajo en* la clase.

7. _____ Me gusta el español *mucho más como* el alemán.

8. _____ Yo trabajo mucho *más de lo que* te das cuenta.

9. _____ Esta comida está *ricísima*.

10. _____ No hablamos *tan como* los niños.

H. Me gustaría saber. . . .   Hágale a un compañero las preguntas siguientes.

Compañero 1:

1. ¿Tienes mis llaves? ¿Sabes dónde están?

2. ¿A qué hora te levantas por la mañana? ¿A qué hora te acuestas?

3. ¿Tengo tantos años como tú? ¿Tienes más o menos años que tus padres?

4. ¿Hablas español rápido o despacio? ¿Hablas inglés con mucho cuidado?

5. ¿Son ésos tus zapatos o son los míos?

6. ¿De dónde son tus abuelos paternos? ¿tus abuelos maternos?

7. ¿Estás más cansado(a) que yo? ¿Está contento(a) tu novio(a) hoy?

8. ¿Tienes algo en las manos?, ¿en el bolsillo?, ¿en la boca?

Compañero 2:

1. ¿Prefieres este libro o ese libro allí?

2. ¿Me siento en el suelo o en una silla cuando estoy aquí?

3. ¿Tienes que quedarte en la escuela toda la noche?

4. ¿Cómo te sientes hoy? ¿Estás contento(a)? ¿Estás de buen humor?

5. ¿Qué es lo mejor de esta clase? ¿Qué es lo peor?

6. ¿Tienes tanto dinero como Julio Iglesias? ¿Tienes más o menos que él?

7. ¿Hay alguien en tus zapatos? ¿Quién? ¿Hay alguien en tu libro de español?

8. ¿Me enojo cuando tú me insultas? ¿Por qué?

I. Refranes. Encuentre la traducción en inglés que equivale al refrán en español.

_____	1.	Poderoso caballero es don dinero.
_____	2.	El hábito no hace al monje.
_____	3.	De tal palo, tal astilla.
_____	4.	Al pan, pan, y al vino, vino.
_____	5.	Cada uno en su casa es rey.
_____	6.	Más vale tarde que nunca.
_____	7.	El hombre en la plaza, la mujer en la casa.
_____	8.	Al hombre osado, la fortuna le da la mano.
_____	9.	Quien busca, halla.

a. Fortune favors the brave.
b. Better late than never.
c. Call a spade a spade.
d. A man's home is his castle.
e. A woman's place is in the home.
f. Seek and ye shall find.
g. Clothes do not make the man.
h. Like father, like son.
i. Money talks.

4

El matrimonio, un asunto familiar

Los pasos al matrimonio

El proceso de cortejar y casarse ha cambiado mucho durante los siglos. No podríamos imaginarnos como eran algunas culturas antiguas y aún algunas culturas actuales porque tienen algunas costumbres que para nosotros son rarísimas. A través de los siglos, ha habido muchas razones para casarse. En algunas sociedades se arreglan los casamientos por razones políticas y económicas, como, por ejemplo, en la China tradicional y, hasta más recientemente, en el Japón. Estos matrimonios se consideran alianzas entre familias e incluyen derechos a la propiedad tanto como derechos sexuales.

En la sociedad occidental, los hijos de las familias poderosas son segregados en las escuelas privadas y son dirigidos con cuidado al matrimonio apropiado con un candidato adinerado. Con este grupo la familia sutilmente refuerza los vínculos del individuo a su sociedad por ayudar en la selección de un esposo.

Para las personas que resistían casarse, las diferentes sociedades tenían métodos para asegurar que se casaran. Los lacedemonios, de una región de Grecia, hacían insoportable la vida de un soltero. Todos los hombres no casados tenían que correr desnudos alrededor de un foro una vez por año en el invierno, cantando canciones ridículas en que se burlaban de sí mismos. En otros casos los solteros eran arrastrados alrededor de un altar y atacados con palos por algunas mujeres jóvenes. Aún encerraban con llave a los jóvenes no casados de ambos sexos en una cámara oscura y a cada varón se le obligaba a tomar como esposa a la primera hembra que tocara. Los espartanos consideraban el matrimonio no como una relación privada sino como una institución pública para crear una raza fuerte y saludable. Imponían las medidas más severas para fomentar el matrimonio, tal como el arreglar matrimonios entre recién nacidos para evitar la resistencia del hombre para casarse en el futuro.

No existía el divorcio legal, pero esta situación con el tiempo cambió y ahora vemos el divorcio como una alternativa a un matrimonio malo. Las razones principales para estos cambios de actitud de la sociedad en general son el descubrimiento de métodos seguros para el control de la natalidad y la liberación de la mujer de los antiguos papeles tradicionales del pasado.

En el mundo hispano surgido un cambio radical en cuanto a los lazos familiares. En los países en que se acepta el divorcio legal, esto es una alternativa a los matrimonios mal formados e inadecuados. Por ejemplo, en España la instalación del gobierno liberal ha permitido el divorcio legal y desde hace diez años esto ha traído como consecuencia cambios sociales que eran inimaginables hasta hace poco.

Las formas de cortejar de los hispanos han cambiado mucho en los años recientes. En el pasado, la mujer joven permanecía la mayor parte del día en casa dedicada a las labores domésticas, cosiendo, cocinando, haciendo la limpieza de la casa—todo esto relacionado con su futuro como ama de casa. Durante el período del noviazgo, los novios salían a la calle acompañados por una tía o una mujer mayor de la familia. La joven solía pasar muchas tardes en un balcón y el joven pasaba por la calle con la esperanza de ver a su preferida. Los jóvenes tenían que contentarse con sólo una mirada del otro.

Finalmente, el joven le pedía permiso a los padres de ella para poder visitarla en su casa. El encuentro entre ellos tenía lugar en la sala de estar, bajo la presencia de toda la familia. Después de esta visita, todos los llamaban «novios» y empezaban a cortejar en serio. Muchas veces el noviazgo duraba cinco o seis años. Durante este período, la familia permitía a los jóvenes hablar a través de las rejas de una ventana. El joven venía a la casa de la novia cada día para cortejarla.

En España nació la emocionante costumbre hispana de la serenata. El joven venía con algunos amigos suyos que traían instrumentos musicales y empezaban a tocar y cantar canciones románticas, mientras la joven, asomada a la ventana de su alcoba, escuchaba con mucho placer. Durante el período del noviazgo, era común ver a los novios en un restaurante con una tía aburrida, sentada allí con ellos mientras hablaban.

Todo esto le parece muy raro al joven hispano de hoy. El cortejar hispano ha cambiado mucho debido a la liberación de la mujer. Ella ya no está satisfecha con las costumbres antiguas y quiere tener más libertad para hacer lo que quiere. El de hoy es otro mundo que los ancianos no pueden entender, pero, con el tiempo, estos cambios serán normales. Ahora, la gente mayor tiene que adaptarse a cambios drásticos y relativamente abruptos en cuanto a las costumbres del cortejo y del matrimonio.

VOCABULARIO

VERBOS

arrastrar to drag
arreglar to arrange
casarse to get married
comprometerse to become engaged
cortejar to court
dar a luz to give birth
enamorarse (de) to fall in love (with)
estar embarazada to be pregnant
hacer las paces to make up
pegar to hit
proveer to provide

querer (amar) to love
reñir to quarrel
salir (con alguien) to go out (with someone)
soler to be accustomed to
tener celos to be jealous

SUSTANTIVOS

el **amor** love
la **boda** wedding
el **cortejo** courtship
el **derecho** right

el **espartano** Spartan
la **hembra** female
el **lazo** tie, bond
el **noviazgo** courtship
el **palo** stick
la **pareja** couple
la **reja** iron grille (or gate)
el **soltero**, la **soltera** single person
el **varón** male
el **vínculo** link

ADJETIVOS

actual present-day
adinerado wealthy
asomado leaning out
insoportable unbearable
occidental western
ventajoso advantageous

RELACIONES FAMILIARES

el **abuelo**, la **abuela** grandfather, grandmother

el **cuñado**, la **cuñada** brother-in-law, sister-in-law
el **hermano**, la **hermana** brother, sister
el **hijo**, la **hija** son, daughter
la **mujer** (esposa) wife
el **nieto**, la **nieta** grandson, granddaughter
el **familiar político** in-law (e.g., *padre político*, father-in-law)
el **primo**, la **prima** cousin
el **sobrino**, la **sobrina** nephew, niece
el **suegro**, la **suegra** father-in-law, mother-in-law
el **tío**, la **tía** uncle, aunt
la **nuera** daughter-in-law
el **yerno** son-in-law

PALABRAS CONFUSAS

el **casamiento** marriage (ceremony)
el **matrimonio** marriage (state of being married)

querer to love (a person)
gustar to like (a person or thing)

vocabulario y comprensión

A. Encuentre la palabra correcta para la definición de la izquierda.

1. _____ insufrible   **a.** boda

2. _____ maltratar a golpes   **b.** enamorar

3. _____ acostumbrar   **c.** varón

4. _____ excitar el amor con alguien   **d.** suegra

5. _____ disputar   **e.** pareja

6. _____ conjunto de dos personas   **f.** hembra

7. _____ del sexo masculino   **g.** pegar

8. _____ casamiento   **h.** insoportable

9. _____ del sexo femenino   **i.** soler

10. _____ madre política   **j.** reñir

B. Conteste Ud. las preguntas siguientes.

1. ¿Por qué se casaba un hombre típico en el pasado? ¿Se casaba por amor?
2. ¿Qué cosas le hacían al soltero algunas civilizaciones para forzarlo a casarse? ¿Qué piensa Ud. de esos métodos? ¿Es justo?
3. ¿Cómo consideraban los espartanos el matrimonio? ¿Por qué?
4. ¿Qué cosa ha liberalizado a la mujer más que nada?
5. ¿Cómo ha cambiado el noviazgo de un hispano típico en los años recientes?
6. ¿Qué hizo posible la legalización del divorcio en España?

juntos

A. Para discutir:

1. ¿Por qué oímos a la gente hablar de la «revolución sexual»? ¿Cree Ud. que esta revolución es ventajosa a nuestra sociedad? ¿Por qué?
2. ¿Cómo era diferente la manera de cortejar en un país hispano de la nuestra? ¿Ha hablado Ud. con sus padres y abuelos sobre sus años de noviazgo? ¿Qué han dicho?
3. ¿Qué piensan sus abuelos de la revolución?
4. ¿Qué piensa Ud. de la costumbre de la serenata? ¿Son más románticos los hispanos?
5. En su opinión, ¿por qué hay tantos divorcios hoy en día?
6. ¿Hay menos libertad sexual a causa de la enfermedad del SIDA («AIDS»)? ¿Por qué?

¿Qué sabe usted realmente acerca del SIDA?

¿Está usted a riesgo?

El SIDA y el sexo

Por qué nadie ha adquirido el SIDA por medio de los mosquitos

OTIS R. BOWEN, M.D., *Secretary*
U.S. Department of Health and Human Services

AMERICA
RESPONDE
AL SIDA

ROBERT E. WINDOM, M.D., *Assistant Secretary for Health*
U.S. Department of Health and Human Services

B. Haga el papel. Con un compañero de clase haga Ud. los papeles siguientes.

1. You have no time to go out and meet someone of the opposite sex and decide to check out computer dating. You are embarrassed when you enter the office. Find out what you have to do, how much it will cost, etc. Flirt with the receptionist giving you the information and ask him (or her) out.

2. You are on a blind date with someone who drinks too much. You are embarrassed to be seen with him (or her) because of his (her) actions. Gracefully make your escape. Then call up your friend who fixed you up and give him (or her) your opinion of the date.

3. You are on a first date with a man (woman). You are getting along fine, and he (she) asks you back to his (her) apartment to see his (her) stamp collection. You are afraid he (she) has other designs on you. Tactfully handle this situation.

GRAMATICA

El pretérito

CONJUGATION

There are two past tenses in Spanish, the preterite and the imperfect. In the preterite tense, the speaker wants to emphasize that an action began or ended in the past.

1. The preterite tense of regular verbs is formed by adding the following endings to the stem of the infinitive. Note the different endings for *-ar* and *-er, -ir* verbs:

   -ar verbs: **-é, -aste, -ó, -amos, -asteis, -aron**

   -er and **-ir** verbs: **-í, -iste, -ió, -imos, -isteis, -ieron**

   > **NOTE:** *To obtain the stem of a verb, remove the infinitive ending (-ar, -er, or -ir).*

-*AR* VERBS	-*ER* AND -*IR* VERBS	
llevar	**vender**	**decidir**
llevé	vendí	decidí
llevaste	vendiste	decidiste
llevó	vendió	decidió
llevamos	vendimos	decidimos
llevasteis	vendisteis	decidisteis
llevaron	vendieron	decidieron

The preterite endings are the same for -*er* and -*ir* verbs.

2. The following verbs have irregular stems and endings in the preterite:

INFINITIVE	STEM	PRETERITE ENDINGS	
andar	anduv-		
caber	cup-		
estar	estuv-	**-e**	(yo)
hacer	hic-	**-iste**	(tú)
poder	pud-	**-o**	(él, ella, Ud.)
poner	pus-	**-imos**	(nosotros, -as)
querer	quis-	**-isteis**	(vosotros, -as)
saber	sup-	**-ieron**	(ellos, ellas, Uds.)
tener	tuv-		
venir	vin-		

anduve, anduviste, anduvo, anduvimos, anduvisteis, anduvieron

vine, viniste, vino, vinimos, vinisteis, vinieron

hice, hiciste, hizo, hicimos, hicisteis, hicieron

Note: The following verbs whose stems end in -*j* have the same endings as other irregular verbs except in the third person plural (-*eron*).

conducir	conduj-	**-e**	(yo)
decir	dij-	**-iste**	(tú)
introducir	introduj-	**-o**	(él, ella, Ud.)
producir	produj-	**-imos**	(nosotros, -as)
traducir	traduj-	**-isteis**	(vosotros, -as)
traer	traj-	**-eron**	(ellos, ellas, Uds.)

traje, trajiste, trajo, trajimos, trajisteis, trajeron

dije, dijiste, dijo, dijimos, dijisteis, dijeron

3. Verbs ending in *-car*, *-gar*, and *-zar* have a spelling change in the first person singular of the preterite.

C CHANGES TO *QU*	G CHANGES TO *GU*	Z CHANGES TO *C*
tocar	**pagar**	**empezar**
to**qu**é	pa**gu**é	empe**c**é
tocaste	pagaste	empezaste
tocó	pagó	empezó
tocamos	pagamos	empezamos
tocasteis	pagasteis	empezasteis
tocaron	pagaron	empezaron

VERBS LIKE *TOCAR*

arrancar	*to pull out*	indicar	*to indicate*
atacar	*to attack*	marcar	*to mark*
buscar	*to look for*	mascar	*to chew*
comunicar	*to communicate*	pescar	*to fish*
dedicar	*to dedicate*	publicar	*to publish*
educar	*to educate*	sacar	*to take out*
equivocarse	*to be mistaken*	significar	*to mean*
explicar	*to explain*	tocar	*to play, to touch*

VERBS LIKE *PAGAR*

apagar	*to turn off*	jugar	*to play* (a sport)
cargar	*to load*	llegar	*to arrive*
castigar	*to punish*	negar	*to deny*
colgar	*to hang*	pagar	*to pay*
encargar	*to put in charge*	pegar	*to beat*
entregar	*to hand over*	rogar	*to beg*

VERBS LIKE *EMPEZAR*

abrazar	*to hug*	comenzar	*to begin*
alcanzar	*to reach*	empezar	*to begin*
almorzar	*to eat lunch*	gozar	*to enjoy*
amenazar	*to threaten*	realizar	*to accomplish*

4. Verbs ending in *-ir* (Class II and III verbs) which have a stem change in the present tense also have a stem change in the preterite. In the preterite, the vowel in the last syllable of the stem changes in the third person singular and plural, from *e* to *i* or from *o* to *u*.

CLASS II AND III VERBS WITH THE E TO I CHANGE

	3RD PERSON SINGULAR	3RD PERSON PLURAL
competir	compitió	compitieron
convertir	convirtió	convirtieron
corregir	corrigió	corrigieron
divertirse	se divirtió	se divirtieron
elegir	eligió	eligieron
herir	hirió	hirieron
mentir	mintió	mintieron
pedir	pidió	pidieron
preferir	prefirió	prefirieron
reír	rio	rieron
repetir	repitió	repitieron
sentirse	se sintió	se sintieron
servir	sirvió	sirvieron
sonreír	sonrió	sonrieron
sugerir	sugirió	sugirieron
vestirse	se vistió	se vistieron

CLASS II VERBS WITH THE O TO U CHANGE

dormir	durmió	durmieron
morir	murió	murieron

5. *Dar, ir,* and *ser* are irregular in the preterite.

dar	**ir**	**ser**
di	fui	fui
diste	fuiste	fuiste
dio	fue	fue
dimos	fuimos	fuimos
disteis	fuisteis	fuisteis
dieron	fueron	fueron

> **NOTE:** *The irregular preterite verb forms for* ir *and* ser *are identical. You will know which verb is being used by its context in a sentence.*
>
> María fue al concierto con nosotros. (*ir*)
>
> José Martínez fue el candidato predilecto. (*ser*)

6. Verbs whose stems end in a strong vowel change the unaccented *i* of the preterite ending to *y* in the third persons singular and plural. The unstressed "i" between two vowels goes to "y."

INFINITIVE	3RD PERSON SINGULAR	3RD PERSON PLURAL
caer	cayó	cayeron
construir	construyó	construyeron
creer	creyó	creyeron
huir	huyó	huyeron
leer	leyó	leyeron
oír	oyó	oyeron

USES OF THE PRETERITE TENSE

1. The preterite records an action or event as having begun or having ended and thus being completed, *regardless of its duration.*

   Vimos esa misma película cinco veces.

   El año pasado, ella **trabajó** todos los fines de semana.

2. It can also record a series of actions in a narrative.

> La familia **se levantó** temprano. Carlitos **se vistió** rápido y **salió** a jugar con sus amigos. La mamá **empezó** a preparar el desayuno y el papá **cuidó** al bebé. Juana **empezó** a mirar una película de dibujos porque era sábado.

3. The preterite can also interrupt an action in the imperfect tense.

IMPERFECT   PRETERITE

> **Dormíamos** tranquilamente cuando **sonó** el despertador.
> *We **were sleeping** peacefully when the alarm clock **rang**.*

práctica

A. Dé la forma indicada del pretérito.

1. conducir   tú, ellos, yo
2. poner   yo, nosotros, Uds.
3. estar   tú, vosotros, yo
4. practicar   Ud., nosotros, yo
5. seguir   yo, nosotros, Ud.
6. querer   nosotros, yo, ella
7. poder   tú, nosotros, vosotros
8. oír   tú, Uds., yo
9. dormir   Uds., yo, él
10. retener   nosotros, Ud., vosotros

B. Dé la forma correcta del pretérito en el párrafo siguiente.

> Esta mañana José _____ (despertarse) muy tarde. No _____ (levantarse) hasta las seis y media porque su despertador no _____ (sonar). El _____ (vestirse) rápidamente porque tenía que llegar temprano a la oficina a una reunión importante. _____ (desayunarse) con mucha prisa y _____ (despedirse) de su esposa, Carmen, con un beso. _____ (ir) a la parada del autobús donde _____ (esperar) su autobús expreso. Lo _____ (tomar) y en media hora _____ (bajar) del autobús y _____ (correr) las dos cuadras a su oficina. _____ (sentirse) muy cansado porque se había dado tanta prisa. La reunión _____ (ser) en su oficina y sus em-

pleados ____ (venir) preparados para discutir la incorporación de su empresa con otra compañía de computadoras. Todos ____ (dar) su opinión y José ____ (decir) que el presidente decidiría qué hacer basado en la información que consiguiera de ellos. Todos ____ (salir) contentos porque ____ (poder) dar su opinión y ____ (creer) ser un factor muy importante en la decisión.

C. Dé la forma correcta del pretérito en la continuación del Ejercicio B.

A las ocho, cuando José ____ (llegar) a casa, su mujer leía su texto de biología. Ella se preparaba para un examen importante al día siguiente. Mientras ellos hablaban de los sucesos del día, el teléfono ____ (sonar). Era la mamá de José invitándolos a cenar el domingo. José ____ (hablar) con Carmen para ver si tenían otros planes. Ella le ____ (decir) que no. Los dos ____ (empezar) a preparar la comida. El pelaba unas patatas cuando ____ (oír) el teléfono. Esta vez un hombre insistente llamaba para tratar de venderles ventanas nuevas. El ____ (rehusar) hablar con él y ____ (colgar) el teléfono maldiciendo tantas interrupciones. ¡Qué día tan terrible! Su mujer le ____ (decir) que echara una siesta breve mientras ella preparaba el resto de la comida. José ____ (sonreír) por primera vez ese día porque por fin lograría estar en paz. Cuando él ____ (acostarse), ____ (dormirse) en diez segundos.

D. Me gustaría saber. . . . Pregúntele a un compañero.

Compañero 1:

1. ¿Dónde pasaste tus vacaciones el verano pasado? ¿Cuánto tiempo pasaste allí? ¿Con quién pasaste las vacaciones? ¿Fuiste en coche o en avión? ¿Qué hiciste allí? ¿Fui contigo de vacaciones?

2. ¿Cuándo descubrió Cristóbal Colón el Nuevo Mundo?

3. ¿Llovió ayer? ¿Nevó ayer? ¿Cuándo nevó la última vez? ¿Qué hiciste cuando nevó? ¿Cancelaron las clases cuando nevó?

4. ¿Cuándo fue la última vez que viste al dentista? ¿Te dio una inyección de Novocaína? ¿Cuánto tiempo estuviste allí? ¿Cuándo fuiste al doctor? ¿Cuándo estuviste en el hospital? ¿Te operaron? ¿Te gusta estar en el hospital? ¿Por qué?

5. ¿Dónde puse mi libro de español? ¿Me lo quitaste? ¿Me puse ropa elegante para venir a esta clase? ¿Qué se puso el profesor (la profesora) para esta clase? ¿Te pusiste un abrigo cuando saliste de tu casa esta mañana? ¿Por qué?

Compañero 2:

1. ¿Pasó algo interesante en tu casa ayer o fue un día rutinario? ¿Te comiste tus zapatos para el desayuno? ¿Por qué no? ¿Qué comiste?

2. ¿Quién pagó por tus zapatos? ¿Te los compraste o te los compré? ¿Cuándo fue la última vez que fuiste a un centro de compras? ¿A qué centro fuiste? ¿Con quién fuiste? ¿Qué te compraste allí? ¿Te divertiste o te aburriste?

3. ¿Viniste a esta clase ayer? ¿Fuiste a todas tus clases? ¿Por qué? ¿Aprendiste mucho en las clases? ¿Te dormiste en una clase? ¿Tomaste un examen? ¿Saliste bien en el examen?

4. ¿A qué hora te levantaste esta mañana? ¿A qué hora te acostaste anoche? ¿Te desayunaste esta mañana? ¿Siempre te desayunas?

5. ¿Oíste ruidos extraños anoche?

El imperfecto

The imperfect is the other past tense in Spanish. Its uses are different from those of the preterite.

CONJUGATION

To form the imperfect tense, add the following endings to the stem of *-ar* verbs:

-aba, -abas, -aba, -ábamos, -abais, -aban

Add the following endings to the stem of *-er* and *-ir* verbs:

-ía, -ías, -ía, -íamos, -íais, -ían

-AR VERBS	-ER AND -IR VERBS	
llevar	**vender**	**decidir**
llevaba	vendía	decidía
llevabas	vendías	decidías
llevaba	vendía	decidía
llevábamos	vendíamos	decidíamos
llevabais	vendíais	decidíais
llevaban	vendían	decidían

All except three verbs are regular in the imperfect. The irregular verbs are *ver*, *ir*, and *ser*.

ver	**ir**	**ser**
veía	iba	era
veías	ibas	eras
veía	iba	era
veíamos	íbamos	éramos
veíais	ibais	erais
veían	iban	eran

USES OF THE IMPERFECT

The imperfect tense is used:

1. to describe something in the past;

    El hombre **era** flaco y nervioso.   *The man was thin and nervous.*

2. to state that an action was in progress;

    Dormíamos cuando oímos un ruido.
    We were sleeping when we heard a noise.

    (Notice the use of the preterite with the imperfect. The imperfect states what was happening at a particular time, and the preterite interrupts what was happening.)

3. to express habitual action;

De niños, **jugábamos** en el campo con nuestros primos.
As children, we used to play in the country with our cousins.

4. to tell time in the past.

Eran las seis de la madrugada cuando el gallo empezó a cacarear.
It was 6:00 A.M. when the cock began to crow.

IDIOMATIC USES OF THE IMPERFECT

The imperfect tense is used to form idiomatic expressions:

1. with *acabar de*, to describe an action which "had just been done";

Los chicos **acababan de** encender un cigarrillo cuando el director entró al baño.
*The boys **had just** lit a cigarette when the principal came into the bathroom.*

2. in the time expression *hacía* + time + *que* + imperfect tense.

Hacía mucho tiempo que **esperábamos** a los otros.
*We **had been waiting** for the others a long time.*

---

práctica

A. Dé la forma correcta del imperfecto en el párrafo siguiente.

Cuando mis hermanos y yo _____ (ser) niños, _____ (jugar) mucho al fútbol, excepto mi hermana María que _____ (tener) más interés en leer libros. Todos los días yo _____ (ir) a visitar a mi amiga Juana, mi vecina. Ella y yo _____ (ser) muy amigas. _____ (divertirse) mucho haciendo papeles imaginarios. Ella _____ (ser) la estudiante mientras yo _____ (hacer) el papel de la profesora. También ella y yo _____ (ver) nuestro programa favorito en la televisión. Nosotras siempre _____ (obedecer) a nuestros padres pero a veces _____ (portarse) mal. Ellos nos _____ (castigar) y ella y yo _____ (recordar) la lección por un rato. Yo disfruté una juventud muy feliz.

B. Dé la forma correcta del imperfecto en el párrafo siguiente.

Anoche mi esposa y yo _dormíamos_ (dormir) cuando un ruido nos
despertó. Yo _____ (estar) tan cansado que no _____ (poder)
pensar bien pero mi esposa me empujó de la cama porque ella
_____ (tener) mucho miedo. Corrí para ver lo que _____
(pasar). El ruido _____ (venir) del sótano. Bajé la escalera con
mucho cuidado porque no _____ (saber) lo que me _____ (esperar). Cuando vi lo que _____ (causar) el ruido, empecé a reír.
_____ (ser) un gato que había entrado por una ventana rota. Recogí
el animal y vi que _____ (estar) muy delgado. Le di agua y algo de
comer, lo dejé en el sótano y volví a acostarme. Claro, mi esposa

_____ (querer) saber la causa del ruido misterioso y cuando se lo dije, ella se relajó. Al fin y al cabo, la situación no_____ (ser) tan grave. Lo único que nos _____ (faltar) hacer _____ (ser) decidir el futuro del gato.

---

juntos

Me gustaría saber. . . .   Pregúntele a un compañero de clase.

Compañero 1:

1. ¿Cuántos años tenías el año pasado? ¿Cuántos años tenían tus padres?
2. De niño(a), ¿te chupabas el pulgar? ¿Te portabas bien? ¿Te llevabas bien con tus amigos, o te peleabas mucho con ellos?
3. ¿Qué hacías ayer a las tres de la tarde?, ¿a las diez de la mañana?, ¿durante el programa de noticias nacionales?
4. ¿Qué hora era cuando te acostaste anoche? ¿Qué hora era cuando empezamos esta clase hoy?
5. ¿Eras un(a) chico(a) obediente o desobediente?

Compañero 2:

1. ¿A qué jugabas cuando eras niño?, ¿al fútbol americano?, ¿al béisbol?, ¿al fútbol?, ¿al ping pong?
2. ¿Siempre comías tus vegetales? ¿Qué preferías comer? ¿Te gustaba la espinaca? ¿Comías todos los vegetales? ¿Qué vegetales rehusabas comer? ¿Por qué?
3. ¿Hacía mucho calor o mucho frío ayer? ¿Llovía ayer a las cuatro de la tarde? ¿Cómo estaba el tiempo a esa hora?
4. ¿Viajaban mucho tú y tu familia durante las vacaciones? ¿Adónde viajaban Uds.? ¿Qué tipo de vacaciones preferías tener?
5. De niño(a), ¿eras sano(a) o enfermizo(a)? ¿Te enfermabas porque no querías ir a la escuela? ¿Te gustaba la escuela?

¿Pretérito o imperfecto?

Spanish has two simple past tenses—the preterite and the imperfect—whereas English has only one. In order to express the same ideas that are expressed in the Spanish imperfect tense, we have to use auxiliary words such as "used to" (do), "was" (doing), and "would" (do).

The preterite and imperfect tenses are often confused by Spanish students because of a sometimes subtle change in meaning that occurs with each tense. It is always a good practice to try to understand what the Spanish-speaking person's point of view was when he used one tense or the other. If he wants to stress that an event began or ended, he uses the preterite tense. If he wants to describe an event that was incomplete, that was in progress at a certain time, or that used to happen, he uses the imperfect tense.

Study the following sets of sentences to better understand what each tense is saying. Note that we can often translate both verb tenses the same way into English but each sentence has a very different meaning to the Spanish speaker!

HABITUAL ACTION—IMPERFECT

José **se levantaba** a las ocho.
*José got up at eight. (José **used to get up** at eight.)*

COMPLETED PAST ACTION—PRETERITE

José **se levantó** a las ocho.   *José got up at eight.* (i.e., this morning)

ACTION IN PROGRESS—IMPERFECT

¿En qué **pensabas** cuando mi novio te **miraba**?
What were you thinking when my boyfriend was looking at you?

COMPLETED PAST ACTION—PRETERITE

¿Qué **dijiste** cuando mi novio te **invitó** a salir?
What did you say when my boyfriend invited you out?

VERBS WITH SPECIAL MEANINGS
IN THE PRETERITE AND IMPERFECT

The verbs *poder, saber, conocer,* and *querer* have special meanings when used in either the preterite or the imperfect. Knowing what the verbs mean in each tense will help you understand the essential difference between the two tenses. Study the following examples and their English translations. Note that the preterite tense *always* refers to an action as beginning or having ended.

1. *poder.*

    Yo **podía** patinar bien de niña.
    I was able to skate well as a child. (The sentence says that I had the ability as a child but does not refer to any specific ice-skating incident.)

    No **pude** patinar bien ayer.
    I was not able to skate well yesterday. (The sentence says that I tried and was unsuccessful. It refers to a completed past action with a beginning and an end.)

2. *saber.*

    Sabíamos multiplicar cuando teníamos diez años.
    We knew how to multiply when we were ten years old. (The sentence refers to our body of knowledge and does not allude to any completed past action.)

    Supimos las buenas noticias anoche.
    We learned (found out) the good news last night. (a completed past action)

3. *querer.*

    Quería ir con ellos.
    I wanted to go with them. (The sentence refers to a mental condition, not a completed past action.)

    No **quiso** pagarnos. *He refused to pay us.* (a completed past action)

4. *conocer.*

    Conocíamos a la familia Belmonte en nuestra niñez.
    We knew the Belmontes in our childhood. (a continuing action over several years)

    Conocimos al Sr. Belmonte en 1985.
    We met Mr. Belmonte in 1985. (We met him for the first time—a completed past action.)

Note: These four verbs have very specific meanings in the preterite, so you should use the *imperfect* of these verbs unless these very narrow meanings are intended. (When in doubt, *use the imperfect.*)

---
práctica

A. Complete el párrafo siguiente con el imperfecto o el pretérito de los verbos siguientes.

Mi abuelo materno _____ (ser) un hombre muy cariñoso e interesante. El _____ (luchar) un año en la Guerra Civil de España por los Republicanos. _____ (ser) herido cerca de Barcelona y _____ (tener) que recobrarse en Francia. Gracias a Dios, él _____ (vivir) cuarenta y cinco años más. La bala que lo _____ (herir) le _____ (entrar) por el pecho y _____ (permanecer) allí hasta que él _____ (morirse). Los doctores le _____ (decir) que ellos no _____ (poder) operarle porque la bala _____ (estar) demasiado cerca del corazón. Mi abuelo _____ (tener) siete hijos. Mientras él _____ (servir) en el ejército, mi abuela _____ (cuidar) de la familia y _____ (tratar) de ganar el pan diario para que su familia sobreviviera. Tengo muy buenos recuerdos de los días que _____ (pasar) con mis abuelos. Ellos siempre _____ (compartir) lo mejor de lo que _____ (tener) con toda la familia y constantemente _____ (dar) más de lo que _____ (recibir). Nunca los olvidaré.

B. Complete el párrafo siguiente con el imperfecto o el pretérito de los verbos siguientes.

Mi hermana, Alicia, _____ (ser) una chica popular cuando _____ (asistir) a la universidad. Ella _____ (salir) con un sinfín de hombres diferentes. _____ (quedarse) con cada uno dos o tres meses hasta que _____ (conocer) a Juan. El _____ (aparecer) en su vida cuando ella _____ (tener) veintitrés años. El _____ (ser) un hombre simpático que ya _____ (tener) una carrera como abogado. Ellos _____ (enamorarse) a primera vista y _____ (casarse) en tres meses. Ellos _____ (empezar) a tener su familia inmediatamente y _____ (tener) cuatro hijos en un período de sólo cinco años. _____ (decidir) que su familia ya _____ (ser) bastante grande porque ellos _____ (querer) tener energía para hacer otras cosas además de cuidar de niños el resto de sus años jóvenes. Todos sus hijos _____ (casarse) excepto su hija menor Mercedes que _____ (mudarse) a Chicago para trabajar como aeromoza. Cuando ella _____ (irse) y _____ (quedarse) sólos, Juan y Alicia no _____ (saber) qué hacer con su tiempo libre porque ellos _____ (estar) tan acostumbrados a las muchas actividades de sus hijos. Después de sobrevivir las primeras semanas difíciles, ellos _____ (empezar) a hacer las cosas que les _____ (interesar). Ahora están muy contentos el uno con el otro.

C. Complete el párrafo siguiente con el imperfecto o el pretérito de los verbos siguientes.

Yo _____ (nacer) en el hospital de San Lucas en San José. Mi mamá _____ (tener) 35 años cuando yo _____ (aparecer) en este mundo. Ese día toda la familia _____ (celebrar) mi nacimiento porque mis padres ya _____ (tener) cinco hijos y yo _____ (ser) la primera hija. El primer día yo _____ (llorar) mucho pero después de unos días _____ (empezar) a llorar menos. Mi mamá siempre me dice que yo _____ (ser) una hija modelo. Yo sé que de niña muchas veces no _____ (portarse) bien pero mi mamá sólo recuerda las cosas graciosas que _____ (hacer).

D. Cambie el párrafo siguiente al pasado.

La semana pasada *conozco* a Jorge Menéndez en una clase. *Es* un chico muy guapo y simpático. El me *invita* a tomar una cerveza en un bar en la Calle Juárez. Mientras *caminamos* al bar, él me *habla* de su niñez y de las cosas que *hace* cuando *está* en el colegio. *Estoy* muy fascinada con las cosas traviesas que *cuenta* cuando de repente, *vemos* a mucha gente en la calle. Cuando *preguntamos* por qué *hay* tantas personas allí, un hombre nos *responde* que unos borrachos *acaban* de reñir. El resultado *es* que uno *mata* al otro. Cuando *llegamos* a la escena un policía *pide* testigos del incidente. Le *decimos* que nosotros no lo *vemos*, pero él *encuentra* a otros que sí lo *han* visto. Unos *dicen* que el hombre muerto *empieza* la riña pero otros *protestan* que él *es* una víctima inocente. El policía *toma* todos sus nombres y *sale* muy confuso porque no *sabe* nada más que cuando *llega*.

juntos

Me gustaría saber. . . .   Pregúntele a un compañero de clase.

Compañero 1:

1. ¿Cuántos años tenías cuando aprendiste a hablar?
2. ¿Qué hacías cuando oíste las noticias del terremoto en México?
3. De niño(a), ¿llorabas mucho?
4. ¿Cuántos hermanos tenías cuando naciste?
5. ¿Qué hora era cuando te despertaste esta mañana?
6. De niño(a), ¿te gustaba bailar y cantar?
7. ¿Qué libros leíste el mes pasado?
8. ¿Adónde ibas de vacaciones en el pasado?

Compañero 2:

1. ¿Leías muchos libros cuando tenías dos años?
2. ¿Qué película viste el fin de semana pasado?
3. ¿Dejaste de fumar el año pasado? ¿Fumabas antes?
4. ¿Dónde nacieron tus padres? ¿Dónde naciste tú?
5. ¿Quién te compró tu coche? ¿Cuánto pagaron/pagaste?
6. ¿Qué bebiste con tu comida anoche?
7. ¿Qué tiempo hacía ayer? ¿Qué hiciste durante el día?
8. ¿Qué hacías ayer a las tres de la tarde?

Formas de cortejar: antes y ahora

Hace dos años que *La Dama*, una revista española, investiga los cambios de costumbres durante el noviazgo. Lleva este tiempo obteniendo el punto de vista de mujeres de edades diferentes. A continuación incluimos las opiniones de Antonia Sánchez, de 49 años de edad, y de Mati Belmonte, su hija casada, de 29 años, ambas residentes de Baza, Granada, una ciudad de 20.000 habitantes.

ANTONIA: En el pasado podíamos salir solas de día, pero, claro, con acompañante. A mis hermanos les gustaba venir conmigo. Nunca íbamos solas. Había mucho respeto, mucha disciplina. Nuestros padres nos vigilaban

mucho, pero cambiaron sus reglas al pasar de los años. Por ejemplo, mi hermana María y yo no podíamos salir de día, pero nuestra hermana menor, Piedad, tenía más libertad. Veía a su marido cuando eran novios y había veces que él cenaba o merendaba y pasaba aquí la tarde dentro, mientras que mi novio podía entrar en la casa sólo para cosas especiales como una Navidad o un día de fiesta y otros eventos especiales. Lo que te digo es que era parte de esa disciplina que mi padre debía imponer, y esas cosas eran más bonitas durante el tiempo que estábamos de novios, era más bonito que ahora, ¿sabes?; porque yo creo que los novios de ahora, pues, tienen más confianza. No tienen esa ilusión que teníamos.

Hoy la cosa es completamente diferente porque el chico quiere hablar con una chica, la sigue, y ya desde el día, con muy poco tiempo que llevan de amigos, ellos dicen que son amigos y ya empiezan a pasar a la casa. Para mí, la manera de cortejar, pues, a mí no me gusta mucho porque se ve un poco de libertad, más libertad de la cuenta, ¿sabes? Pero como va así la vida, pues hay que aceptarlo.

MATI: Mi mamá era muy joven, tenía dieciséis años, así pues, lo mínimo que debías esperar era cuatro o cinco años, pero es también cuestión de tiempo y también de «mentalizarse». En el caso de Pepe y yo, ya éramos más mayores—yo tenía 22 años y entonces pues no había que esperar tanto, éramos más maduros los dos—él tenía 29 años. Así no hacía falta esperar tanto. Los dos trabajábamos y teníamos pues «la papeleta un poco resuelta». Depende de la persona y de las circunstancias. Ahora la cosa va más rápido y no se pierde tanto tiempo como antes, el noviazgo duraba 6 o 7 años, esperabas a que pasara mucho tiempo. Pues ahora es distinto—tú tienes un novio o conoces a un muchacho y lo primero que haces en vez de ocultarlo es presentárselo a tu familia. Si la familia ve que es buen muchacho y le gusta su forma de ser, entonces pueden acceder a que entre en la casa y ya pues, él viene por ella y ella ya no tiene que salir a la calle. Ahora pues, se conocen un poco y si las circunstancias son favorables prepararán la casa y no tienen tantos impedimentos como antes. ¡Nunca podría vivir bajo el sistema viejo!

VOCABULARIO

VERBOS

acceder   to agree
entrevistar   to interview
imponer   to impose
mentalizarse   to get mentally prepared
ocultar   to hide

SUSTANTIVOS

el **impedimento**   obstacle

EXPRESIONES UTILES

perderse tiempo   to waste time
tener la papeleta resuelta   to have the question resolved

vocabulario y comprensión

A. Encuentre la palabra correcta para la definición de la izquierda.

1. _____ tratar de ganarse el amor de una mujer
2. _____ interrogar a una persona de una cosa e informar al público de sus respuestas
3. _____ obtener
4. _____ poner una obligación
5. _____ comida ligera por la tarde
6. _____ consentir en lo que otro desea
7. _____ esconder
8. _____ estado de novio
9. _____ obstáculo
10. _____ esperanza firme; presunción

a. impedimento
b. ocultar
c. merienda
d. confianza
e. acceder
f. noviazgo
g. entrevistar
h. conseguir
i. imponer
j. cortejar

B. Conteste Ud. las preguntas siguientes.

1. ¿Cuánto tiempo hace que la revista estudia los cambios en las costumbres de cortejar? ¿Han entrevistado sólo a mujeres o han incluido a algunos hombres en su encuesta?

2. ¿Por qué prefiere Antonia el cortejar de su pasado? ¿Qué no le gusta del cortejar de ahora? ¿Por qué es típica su actitud?

3. ¿Cuándo podía entrar su novio en la casa de sus padres?

4. ¿Cuándo podía entrar el novio de Mati? ¿Cree Ud. que a la madre le gustaba esto? ¿Por qué?

5. ¿Cree Mati que los jóvenes de hoy tienen demasiada libertad? En su opinión, ¿cómo tratará ella a su hija cuando ella empiece a salir con los chicos?

6. Según Mati, ¿por qué no se casó más temprano su mamá? ¿Cuántos años tenía la mamá cuando empezaron a cortejarse?

A. Para discutir:

1. En su opinión, ¿por qué cambiaron los padres de Antonia las reglas de cortejar para Piedad? ¿Es típico esto entre los padres?

2. ¿Cuántos años tenían Mati y su esposo cuando se casaron? ¿Cree Ud. que estaban listos para esa responsabilidad?

3. ¿Cuándo cree Ud. que los jóvenes deben poder empezar a salir? ¿Cree Ud. que hay una tendencia a salir más temprano cada año? ¿Es bueno esto? ¿Por qué? ¿Cuándo empezará Ud. a permitir a sus niños a salir?

B. Invente su propio diálogo con su mamá o su hija discutiendo cuándo salir con los chicos y qué hacer en las citas. Pídale a su mamá consejos o dele consejos a su hija. Debe haber algún conflicto entre las dos. En el caso de los hombres, invente un diálogo con su padre sobre el mismo tema.

C. Haga el papel. Con un compañero de clase, haga los papeles siguientes.

1. You have a date with your boyfriend. The two of you discuss where to go that evening. He wants to go to the soccer *(fútbol)* game, and you want to go to the movies. You both say that you always do what the other one wants. Come to an agreement which will please both of you.

2. You are in Guadalajara, Mexico, attending a business meeting. You meet a beautiful Mexican girl and would like to ask her out, but you are uncertain of the customs in Mexico. Converse with her, finding out if she has a "novio," where she lives, etc. Then ask her to go out with you. Tell her where you will go and what time you will pick her up.

3. You arrive at the Mexican girl's house and talk with her father. You can tell he wants to know a lot about who his daughter is going out with, and he asks you a lot of personal questions. You try to please him, but there are limitations on how much you want to reveal because you are divorced and have two children.

D. Composición guiada. Escriba una composición sobre el tema siguiente. Siga el esquema dado aquí. Debe dar su opinión como una conclusión.

Tema: **El sistema de cortejar en este país ha cambiado y continuará cambiando.**

Introducción: A.   La historia nos enseña que nada ni nadie permanece inmóvil.

B.   El sistema de cortejar ha pasado por ciertos cambios radicales. Dé unos ejemplos.

Desarrollo: A.   Las costumbres del pasado
   1.   las reglas de los padres
   2.   normas aceptables de conducta en el pasado
   3.   la actitud de los jóvenes bajo ese sistema
   4.   una cita típica del pasado

B.   Las costumbres de la actualidad
   1.   las reglas de los padres
   2.   normas de conducta aceptables ahora
   3.   la actitud de los jóvenes bajo el sistema
   4.   una cita típica hoy día

C.   Las posibilidades de cambio en el futuro
   1.   Nómbrelas.
   2.   ¿Cómo van a tratar los jóvenes de hoy a sus hijos?
   3.   el impacto en la sociedad

Conclusión: Dé su opinión de los cambios que hemos visto del pasado al presente y si estos cambios han tenido un buen efecto en los jóvenes de hoy y en la sociedad en general. Incluya sus propias razones.

E. Composición libre.   Escriba una composición sobre sus años de cortejar en el pasado. Escriba sobre cuántas veces salía por semana, a qué hora tenía que volver a casa, con quiénes salía, las reglas de sus padres, etc. Mencione dos o tres incidentes cómicos que le pasaron durante una cita. (Use los dos tiempos—el imperfecto y el pretérito.)

Palabras compuestas

Many compound words exist in Spanish as in English.

aeropuerto	*airport*
abrelatas	*can opener*
Contrarreforma	*Counterreformation*

Some typical examples of compound words are:

sabelotodo	*know-it-all*
anteayer	*day before yesterday*
Blancanieves	*Snow White*
cascanueces	*nutcracker*
sinvergüenza	*scoundrel, person without shame*

práctica

A. Find all possible *compound* words that begin with the following phrases. Write the English translation.

1. abre-
2. boca-
3. corta-
4. cubre-
5. guarda-
6. limpia-
7. mal-
8. porta-
9. saca-
10. quita-

After having done this exercise, you will have learned at least 118 new Spanish words. Study them so you will recognize them when you see or hear them. In your spare moments, look for words in your dictionary that begin with *ante-, anti-, bien-, contra-, rompe-,* and *sobre-*.

B. Refranes.   Estudie los refranes siguientes y piense en sus equivalentes en inglés.

A quien madruga, Dios le ayuda.

No se ganó Zamora en una hora.

Lo que mucho vale, mucho cuesta.

5
El futuro

La sociedad del futuro

El tema del futuro evoca en cada persona muchas emociones diferentes. Podemos agrupar a la gente en uno de tres grupos diferentes, los que viven en el pasado, los que viven para el presente, y los que viven en el futuro. Las personas que prefieren vivir en el pasado siempre hablan de los buenos días felices. Para ellos, en el pasado la vida era mucho menos complicada y no había tantas opciones y decisiones que tomar como ahora y como seguramente habrá en el futuro. Ellos rehusan pensar en el futuro porque creen que la vida ahora está llena de problemas, pero el futuro se presentará aún más problemático. Esta mentalidad normalmente se presenta en personas mayores que han experimentado la gran crisis económica de 1929, la Segunda Guerra Mundial, la revolución sexual y los cambios rápidos en instituciones, como la familia, que antes eran estables y seguras. No es sorprendente su actitud cuando tenemos en cuenta cuánto tuvieron que adaptarse a todos los cambios rápidos de nuestra sociedad.

Por el contrario, el porcentaje de la población que está constituida por gente joven y de edad mediana, piensa sólo en el presente. Ellos prefieren vivir para el presente que vivir para el futuro. Saben que no podrán llevar su dinero consigo mismos a la tumba, y por eso se pasan el tiempo gozando de los placeres de la vida. Algunos son algo hedonistas y forman parte de lo que muchos llaman "la generación del yo." (Encuentran felicidad en complacerse a sí mismos.) Ponen menos énfasis en los deberes y responsabilidades que la gente del pasado y más en captar cada día todo lo que la vida puede ofrecerles. Su entusiasmo por la vida no les permite pensar o imaginarse su futura vejez o la posibilidad de contraer enfermedades serias. La palabra "muerte" no tiene un lugar en su vocabulario. Su filosofía es que no pueden evitar lo inevitable, así que, ¿por qué preocuparse?

De las personas que viven para el futuro, se puede decir que son de mentalidad muy conservadora. Trabajan horas extras para ahorrar dinero para su jubilación, apagan las luces en cuartos desocupados para ahorrar electricidad, usan cupones en el supermercado, no toman vacaciones caras y llevan ropa extra durante el invierno para usar menos gas. Tienen miedo de no tener bastantes recursos económicos para su vejez y, por eso, invierten todo el dinero posible para prepararse para el futuro. Ellos tienen la ilusión de que pueden disfrutar de sus diversiones favoritas después de jubilarse.

El tema del futuro nos fascina, pero a veces tenemos que preguntarnos si estaremos preparados para todos los cambios. ¿Bajo qué forma de gobierno viviremos—bajo una democracia o una dictadura? ¿Seguirá subiendo el déficit del presupuesto? ¿Habrá un programa de seguridad social cuando nos jubilemos? ¿Tendremos bastantes fuentes de energía para conducir un coche, para calentarnos durante el invierno y para servirnos de aire acondicionado en el verano? ¿Lanzará un líder mundial una bomba nuclear que destruirá el mundo? ¿Estará sana y salva la institución de la familia? Estas son varias de las tantas

posibilidades que nos asustan. Por otra parte, es cierto que el futuro traerá ciertos cambios beneficiosos. Los investigadores científicos seguramente descubrirán una cura para enfermedades como el cáncer o la diabetes. Dispondremos de muchos avances tecnológicos que nos ahorrarán muchas horas de trabajo rutinario en la cocina, en la oficina y en la escuela. El futuro es nuestro. ¿Qué haremos con él?

VOCABULARIO

VERBOS

ahorrar   to save
apagar   to turn off
asustar   to frighten
calentarse   to warm oneself

captar   to grasp
complacerse   to take pleasure
disfrutar de   to enjoy
disponer de   to make use of
evitar   to avoid
evocar   to call forth

invertir   to invest
jubilarse   to retire
lanzar   to launch
rehusar   to refuse
vigilar   to watch

SUSTANTIVOS

la **carrera**   career
el **cupón**   coupon
el **deber**   duty
la **fuente**   source
el **hedonista**   hedonist (pleasure seeker)
la **inversión**   investment
el **investigador**   researcher
la **jubilación**   retirement
el **poder**   power
el **presupuesto**   budget
el **recurso**   resource
la **vejez**   old age

ADJETIVOS

dañoso   harmful

desocupado   unoccupied
escondido   hidden
mundial   world, worldwide
sorprendente   surprising

EXPRESIONES UTILES

en vez de   instead of
sano y salvo   safe and sound
tener en cuenta   to take into account
tener éxito   to be successful

PALABRAS CONFUSAS

cuerdo   sane
sano   healthy

cuestión   question (*philosophical*), issue
pregunta   question (*expecting an answer*)

presentar   to introduce (*a person*)
introducir   to introduce (*e.g., a new product*)

vocabulario y comprensión

A. Encuentre la palabra correcta para la definición de la izquierda.

1. _____ extinguir
2. _____ cuidar muy bien de una cosa
3. _____ no aceptar una cosa ofrecida
4. _____ dar o causar susto
5. _____ calidad de ser viejo
6. _____ origen
7. _____ que sorprende
8. _____ profesión
9. _____ dejar de trabajar cuando viejo
10. _____ aquello a que uno está obligado

a. fuente
b. deber
c. apagar
d. vejez
e. jubilarse
f. vigilar
g. rehusar
h. asustar
i. sorprendente
j. carrera

B. Conteste Ud. las preguntas siguientes.

1. ¿Por qué prefieren algunas personas vivir en el pasado?

2. ¿Cómo es una persona hedonista? ¿Cuál es la cosa más importante en su vida? ¿Piensa él mucho en los demás? ¿Por qué es tan hedonista en su opinión?

3. ¿Cómo podemos agrupar a la gente con respecto a su actitud hacia el futuro? Dé ejemplos.

4. ¿Cuáles son algunas preguntas que tenemos con respecto al futuro?

juntos

A. Para discutir:

1. ¿Cree Ud. que el futuro será bueno? ¿Por qué? ¿A qué clase de personas descritas arriba pertenece Ud.?

2. ¿Qué tipo de persona será Ud. en el futuro? ¿Cree que podrá realizar todos los sueños que tiene para el futuro? ¿Cuáles son los sueños que Ud. tiene? ¿Dónde querrá trabajar y vivir? ¿Por qué?

3. ¿Piensa mucho en sus años de jubilación? ¿Por qué? ¿Cuándo piensa jubilarse?

4. ¿Para qué carrera estudia? ¿Cuántos años más continuará estudiando?

5. ¿Qué cosas hace Ud. para ahorrar dinero? ¿Es fácil ahorrarlo? ¿Dónde pone el dinero que ahorra? ¿Tiene Ud. mucha confianza en nuestro sistema económico? ¿Por qué?

6. ¿Habrá suficiente petróleo en el futuro para nuestras necesidades de energía? ¿Qué usaremos en vez del petróleo en nuestros coches?

7. ¿Encontrarán los científicos una cura para el cáncer? ¿Descubrirán ellos qué otras sustancias químicas causan cáncer?

8. En su opinión, ¿qué avances tecnológicos serán beneficiosos? ¿Cuáles serán dañosos?

9. ¿Ha planeado Ud. un presupuesto especial para prepararse para sus años de jubilación?

```
┌─ ── ── ── ── ── ── ── ── ── ── ──┐
│  Cupón para vender piso          │
│       (En Madrid y provincia)    │
│  Nombre .........................│
│  Domicilio ......................│
│  Teléfono .......................│
│  Dirección de la vivienda a vender ...│
│  Localidad ......................│
└─ ── ── ── ── ── ── ── ── ── ── ──┘
```

B. Haga el papel.   Haga Ud. los papeles siguientes.

1. You run into an acquaintance on the street. He (or she) is not your favorite person and starts to ask you nosy questions about your personal life, such as who you're going out with, when you're finally going to get married (*casarse*), how much money you make, etc. It is obvious you are not his (or her) favorite person either. End this conversation in a cordial way and make your escape.

2. You are a salesperson making a phone call to try to set up an appointment with clients. They are not in the office. You ask when they will return. The receptionist tells you they will be back in the office at 4:30 but will be in a meeting until 6:30. You say that you must call back before noon the next day because you leave for Barcelona· on the 2:00 P.M. plane. The receptionist will tell the clients that you will call again.

3. You are on a busy street in Madrid and ask a pedestrian for directions to Zaragoza Street. He tells you to go two blocks and then turn left at the next street. You then ask where a good restaurant is in the same area. He tells you that the best restaurant is "El Rinconcito." You ask what they serve and how much a typical meal is. After getting your response, thank the pedestrian for his help.

GRAMATICA

El futuro

CONJUGATION

1. The future tense is formed by adding the following endings to the infinitive: *-é, -ás, á, -emos, -éis, -án.*

-AR VERBS	-ER AND -IR VERBS	
llevar	**vender**	**decidir**
llevaré	venderé	decidiré
llevarás	venderás	decidirás
llevará	venderá	decidirá
llevar**emos**	vender**emos**	decidir**emos**
llevar**éis**	vender**éis**	decidir**éis**
llevar**án**	vender**án**	decidir**án**

2.   Some verbs are irregular in the future tense. The normal future endings are added to the irregular stem.

INFINITIVE	STEM	FUTURE TENSE ENDINGS	
caber	cabr-		
haber	habr-		
saber	sabr-		
poder	podr-	**-é**	(yo)
poner	pondr-	**-ás**	(tú)
salir	saldr-	**-á**	(él, ella, Ud.)
tener	tendr-	**-emos**	(nosotros, -as)
valer	valdr-	**-éis**	(vosotros, as)
venir	vendr-	**-án**	(ellos, ellas, Uds.)
decir	dir-		
hacer	har-		
querer	querr-		

USES OF THE FUTURE TENSE

The future tense is used:

1. as in English to refer to an event which has not yet happened;

Carlos **se graduará** en junio.   *Carlos **will graduate** in June.*

NOTE: *Do not try to translate our English word "will" into Spanish—it is contained in the future tense verb form.*

Some typical tense time indicators are:

mañana	*tomorrow*
pasado mañana	*the day after tomorrow*
esta noche	*tonight*
el año que viene	*next year*
la semana que viene	*next week*
mañana por la mañana (tarde, noche)	*tomorrow morning (afternoon, evening)*
el próximo mes	*next month*
la próxima semana	*next week*
el próximo año	*next year*

2. to express probability in the present time.

¿Qué hora **será**? No traje mi reloj hoy.
I wonder what time it is? (What time could it be?) I didn't bring my watch today.

Serán las ocho y pico.   *It must be a little after eight.*

¿Quién **estará en la puerta**? **Será** Antonio.
I wonder who is at the door? It must be Antonio. (It is probably Antonio.)

FUTURE TENSE SUBSTITUTES

1. The construction *ir* + *a* + infinitive can be used instead of the future tense verb form to denote an action that has not yet taken place.

Saldrán lo más pronto posible.   *They will leave as soon as possible.*

or

Van a salir lo más pronto posible.

2. The present tense may be used instead of the future to refer to an action that will soon happen.

Tenemos un examen mañana.   *We have (will have) an exam tomorrow.*

práctica

A. Cambie los verbos siguientes del plural al singular.

1. Podremos ayudarte.
2. Ellos dirán que sí.
3. Haréis bien mañana, ¿verdad?
4. Tú y yo no cabremos en esta cabina.
5. ¿Dónde estarán ellas?
6. ¿Vendréis vosotros para la reunión?
7. Las chicas comerán en la cafetería.
8. Querremos dormir un rato.
9. Os acostaréis a las diez.   *acostarse*
10. Uds. se pondrán ropa elegante.

B. Cambie los verbos en las frases siguientes según el modelo.

tener ganas de – I want to

> Esquiaremos en Colorado.
> *Vamos a esquiar* en Colorado.

1. *Tendré* hambre si no comemos.
2. *Habrá* una reunión esta noche.
3. *¿Saldréis* mañana?
4. Nos *pondrán* en primera clase.
5. *Llegarás* temprano, ¿verdad?
6. *Haremos* el trabajo en unos días.
7. *Me divertiré* en la fiesta de Paco.
8. Nos *servirán*.
9. *¿Nos querremos* en cinco años?
10. *Nevará* esta noche.

—————————— *juntos* ——————————

A. Cuando su amigo vea que lo siguiente le ha pasado, escriba cómo él reaccionará en su opinión, según el modelo.

> los marcianos han aterrizado
> El buscará una cámara.

1. su amigo más perezoso ha empezado a trabajar
2. su mejor amigo ha dejado de beber alcohol
3. el gobierno le ha dado una multa por no pagar sus impuestos
4. su novia lo ha dejado
5. acaba de ganar un millón de dólares en la lotería
6. acaba de recibir una llamada extraña por teléfono
7. el policía lo ha acusado de robar un banco
8. su equipo favorito acaba de ganar el campeonato
9. su papá se ha muerto
10. una joven guapa ha aceptado su invitación a salir

B. José González, un astrólogo, hace algunas predicciones "científicas" del futuro. Complete cada frase con el verbo en el futuro. Refute sus predicciones con sus propias opiniones del futuro.

1. _____ (haber) una Tercera Guerra Mundial.
2. Nosotros no _____ (tener) energía suficiente para los coches.
3. Rusia _____ (ganar) una guerra química contra nuestro país.
4. Noventa por ciento de los jóvenes _____ (ser) drogadictos.
5. Otra droga peor _____ (reemplazar) a la cocaína como la más popular.
6. Nuestra sociedad _____ (desintegrarse) dentro de veinte años.
7. El gobierno _____ (poder) vigilarnos en casa con el uso de cámaras escondidas.
8. Los rusos _____ (estar) en el poder en toda Centroamérica.

C. Me gustaría saber. . . .   Pregúntele a su compañero de clase.

Compañero 1:

1. ¿Qué hora será? No tengo reloj. ¿Qué hora será al fin de la clase? ¿Qué haremos hoy en esta clase? ¿Vendrá tarde o temprano el profesor (la profesora)?

2.   ¿Beberás leche o cerveza con la comida hoy? ¿Qué comerás? ¿Con quién comerás? ¿Cuántos minutos tendrás para comer? ¿Comeré contigo? ¿Por qué?

3.   Cómo estara el tiempo mañana?, ¿y pasado mañana? ¿Qué clima hará en invierno?, ¿en junio?, ¿en diciembre? ¿Lloverá esta noche? ¿Cuándo lloverá? ¿Habrá una tormenta esta noche?

4.   ¿Echaremos una siesta en esta clase mañana? ¿Por qué no podremos hacerlo? ¿Quién se dormirá en clase hoy? ¿Te dormirás conduciendo a casa?

5.   ¿Quién en esta clase será famoso en el futuro? ¿Seré famoso(a)? ¿Querrás mi autógrafo en el futuro? ¿Por qué?

Compañero 2:

1.   ¿Qué vas a estudiar el año que viene? ¿Estudiarás tu español para la próxima clase? ¿Cuántos minutos estudiarás? ¿Estudiaré contigo? ¿Te ayudará el profesor (la profesora) con tu tarea?

2.   ¿Tendrás un esposo(a) en cinco años? ¿Cuántos hijos tendrás en diez años? ¿Crees que todavía estarás casado(a) en 15 años o estarás divorciado(a)? ¿Por qué? ¿Conoces a la persona con quien te casarás? ¿Cuándo te casarás? ¿Me invitarás a la boda?

3.   ¿Cuántos años tendrás en 50 años? ¿Cuántos tendrás en 20 años?, ¿en 10 años? ¿Todavía estarás vivo en el año 2000?, ¿en el año 2030? ¿para siempre? Según la tendencia de tu familia, ¿cuántos años vivirás? ¿Sufrirás de la alta presión, de diabetes, de problemas cardíacos o no tendrás ningún problema?

4.   ¿Cuántos años tendrá el profesor (la profesora)? ¿Estará casado(a) o divorciado(a)? Describe como será él (ella) en tu opinión. ¿Estará contento(a)? ¿Vivirá cerca de aquí?

5.   ¿Vas a besarme en este momento? ¿Voy a besarte? ¿Por qué no? Por lo menos, ¿vas a invitarme a almorzar contigo? ¿Crees que nos casaremos en el futuro? ¿Por qué no?

El condicional

CONJUGATION

1.   The conditional tense is formed by adding the following endings to the infinitive: *-ía, -ías, -ía, -íamos, -íais, -ían.*

-AR VERBS	-ER AND -IR VERBS	
llevar	**vender**	**decidir**
llevaría	vendería	decidiría
llevarías	venderías	decidirías
llevaría	vendería	decidiría
llevaríamos	venderíamos	decidiríamos
llevaríais	venderíais	decidiríais
llevarían	venderían	decidirían

2. Some verbs are irregular in the conditional tense. The normal conditional endings are added to the irregular stem. Note that the future and conditional verb tenses have the same irregular stem.

INFINITIVE	STEM	CONDITIONAL ENDINGS	
caber	cabr-		
haber	habr-		
saber	sabr-		
poder	podr-	ía	(yo)
poner	pondr-	ías	(tú)
salir	saldr-	ía	(él, ella, Ud.)
tener	tendr-	íamos	(nosotros, -as)
valer	valdr-	íais	(vosotros, -as)
venir	vendr-	ían	(ellos, ellas, Uds.)
decir	dir-		
hacer	har-		
querer	querr-		

USES OF THE CONDITIONAL TENSE

The conditional tense is used:

1. as in English to state what "would happen" if a certain condition were true;

   No **podríamos** vivir sin comer.
   We would not be able to live without eating.

2. to describe probability in the past;

   ¿Dónde **pasarían** las vacaciones?
   I wonder where they sp:nt their vacation.

   Las **pasarían** en Málaga.   *They must have spent it in Málaga.*

3. in expressions of courtesy instead of the present tense (note that the conditional tense gives a more formal and courteous meaning than the present tense).

   ¿Te **gustaría** acompañarnos? (instead of ¿Quiere acompañarnos?)
   Would you like to accompany us?

   ¿**Podría** Ud. decirme dónde está el Museo del Prado?
   Could you tell me where the Prado Museum is?

   Querríamos quedarnos en la fiesta.   *We would like to stay at the party.*

   Note: The imperfect subjunctive "quisiera" is often used idiomatically instead of the conditional of *querer* to make a polite request.

   Quisiéramos quedarnos en la fiesta.   *We would like to stay at the party.*

NOTE: *Do not use the conditional tense to describe a habitual action. Use the imperfect. Do not be deceived by the word "would," which in this case refers to a habitual action.*

De niños, **íbamos** a jugar en el parque.
*As children we **would** go to play in the park.*

   or

*As children we **used to** go play in the park.*

CAPRICORNIO
(21-12 al 20-01)
Salud. Excelente.
Trabajo. Su perseverancia y su amor al trabajo hallarán hoy la recompensa esperada.
Amor. Pida perdón 'si es preciso para recobrar el corazón de la persona amada.

ACUARIO
(21 01 al 19 02)
Salud. Buena.
Trabajo. No trate de emplear su atractivo para lograr algo inmoral.
Amor. No sea frívolo.

PISCIS
(20 02 al 20 03)
Salud. Buena.
Trabajo. Alguien que le admira oculto en la sombra le sorprenderá con un ofrecimiento interesante.
Amor. Procure ser menos exaltado.

Los niños nacidos hoy: Serán ambiciosos, valientes, y un poco testarudos. Lucharán por conseguir cuanto deseen, sin detenerse a pensar en si los medios empleados son o no lícitos.

práctica

A. Dé la forma del condicional para cada verbo en la persona indicada.

1. ¿Lo harías? (decir, escoger, traer, querer)

2. Vendríamos. (salir, ir, acostarse, divertirse)

3. Valdría mucho. (saber, hacer, hablar, decir)

4. El conduciría aquí. (venir, ayudar, volver, caber)

5. Lo serían. (querer, deshacer, imponer, entretener)

B. Cambie los infinitivos al tiempo condicional.

1. Con más tiempo, _____ (visitar) a nuestra familia en España.

2. Sin estudiar, nosotros no _____ (poder) salir bien en el examen.

3. El _creríh_ (creer) casi todo.

4. El _____ (entretener) a los delegados durante su visita aquí.

5. El gobierno _____ (controlar) el contrabando con tiempo.

6. ¿Por qué no _____ (barrer) la criada el suelo?

7. ¿_____ (poder) Uds. ayudarnos?

8. ¿Cuánto _____ (valer) mi dinero en cinco años?

9. Ellos _____ (demostrar) el producto para nosotros.

10. ¿Cómo _____ (sobrevivir) la gente una guerra nuclear?

juntos

A. Diga qué haría en las situaciones siguientes según el modelo.

> jugar: al básquetbol, a las cartas
> *Jugaría* a las cartas.

1. votar por: un político liberal/un político conservador
2. beber: una limonada/una cuba-libre/una cerveza
3. dormir: en un banco en el parque/en una cama
4. acostarse: temprano/tarde
5. salir: con una persona inteligente/con una persona cómica
6. hacer: la tarea/trabajo de casa/un viaje
7. decir: la verdad/una mentira
8. ponerse: ropa cómoda/ropa elegante
9. querer: salir de noche/quedarse en casa
10. estar: en la playa en Hawai/en las montañas

B. Me gustaría saber. . . . Con un compañero de clase, haga las preguntas siguientes. Recuerde inventar sus propias preguntas para poder aprender más.

Compañero 1:

1. ¿Te gustaría ir a una fiesta conmigo esta noche? ¿Te gustaría tener poderes sobrenaturales? ¿Por qué? ¿Te gustaría tomar más exámenes en esta clase? ¿Sería necesario estudiar con más exámenes? ¿Crees que me gustaría tener que tomar más exámenes? ¿Por qué no?
2. ¿Podrías decirme dónde está tu casa?
3. ¿Qué hora sería ayer cuando salimos de clase? ¿Qué hora sería cuando llegué a mi casa ayer?
4. ¿Sería destruido el mundo en una guerra nuclear?
5. ¿Venderías tu coche por mil dólares? ¿Cuánto?

Compañero 2:

1. ¿Preferirías montar a caballo o ir a pie? ¿Por qué?
2. ¿Harías una torta para mí?
3. ¿Qué harías con tu dinero después de ganar la lotería? ¿Me darías una parte? ¿Por qué? ¿A quién se lo darías? ¿Harías un viaje a Florida? ¿Adónde harías un viaje? ¿Quién te acompañaría?

4. ¿Me darías quinientos dólares por mis zapatos? ¿Cuánto me darías?

5. ¿Sería posible vivir sin comer?, ¿existir sin beber agua?, ¿existir sin drogas y alcohol?

Los pronombres personales

SUBJECT	DIRECT OBJECT	INDIRECT OBJECT	REFLEXIVE	OBJECT OF PREPOSITION
yo	me	me	me	mí
tú	te	te	te	ti
usted (m.)	lo	le	se	usted
usted (f.)	la	le	se	usted
él	lo	le	se	él
ella	la	le	se	ella
nosotros(-as)	nos	nos	nos	nosotros(-as)
vosotros(-as)	os	os	os	vosotros(-as)
ustedes (m.)	los	les	se	ustedes
ustedes (f.)	las	les	se	ustedes
ellos	los	les	se	ellos
ellas	las	les	se	ellas

Los complementos directos

1. A direct object receives the action of the verb and answers the question *what* or *whom*.

   Veo a **los jugadores.**   *I see (whom?)* ***the players***.
   Mira **la television.**   *He watches (what?)* ***television***.

2. The "personal *a*" must precede a direct object noun that refers to a person.

   Conocerán **a** muchas personas nuevas.   (personal **a**)
   They will meet many new people.

   > *but*

   Compraremos un coche nuevo.   (no personal **a**)   *We will buy a new car.*

   Note: In most cases, do not use the personal *a* after the verb *tener*.

   Tengo siete hermanos.   *I have seven brothers and sisters.*

DIRECT OBJECT PRONOUNS

me	*me*	nos	*us*
te	*you*	os	*you*
lo	*him, it, you* (usted)	los	*them, you* (ustedes)
la	*her, it, you* (usted)	las	*them, you* (ustedes)

Venderemos **el coche.**   (direct object noun)
*We will sell **the car.***

Lo venderemos.   *(direct object pronoun)*
*We will sell **it.***

¿Me darás más **tiempo**?   *(direct object noun)*
*Will you give me more **time**?*

Sí, te **lo** daré.   *(direct object pronoun)*
*Yes, I will give **it** to you.*

Note: Although direct object pronouns normally precede the verb, they may precede or be attached to an infinitive or present participle. Study the following examples.

¿Puedes llamar a Juan?   Sí, **lo** puedo llamar. *or* Sí, puedo llamar**lo.**
Estás escuchando a María?
Sí, **la** estoy escuchando. *or* Sí, estoy escuchándo**la.**

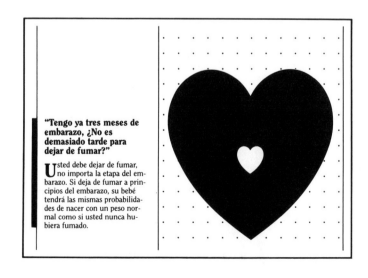

"Tengo ya tres meses de embarazo, ¿No es demasiado tarde para dejar de fumar?"

Usted debe dejar de fumar, no importa la etapa del embarazo. Si deja de fumar a principios del embarazo, su bebé tendrá las mismas probabilidades de nacer con un peso normal como si usted nunca hubiera fumado.

práctica

A. Sustituya el pronombre del complemento directo por el complemento directo, según el modelo.

> Ellos ven _los problemas._
> Ellos _los_ ven.

1. Mandarán _un cheque_ lo más pronto posible.
2. Queremos ver _a Juan_ antes de irnos.
3. Están hablando _ruso._
4. Veremos _a las chicas_ en la fiesta.
5. Van a pedir _unas bebidas._
6. Susana siempre dice _la verdad._
7. Darán _una conferencia._
8. Compraré _un teléfono remoto._
9. Notarán _la diferencia._
10. Admitirá _que él lo hizo._

B. _La_ a _personal._ Use la _a_ personal si es necesario.

1. Examinarán _____ los jóvenes.
2. Nos pondrán _____ un ventilador _(fan)_.
3. ¿Has visto _____ el taxista?
4. ¿Vas a presentarnos _____ el viejo?
5. Todos respetan _____ la gerente.
6. Aprecio _____ mi computadora.
7. Paco me vendió _____ este bolígrafo.
8. Vamos a esperar _____ el chofer.
9. ¿Ves _____ un taxi?
10. Imagínate. Marta llamó _____ mi novio anoche.

SPECIAL USES OF THE PRONOUN _LO_

The neuter pronoun _lo_ is used in the following cases:

1. To refer to an idea already expressed (often not expressed in English);

¿Eres estudiante? Sí, **lo** soy.   *Are you a student? Yes, I am.*

¿Está él enfermo? Sí, **lo** está.   *Is he sick? Yes, he is.*

¿Hará **lo** que le digamos?   Sí, **lo** hará.
Will he do what we tell him?   Yes, he will do it.

¿Sabes cómo se llama aquel edificio?   No, no **lo** sé.
Do you know what that building's name is?   No, I don't.

2. With a masculine singular adjective to refer to general ideas;

Lo bueno de esta clase es el profesor.
The good thing about this class is the teacher.

Lo mejor es que no tengo que volver al dentista.
The best thing is that I don't have to return to the dentist.

3. With an adjective to mean "how."

No puedes imaginar **lo cansados** que estamos.
You can't imagine how tired we are.

No contaba con **lo cara** que sería la cuenta.
I wasn't counting on how expensive the bill would be.

Los complementos indirectos

Indirect objects usually answer the question "to whom?" or "for whom?" Study the following examples.

*He will give **us** the receipt.*

> *or*

*He will give the receipt **to us.***

Notice that *what* he will give us (the receipt) is the direct object and *to whom* he will give it (to us) is the indirect object.

INDIRECT OBJECT PRONOUNS

me	*(to, for) me*		nos	*(to, for) us*
te	*(to, for) you*		os	*(to, for) you*
le	*(to, for) him, her, you* (Ud.)		les	*(to, for) them, you* (ustedes)

1. In Spanish, direct and indirect object pronouns are identical except for the third person *le* and *les*. In the following sentence, ambiguity may result when using *le* or *les* unless a prepositional phrase is added for clarification.

    Le daremos las noticias.   (To whom will we give the news—
    to him, to her, or to you?)
    Le daremos las noticias **a ella**.   *We will give the news **to her**.*

2. When both the indirect and direct object pronouns are used in a sentence, the indirect *precedes* the direct object pronoun.

    ¿**Me** dirás la verdad?   *Will you tell **me** the truth?*
    Claro, **te** la diré.   *Of course, I will tell it **to you**.*

3. When both the indirect and direct object pronouns are in the third person, the indirect object *le* or *les* becomes *se*.

    ¿Le escribirá las noticias a su mamá?   Sí, **se** las escribirá.
    Will he write the news to his mother?   *Yes, he will write it **to her**.*

    Yo sé que Marcos tiene sus discos porque **se** los devolví ayer.
    *I know that Marcos has his records because I returned them **to him** yesterday.*

────────── *práctica* ──────────

A. Dé la forma correcta del *pronombre del complemento indirecto* según el modelo.

> Nuestros padres darán *a nosotros* el coche.
> Ellos *nos* darán el coche.

1. Carmen _____ escribirá una carta *a nosotros*.

2. Mamá _____ dará *a mí* una bicicleta nueva.

3. Los chicos _____ prestarían *a ti* sus cintas.

4. Ellos _____ mandarán *a Uds.* las mercancías.

5. Yo _____escribiría *a vosotros* una respuesta muy pronto.

6. ¿Cuándo _____ dirás *a él* la verdad?

B. Repita el ejercicio A de arriba, esta vez usando los pronombres del complemento indirecto y directo según el modelo. (Sustituya por el objeto directo.)

> Nuestros padres nos darán *el coche.*
> Nuestros padres *nos lo* darán.

1. Carmen _____ _____ escribirá.
2. Mamá _____ _____ dará.
3. Los chicos _____ _____ prestarían.
4. Ellos _____ _____ mandarán.
5. Yo _____ _____ escribiría.
6. ¿Cuándo _____ _____ dirás?

---

juntos

Me gustaría saber. . . .   Hágale las preguntas siguientes a un compañero de clase. Practique el uso de los pronombres del complemento directo e indirecto. Señálele las cosas a su compañero para aclarar la pregunta.

> ¿Te diré mi nombre? Claro, *me lo* dirás.

Compañero 1:

1. ¿Te doy este bolígrafo? ¿Me lo das? ¿A quién se lo doy?
   (Ej: Se lo das a (Dave). *o* Me lo das.)
2. ¿Te diré cómo me llamo? ¿Me dirás cómo te llamas?
3. ¿Quieres darme un dólar?
4. ¿Puedo darte este libro?
5. ¿Me prestarás tu coche? ¿Te prestaré el mío?
6. ¿En qué lengua le hablas a tu familia?

> ☐ *El SEGURO SOCIAL es un conjunto de protección — seguro de jubilación, sobrevivientes, e incapacidad. Protege a usted y su familia mientras trabaja y después de jubilarse. El Seguro Social es una base sobre la cual puede seguir aumentando, ahora y para el futuro, con otros seguros e inversiones.*
> *SEGURO SOCIAL . . . NO DEJA DE AYUDAR.* ☐

Compañero 2:

1. ¿En qué lengua te hablo? ¿En qué lengua nos habla el profesor (la profesora)?

2. ¿Siempre le doy pesos a ese estudiante?

3. ¿Me traerás una botella de vino mañana a esta clase? ¿Te traeré una?

4. ¿Quién querrá acompañarme a la fiesta? ¿Tú?

5. ¿Prefieres pagarle al IRS los impuestos ahora o después?

6. ¿Cuándo vas a comprarte una IRA?

PREPOSITIONAL OBJECT PRONOUNS

mí	*me*	nosotros (-as)	*us*
ti	*you*	vosotros (-as)	*you*
él	*him, it(m.)*	ellos	*them*
ella	*her, it(f.)*	ellas	*them*
usted	*you*	ustedes	*you*

1. Subject pronouns are used as pronoun objects of the preposition, except for the first and second persons singular (*mí* and *ti*).

   ¿Para quién es? **¿Para mí?** ¡Gracias, querido mío!
   For whom is it? For me? Thank you, my dear!

2. The forms *conmigo* and *contigo* must be used when *mí* and *ti* are used as the object of the preposition *con.*

   ¿Quieres bailar **conmigo**? Sí, quiero bailar **contigo**.
   Do you want to dance with me? Yes, I want to dance with you.

3. After the prepositions *entre, excepto, incluso,* and *según, yo* and *tú* are used instead of *mí* and *ti.*

   Todos vendrán **excepto tú y yo.**   *Everyone will come except you and me.*

   Todos escribirán **incluso yo.**   *Everyone will write including me.*

   Según tú, todos deben hacer ejercicios.
   According to you, everyone must do exercises.

REFLEXIVE PREPOSITIONAL OBJECT PRONOUNS

mí (mismo, -a)	nosotros, -as (mismos, -as)
ti (mismo, -a)	vosotros, -as (mismos, -as)
sí (mismo, -a)	sí (mismos, -as)

1. When the prepositional pronoun and the subject of the sentence are the same, the reflexive form must be used. Only the third person forms are different from the normal prepositional pronouns. Study the following examples.

    Pedro siempre habla de Ana.   *Pedro always talks about Ana.*

    Pedro siempre habla de sí.   *Pedro always talks about himself.*

2. The adjective *mismo (-a, -os, -as)* often follows the reflexive prepositional pronouns for emphasis. *Mismo* agrees in gender and number with the noun.

    Pedro siempre habla de sí mismo.   *Pedro always talks about himself.*

    Juana siempre habla de sí misma.   *Juana always talks about herself.*

    Ana, siempre guardas lo mejor para ti misma.
    Ana, you always keep the best for yourself.

—————————— *práctica* ——————————

A. Complete las frases siguientes con el pronombre del objeto de preposición apropiado.

1. Los visitantes trajeron un retrato de _____ (themselves).
2. ¿Puedo andar con_____ (you, familiar, sing.)?
3. ¿El agua? No podemos vivir sin _____ (it).
4. ¿Te gustaría jugar al tenis con_____ (with me)?
5. ¿Ricardo? No puedo vivir sin _____ (him).
6. ¿Cómo puedes vivir con_____ (yourself) (fem.)?
7. Niños, ¿son éstos los libros de _____ (you) (pl.)?
8. Estos mensajes son para _____, Sr. Rodríguez.

¿Anticuada la familia?

Muchos científicos sociales, especialistas en el futuro, han estudiado los cambios en la familia desde el siglo pasado y han encontrado tres divisiones marcadas en su desarrollo. En el pasado, en una economía basada en la agricultura, la familia era muy unida y todos ayudaban con el trabajo para sobrevivir en la granja. Los abuelos, padres e hijos vivían juntos y no había tanta emigración. Sin embargo, con la llegada de la época industrializada, la economía cambió radicalmente. El porcentaje de personas trabajando en las granjas disminuyó por dos razones. La llegada de maquinaria automática y de nuevas técnicas hicieron el trabajo agrícola más fácil. Pero a la vez, este avance técnico trajo una consecuencia negativa—la necesidad de menos gente para el trabajo. Puesto que las máquinas costaban tanto dinero, el agricultor se vio obligado a adquirir más tierra de cultivo para hacer su empresa económicamente productiva en términos de dinero. Esto causó que los agricultores pequeños se mudaran a la cuidad para ganarse la vida mejor allí.

Como consecuencia de la emigración a la ciudad, surgió una nueva estructura en la familia. Los miembros familiares se dispersaron, y cada miembro (que incluía la primera, segunda y tercera generaciones) vivía en diferentes ciudades donde había podido conseguir trabajo. Los expertos que se dedican a la investigación de la familia y su desarrollo han reducido el círculo familiar a uno mucho más pequeño que consiste en el padre, la madre y los hijos. Se conoce como la "familia nuclear." La mujer generalmente se concentraba en las tareas de casa y en la crianza de los hijos. Esta familia nuclear quedó intacta hasta muy recientemente cuando las mujeres empezaron a trabajar fuera de la casa. Al ganar su independencia económica, las mujeres adquirieron más oportunidades profesionales o artísticas y muchas no eligieron el matrimonio o la familia, a diferencia de las mujeres del pasado. Muchas, a pesar de estar casadas, escogieron volver a trabajar para escaparse de la rutina doméstica.

Las familias con hijos se vieron forzadas a encontrar ayuda para la crianza de los niños durante las horas de trabajo de los padres. Así es como surgieron los centros de guarderías infantiles. Con tantos cambios radicales en sus vidas, muchas parejas se divorciaron por la inabilidad para soportar los cambios en una vida que ellos antes creían muy segura. Las reglas del juego cambiaban cada día.

babysitters

Estos cambios súbitos han creado una familia nueva que aparece en muchas formas hoy día. Hay familias de un sólo padre, familias mezcladas de antiguos matrimonios, familias de parejas sin hijos, y solteros que han adoptado niños. Las combinaciones de la época actual ofrecen distintos estilos de vida para cualquier persona. La familia que conocíamos antes va cambiando diariamente. Los expertos dicen que nuestras necesidades determinarán cómo será nuestra familia en el futuro.

A New family emerged! Single parent, parents sin niños etc.

Hay muchos que querrían volver a los viejos tiempos de la familia nuclear. Dicen que si nos deshiciéramos de la pornografía, la música "rock" y el feminismo, la familia de antes reaparecería. Dicen otros que volver al pasado sería desastroso. Habría tantos cambios que no podríamos aguantar. Las mujeres tendrían que volver a la casa, los jóvenes no podrían trabajar durante sus años escolares, el nivel de vida bajaría sin el salario de la mujer, y todos serían dependientes de otros para sobrevivir.

* to get rid of —
* to bear, endure

¿Está Ud. de acuerdo con los profetas de perdición, que lamentan la desaparición de la familia tradicional? ¿Tienen razón en ser tan negativos?

VOCABULARIO

VERBOS

aguantar to bear, endure
cuidar a to take care of
deshacerse de to get rid of
disminuir to diminish
escoger to choose
mudarse to move
sobrevivir to survive
soportar to endure

SUSTANTIVOS

centros de guarderías infantiles day-care centers
la granja farm

el **nivel de vida** standard of living
la **pareja** couple
la **perdición** doom, ruin
la **regla** rule
el **soltero**, la **soltera** unmarried person
el **terreno** land

ADJETIVOS

actual present day
creciente increasing
distinto different
junto joined, united
mezclado mixed
súbito sudden

vocabulario y comprensión

A. Encuentre la palabra correcta para la definición de la izquierda.

1. __C__ tolerar
2. __J__ seguir vivo después de un desastre
3. __I__ elegir una cosa entre varias
4. __F__ improvisto, repentino
5. __H__ del momento
6. __g__ no idéntico con otro
7. __B__ que no está casado
8. __D__ espacio de tierra
9. __C__ principio, estatuto
10. __a__ unido, cercano

a. junto
b. soltero
c. soportar
d. terreno
e. regla
f. súbito
g. distinto
h. actual
i. escoger
j. sobrevivir

B. Conteste Ud. las preguntas siguientes.

1. ¿Por qué vivían juntos todos en la familia en el pasado?
2. ¿Por qué cambió tanto la vida familiar con el uso de la maquinaria agrícola?
3. ¿Cómo cambió la familia cuando muchos se mudaron a los centros urbanos?
4. ¿En qué consiste la familia nuclear?
5. ¿Por qué volvieron muchas mujeres a trabajar fuera de casa?

juntos

A. Para discutir:

1. Describa una familia típica de hoy.
2. Dé algunas razones para tantos divorcios hoy día. Dé su opinión.
3. En su opinión, ¿cómo será la familia típica del futuro?
4. Describa su idea de una familia ideal.
5. ¿Le gustan los cambios en la familia? ¿Por qué?
6. ¿Son todas las familias que Ud. conoce familias nucleares? ¿Qué son? ¿Cómo son?

Si necesitas ayuda durante tu embarazo o si tomas demasiado . . .

Puedes hablar con una enfermera, una partera, o un médico. Tambien puedes conseguir ayuda al llamar al
• Departamento de salud local
• Clínica de salud
• Alcoholicos Anónimos
• Linea telefónica gratuita para

información sobre el alcoholismo y abuso de las drogas
• Servicios sociales

Para aprender mas comúnicate con:

National Clearinghouse for Alcohol and Drug Information
P.O. Box 2345
Rockville, MD 20852

DHHS Publication No. ADM 88-1558
Printed 1987

Source: National Clearinghouse for Alcohol and Drug Information

B. Haga el papel.   Con un compañero de clase, haga los papeles siguientes.

1.   You and a friend get into a friendly argument about who will have the best future. When he says he will do one thing in the future, try to top it by saying you will do something even better. See how outrageous your claims to fame can be.

2.   You are a fortune teller (*adivino*) working in your home. A client comes to see you for a prediction of what his future will be like. He is a very nervous, superstitious type. You read his palm and predict (*predecir*) his future. He turns out to be crazy and threatens to kill you. Call the police!

3.   You are a television announcer who has an interview with a fortune teller. You ask her for predictions about seven or eight famous people. She predicts what will happen the next year in their lives. You get very agitated when she then predicts a very bleak future for you.

C. Composición guiada.   Escriba una composición sobre el tema siguiente usando la información de la lectura de esta lección. Siga el esquema dado aquí. Puede dar su opinión como una conclusión.

Tema: El desarrollo de la familia, pasado, presente y futuro

Introducción: A.   el estado actual de la familia
B.   ¿Es bueno este estado?

Desarrollo: A.   la primera etapa de la familia
1.   la agricultura y la economía
2.   el estado familiar durante esta época

B.   la segunda etapa de la familia
1.   la migración a la ciudad
2.   el estado familiar durante esta época

   C. la tercera etapa actual de la familia
       1. los diferentes estilos de familia
       2. la aceptación pública de las familias diferentes
       3. los futuros posibles de la familia

Conclusión: Dé su opinión del desarrollo de la familia como la conocemos ahora y su predicción del futuro de ésta.

D. Composición libre.   Escriba una composición describiendo cómo será su futuro en 10 años. Incluya detalles sobre su carrera, su familia, sus amigos, sus pasatiempos, etc.

Root words

A root is a word or word element from which other words are formed. There are many roots from both Greek and Latin that have been used as the basis for forming Spanish words. Do the following exercises based on Latin roots to understand how much of the Spanish language evolved. Notice how the prefix changes the meaning of each verb.

A. Use the derivatives of the Latin root "duc," meaning "lead," to complete the following statements. Use the following words:

conducir, deducir, inducir, producir, reducir

1. _____ significa persuadir o instigar.
2. _____ significa sacar consecuencias.
3. _____ es disminuir o transformar una cosa en otra.
4. _____ es engendrar o criar.
5. _____ es guiar, dirigir o mandar.

B. Use the derivatives of the Latin root "dic," meaning "say," to complete the following statements. Use the following words:

contradecir, maldecir, predecir

1. _____ es anunciar lo futuro.
2. _____ es decir palabrotas.
3. _____ es decir lo contrario.

práctica

Refranes. Estudie los refranes siguientes y piense en sus equivalentes en inglés.

Perro que ladra no muerde.

Piedra movediza no cría moho.

Del árbol caído, todos hacen leña.

6

Tierras ya no olvidadas

Centroamérica—Parte 1

Centroamérica es la franja de tierra estrecha que conecta la Península de Yucatán en México con Suramérica. El Canal de Panamá ofrece un paso entre los Océanos Atlántico y Pacífico. Centroamérica presenta una topografía muy variada—tierras bajas, montañas volcánicas y selvas tropicales. Su gente es de raza mixta—indios que todavía guardan las costumbres de sus antepasados precolombinos, descendientes de conquistadores españoles, inmigrantes de Europa y otras partes del mundo, negros y mestizos (de linaje español e indio).

Antes de la llegada de los españoles a Centroamérica, había varias culturas indígenas que reinaban, florecían y declinaban. Hoy día se pueden ver muchas ruinas de las varias civilizaciones. Tikal en Guatemala y Copán en Honduras son testimonio de la brillante cultura de los mayas en Centroamérica. La cultura maya produjo el sistema de escritura más avanzado del Nuevo Mundo. El imperio maya desafortunadamente empezó a decaer alrededor del siglo X, mucho antes de la llegada de los españoles. No se sabe por qué los indios abandonaron sus ciudades y cultura avanzadas. Algunos historiadores conjeturan que la decadencia y la destrucción inexplicable de estas civilizaciones se debieron a catástrofes naturales como sequías, terremotos, huracanes o volcanes que destruyeron las ciudades y su población. Otros suponen que hubo conflictos políticos que resultaron en la destrucción del poder maya por tribus enemigas. Otros asumen que la destrucción de estas culturas se debió a la sobrepoblación o a plagas.

Más tarde, cuando los españoles empezaron la conquista de Centroamérica, no encontraron tanta resistencia como Hernán Cortés cuando luchó contra los aztecas en México. Hacia la mitad del siglo 16, ellos habían conseguido control de toda Centroamérica. Los españoles establecieron misiones para convertir a los «salvajes» al cristianismo, empezaron a explotar los minerales y edificaron ciudades usando diseños de su madre patria. Durante los últimos años de la Colonia, España trató de gobernar sus colonias lejanas en las Américas, al mismo tiempo que sufría pérdidas económicas, políticas y morales en su propio país. Eventualmente, las colonias decidieron desligarse del reino de España y ganaron su independencia alrededor del año 1821. Las provincias coloniales se convirtieron en las naciones de Guatemala, Honduras, El Salvador, Costa Rica y Nicaragua.

A principios de este siglo, Centroamérica había empezado a ganar más importancia económica y política. Una de las cosechas más importantes y lucrativas de los países centroamericanos era el café. Los bananales, promovidos económicamente por el capital extranjero, se encontraban en Honduras, Nicaragua y Costa Rica, bajo el control de compañías como la United Fruit Company de Boston y otras compañías extranjeras. Mientras tanto, los franceses ya habían fracasado en su tentativa de construir el Canal de Panamá. Los Estados Unidos, dándose cuenta de la importancia de continuar con el proyecto, tomaron control del mis-

mo, ganando la jurisdicción sobre la Zona del Canal de Panamá, cuya construc-
ción se completó en 1913. La influencia norteamericana sobre el Canal de
Panamá disminuirá en los años siguientes porque los Estados Unidos poco a poco
le darán al gobierno panameño el control sobre el Canal.

En 1960, para fomentar el desarrollo de una buena economía regional, los líderes
de los varios países formaron el Mercado Común de Centroamérica que prometió
ser la salvación del área. Desgraciadamente, fracasó después de un conflicto
fronterizo entre El Salvador y Honduras. Por la mayor parte, Centroamérica hoy
en día es una región subdesarrollada que se ha convertido en un centro de conflictos políticos.   *Underdeveloped*

VOCABULARIO

VERBOS

decaer   to decay
deshacerse de   to get rid of
desligarse de   to extricate (oneself)
fomentar   to promote
fracasar   to fail

SUSTANTIVOS

los **antepasados**   ancestors
el **bananal**   banana plantation
la **cosecha**   crop, harvest
la **franja**   strip of land
el **liderazgo**   leadership
el **salvaje**   savage

la **soberanía**   sovereignty

ADJETIVOS

estrecho   narrow
fronterizo   frontier
precolombino   before Columbus
subdesarrollado   underdeveloped

PALABRAS CONFUSAS

libre   free (e.g., from oppression)
gratis   free (no charge)

carácter   character (personality trait)
personaje   character (in a play, etc.)

vocabulario y comprensión

A. Encuentre la palabra correcta para la definición de la izquierda.

1. _____ conjunto de frutos agrícolas

2. _____ no cuesta nada

a. panameño

b. decaer

3. _____ que tiene poca anchura   **c.** deshacer

4. _____ que no es esclavo   **d.** cosecha

5. _____ frustrarse un proyecto   **e.** carácter

6. _____ destruir lo que está hecho   **f.** gratis

7. _____ ir a menos; debilitarse   **g.** fracasar

8. _____ persona en una obra literaria   **h.** estrecho

9. _____ modo de ser de una persona o pueblo   **i.** personaje

10. _____ persona de Panamá   **j.** libre

B. Conteste Ud. las preguntas siguientes.

1. Describa dónde está situada Centroamérica en el mundo.
2. Nombre cinco países de Centroamérica y sus capitales.
3. Describa su terreno.
4. ¿Cuál es la herencia de la gente de allí?
5. ¿Qué civilización india florecía en Centroamérica y por qué desapareció?
6. ¿Cuándo conquistaron los españoles Centroamérica? ¿Fue difícil o fácil la conquista?
7. ¿Cuáles son los productos más importantes que exporta Centroamérica?
8. ¿Qué país construyó el Canal de Panamá y en qué año?
9. ¿Por qué formaron las naciones el Mercado Común de Centroamérica?

---
juntos

A. Para discutir:

1. ¿Qué sabía Ud. de Centroamérica antes de los años recientes? ¿Ha aprendido más leyendo el periódico o mirando la televisión?
2. ¿Cómo será el futuro de Centroamérica en su opinión? ¿Por qué?

B. Haga el papel. Con un compañero de clase, haga Ud. los papeles siguientes.

1. You go to a travel agent and ask him about a trip to Central America to see the countries of Costa Rica and Nicaragua. He tells you that you will need to fly from St. Louis to Miami and take another flight from there to San José. You inquire how much the trip will cost, how many flights leave daily, how long the flight will take, etc. The agent advises you to leave during the week when the flights are cheaper and suggests you not visit Nicaragua because of the political situation.

2. You are a government census taker. Ask your interviewee how many people are in the family, how old they are, what kind of work they do, if any of the children are married, how much education they have, and if all of the children still live at home.

3. You are in a hotel in a remote town in Costa Rica. You call up the desk clerk and tell him you have bugs in your bed. He says he will send someone up to your room right away. You ask if the water is drinkable (*purificada*). He says of course it is but you can drink the bottled water if you prefer. You then ask him to wake you up at 7:00 A.M. the next morning because you want to drive to the beach at Limón the next day.

GRAMATICA

El participio pasado

The past participle is formed by adding *-ado* to the stem of *-ar* verbs and *-ido* to the stem of *-er* and *-ir* verbs.

tomar: tom**ado**
querer: quer**ido**
salir: sal**ido**

Verbs of the second and third conjugations (*-er* and *-ir* verbs) whose stems end in *-a, -e,* or *-o* require a written accent on the *i* of the *-ido* ending.

distraer   distra ido   distra**í**do
creer   cre ido   cre**í**do
oír   o ido   o**í**do
reír   re ido   re**í**do

VERBS WITH IRREGULAR PAST PARTICIPLES

The following verbs have irregular past participles:

VERBS	PAST PARTICIPLE
abrir	abierto
cubrir	cubierto
decir	dicho
escribir	escrito
freír	frito
hacer	hecho
morir	muerto
poner	puesto
resolver	resuelto
romper	roto
ver	visto
volver	vuelto

Many verbs are formed by adding a prefix to such verbs as *cubrir, poner, solver,* and *volver*. Note that the past participle for any of these verbs is also irregular.

deponer	depuesto
descubrir	descubierto
disolver	disuelto
revolver	revuelto

Usos del participio pasado

The past participle is used:

1. with the auxiliary verb *haber* to form all compound tenses in the indicative and subjunctive moods (its form never changes and always ends in *o*—see the section on compound tenses for more information);

    Ellas ya han **visto** esa película.   *They have already seen that movie.*

    Habremos **completado** el trabajo en una hora.
    We will have finished the work in an hour.

2. with *ser* to form the passive voice (the past participle agrees in gender and number with the subject);

    Aquellos edificios fueron **diseñados** por Gaudí.
    Those buildings were designed by Gaudí.

    La pianista será **felicitada** por el público.
    The pianist will be congratulated by the audience.

3. as an adjective (when used as an adjective, the past participle must agree with the noun it modifies);

el cuarto pintado	*the painted room*
las ventanas rotas	*the broken windows*
los libros escritos	*the written books*

    Los libros escritos por Cervantes son muy famosos.
    The books written by Cervantes are very famous.

    Note: Some verbs have two forms for the past participle. The regular form is used in the compound tenses with *haber* and the irregular form is used as an adjective.

INFINITIVE		REGULAR FORM (*HABER* + PAST PARTICIPLE)	IRREGULAR FORM (AS AN ADJECTIVE)
completar	*to complete*	completado	completo
confundir	*to confuse*	confundido	confuso
corregir	*to correct*	corregido	correcto
despertar	*to awaken*	despertado	despierto
elegir	*to elect*	elegido	electo
ensuciar	*to dirty*	ensuciado	sucio
limpiar	*to clean*	limpiado	limpio
llenar	*to fill*	llenado	lleno
maldecir	*to swear*	maldecido	maldito
marchitar	*to wilt*	marchitado	marchito
prender	*to arrest*	prendido	preso
secar	*to dry*	secado	seco
soltar	*to loosen*	soltado	suelto
sujetar	*to subject*	sujetado	sujeto
sustituir	*to substitute*	sustituido	sustituto
vaciar	*to empty*	vaciado	vacío

Los niños **han vaciado** sus vasos.
*The children **have emptied** their glasses.*

Los vasos están **vacíos**.   *The glasses are **empty**.*

La falta de agua **había marchitado** las flores.
*The lack of water **had wilted** the flowers.*

Las flores estaban **marchitas**.   *The flowers were **wilted**.*

4. to translate the English present participle when it describes a state or condition and *not* an action;

Los visitantes **están sentados** en la sala de estar.
*The visitors **are sitting** in the living room.*

«Las Meninas» de Velázquez **está colgada** en el Museo del Prado.
*Velazquez's "Las Meninas" **is hanging** in the Prado Museum.* (Note that the painting is not involved in an action but is hanging as a result of someone's having hung it.)

5. as an adjective with a noun or pronoun to refer to a completed action (the past participle usually precedes the noun or pronoun and takes the place of a clause that can have the meaning of "when," "after," "as soon as," or "having been").

Terminada la tarea, salimos a la calle.
***Having finished** the homework, we went out.*

Ganado el campeonato, los vencedores celebraron.
*After **winning** the championship, the winners celebrated.*

práctica

A. Dé el participio pasado de cada verbo.

1.	decir	_____	11.	practicar	_____
2.	fabricar	_____	12.	construir	_____
3.	poner	_____	13.	exponer	_____
4.	detener	_____	14.	oír	_____
5.	descubrir	_____	15.	estar	_____
6.	devolver	_____	16.	ser	_____
7.	disolver	_____	17.	abrir	_____
8.	romper	_____	18.	ver	_____
9.	sentir	_____	19.	morir	_____
10.	hacer	_____	20.	traer	*traído*

B. Dé la forma correcta del participio pasado del verbo entre paréntesis. Note que cuando el participio se encuentra como adjetivo, concuerda con el sustantivo modificado.

1. (escribir)   Leímos una novela _____ en español.

2. (divertirse) Los chinos se han _____ mucho.

3. (abrir)   Las ventanas están _____.

4. (marchitar)   ¡Ay de mí! Las flores ya están *marchitas* _____.

5. (freír)   ¿Te gustan las patatas _____?

6. (decir)   Nos habrán _____ una mentira.

7. (llenar)   Los chicos habían _____ sus bolsillos con caramelos.

8. (imponer)   No nos gustan algunas leyes *impuestas* _____ por el gobierno.

9. (morir)   Es bueno que las cucarachas estén *muertas* _____.

10. (tener)   Ellos han _____ mucho éxito en esta clase.

C. Dé la forma del participio pasado cuando se usa con el verbo *haber* y cuando se usa como un adjetivo.

		CON EL VERBO *HABER*	COMO ADJETIVO
1.	resolver		
2.	llenar	llenado	lleno/a
3.	abrir		
4.	confundir		
5.	comer		
6.	despertar	despertado	despierto/a
7.	ensuciar	ensuciado	sucio/a
8.	reponer	repuesto	repuesto/a
9.	secar	secado	seco/a
10.	limpiar	limpiado	limpio/a

Manos Unidas
CAMPAÑA CONTRA EL HAMBRE

SI TU QUIERES ES POSIBLE

NO HAY ESCASEZ DE COMIDA
HAY ESCASEZ DE JUSTICIA

Los tiempos compuestos (perfectos)

Compound tenses are formed with the auxiliary verb *haber* + the past participle. There are five compound tenses in the indicative mood, four of which are used frequently. The other two compound tenses are in the subjunctive mood and are explained in Lección 9.

The five compound tenses in the indicative are:

1. Present Perfect (*Presente perfecto*)
2. Past Perfect (Pluperfect) (*Pluscuamperfecto*)
3. Preterite Perfect (*Pretérito perfecto*)
4. Future Perfect (*Futuro perfecto*)
5. Conditional Perfect (*Condicional perfecto*)

PRESENT PERFECT (EL PRESENTE PERFECTO)

The present perfect tense is formed with the present tense of *haber* and the past participle. It is used to refer to an action which *has happened* recently.

HABER (PRESENT)	PAST PARTICIPLE	
he	dado	*I have given*
has	dado	*you have given*
ha	dado	*he, she (has), you have given*
hemos	dado	*we have given*
habéis	dado	*you have given*
han	dado	*they, you have given*

¿Quién **ha visto** a Antonia?   *Who **has seen** Antonia?*

Ellos todavía no nos **han llamado**.   *They still **have** not **called** us.*

Ya **hemos visto** esa película.   *We **have** already **seen** that movie.*

NOTE:
1. *In Spanish, the past participle in compound tenses always ends in -o.*
2. *The past participle is the main verb of any compound tense.*
3. *The auxiliary verb* haber *is never separated from the past participle as in English. Compare:*

   ¿Ha tenido éxito *él* en su carrera?
   *Has **he** been successful in his career?*

práctica

A. Cambie los verbos siguientes al presente perfecto.

1. *Dice* que sí.

2. Los consejeros *resuelven* nuestros problemas.

3. El inventor González *hace* nuevas invenciones.

4. El borracho *vacía* la botella de vino.

5. El IRS *impone* muchos impuestos.

6. Ellos *juegan* al básquetbol. *Ellos han jugado...*

7. ¿Dónde *pones* las respuestas? *Donde has puesto...*

8. Ella *tiene* mucha suerte. *ha tenido...*

9. La mamá *fríe* las patatas. *ha frito...*

10. *Vamos* al parque. *hemos ido*

B. Complete las frases siguientes según el modelo.

> No venderemos el coche porque . . . .
> No venderemos el coche porque *ya lo hemos vendido.*

1. No descubrirán la cura para polio porque . . . .   *ya la han descubierto*

2. No romperemos la piñata porque . . . .   *ya la hemos roto.*

3. No voy a ver esa película porque . . . .   *ya la he visto.*

4. Ella no escribirá su autobiografía porque . . . .   *ya la ha escrito.*

5. No van a devolver los libros a la biblioteca porque . . . .   *ya los han devuelto*

6. No pensamos dar una fiesta porque . . . .   *ya la hemos dado.*

7. No queréis pagar porque . . . .   *ya lo habéis pagado.*

8. No van a venir a vernos porque . . . .   *ya han venido*

9. No habrá una reunión porque . . . .   *ya la ha habido   (or)   ya ha habido una*

10. No haré tarea porque . . . .   *ya la he hecho.*

PAST PERFECT (EL PLUSCUAMPERFECTO)

The past perfect tense is formed with the imperfect tense of *haber* + the past participle. It is used for past actions that *had happened* prior to another past action.

HABER (IMPERFECT)	PAST PARTICIPLE	
había	tomado	*I had taken*
habías	tomado	*you had taken*
había	tomado	*he, she, you had taken*
habíamos	tomado	*we had taken*
habíais	tomado	*you had taken*
habían	tomado	*they, you had taken*

Antes **habíamos vivido** en Guanajuato.
*Before, **we had lived** in Guanajuato.*

Habían dicho que si.   ***They had said** yes.*

Note: The auxiliary form for the first and third persons singular is identical but you will usually know from context what person is being used. Use the appropriate subject pronoun to avoid confusion.

práctica

A. Cambie los verbos siguientes al *pluscuamperfecto.*

1. *Comieron* sus verduras.   Habían comido
2. *Hiciste* tu trabajo.   Habías hecho tu trabajo
3. *Repusiste* todo lo perdido.   Habías repuesto.
4. *Comprendieron* la conferencia.   Habían comprendido
5. *Fueron* de viaje.   Habían ido
6. *Salieron* por la entrada.   Habían salido.
7. *Pedimos* otra limonada.   Habíamos pedido
8. *Viste* la televisión.   Habías visto
9. *Tomasteis* otro plato.   Había tomado
10. *Dijeron* la verdad.   Habían dicho

B. Complete las frases siguientes según el modelo.

> José no pagó sus impuestos ayer porque . . . .
> José no pagó sus impuestos ayer porque *ya los había pagado.*

1. Jorge Menéndez no se murió en 1978 porque .... *ya se había muerto.*
2. El periódico no expuso el escándalo político porque la televisión .... *lo había expuesto*
3. No anduvimos más porque ... bastante. *Yo habíamos andado...*
4. No leí el periódico en casa porque ... en la biblioteca. *ya lo había leído*
5. No freímos el pollo porque la mamá . *ya. lo había frito.*
6. El no entrevistó al presidente porque otro periodista *ya le había entrevistado*
7. No fuiste a visitarlo porque .... *ya lo habías ido a visitar.*
8. Esteban no tuvo que resolver el problema porque María *ya. lo había resuelto,*
9. No nos reímos de su chiste porque . *ya lo habíamos oído.*
10. No estuvieron en el hospital porque .. *ya habían estado.*

C. Combine las frases siguientes usando el pluscuamperfecto para mostrar que la acción del primer verbo pasó *antes que* la del segundo. Siga el modelo.

> Nosotros comimos. Nuestros amigos llegaron.
>
> *Ya habíamos comido* cuando nuestros amigos llegaron.
> *We had already eaten when our friends arrived.*

Ya or Todavía ↑ affirmative
negative

Negative ↑ affirmative

1. Yo cené. Oí las noticias del terremoto en Perú.
2. Los espectadores salieron. Nuestro equipo perdió. *Ya*
3. No compramos los billetes. El tren llegó. *habíamos comprado*
4. Nos sentamos. El concierto empezó. *Ya Nos habíamos sentado cuando el concierto empezó*
5. Yo terminé mi educación. Mi hermano se graduó. *Yo había terminado mi educación cuando...*

AGUA

El agua del hotel es potable, sin embargo para mayor seguridad le proporcionamos agua embotellada en su habitación.

AIRE ACONDICIONADO

Todas las habitaciones tienen control individual para su confort. Cuando en uso, mantenga cerradas las ventanas de la terraza.

PRETERITE PERFECT (EL PRETERITO PERFECTO)

The preterite perfect is formed with the preterite tense of *haber* and the past participle. It is no longer used today in conversational Spanish and is limited to literary writings, usually from the past.

HABER (PRETERITE)	PAST PARTICIPLE	
hube	dado	*I had given*
hubiste	dado	*you had given*
hubo	dado	*he, she, you had given*
hubimos	dado	*we had given*
hubisteis	dado	*you had given*
hubieron	dado	*they, you had given*

The preterite perfect has the same meaning as the past perfect, but it is only used after conjunctions of time, such as the following:

así que	*as soon as*	luego que	*as soon as*
tan pronto como	*as soon as*	después (de) que	*after*
cuando	*when*		

Tan pronto como **hubieron terminado** el examen, los estudiantes se fueron.
*As soon as they **had finished** the exam, the students left.*

FUTURE PERFECT (EL FUTURO PERFECTO)

The future perfect is formed with the future tense of *haber* and the past participle.

HABER (FUTURE)	PAST PARTICIPLE	
habré	dado	*I shall have given*
habrás	dado	*you will have given*
habrá	dado	*he, she, you will have given*
habremos	dado	*we shall have given*
habréis	dado	*you will have given*
habrán	dado	*they, you will have given*

The future perfect tense is used:

1. to denote an action that will have taken place by a certain time in the future;

Para junio, la gente **habrá reelegido** al presidente.
*By June, the people **will have reelected** the president.*

2. to express probability with regard to a recent past action; it is translated into English as "must have" + past participle or "probably" + past participle;

Los investigadores ya **habrán descubierto** la cura.
*The researchers **must have** already **discovered** the cure.*

or

*The researchers **have probably** already **discovered** the cure.*

práctica

A. Cambie los verbos siguientes al futuro perfecto.

1. *Dirán* que no. Habrán dicho
2. *Estará* Patricia en la puerta. habrá estado
3. *Cumpliremos* el proyecto. habremos cumplido
4. *Alimentarán* el ganado con antibióticos. Habrán alimentado...
5. Los padres *mimarán* a su niñito. habrán mimado
6. El hipnotista *hipnotizará* al paciente. habrá hipnotizado
7. El banco *hipotecará* mi casa. habrá hipotecado
8. *Haremos* lo mejor posible. habremos hecho
9. *Tendréis* que iros. habrén tenido
10. La sopa *se enfriará*. se habrá enfriado

B. Dé sus predicciones sobre lo que les habrá pasado a las personas, países o cosas siguientes para el año 2000.

> el presidente de los Estados Unidos
>
> El presidente *se habrá jubilado.*
> *The president will have retired.*

1. mi novio(a)   se habrá casado conmigo.
2. yo   me habrá ganado el lotería
3. mis padres   habrán viajado por todas partes.
4. los Sandinistas en Nicaragua   se habrán terminado en lucha
recuperar — recover

5. mi profesor(a) de español *se habría tenido obreros hijos*
6. mi ex-novio(a) *se habían casado con mi hermana*
7. los Estados Unidos *se habrían puesto comunista,*
8. las Filipinas *se habían despedido mi presidente Aquino*
9. la energía nuclear *se habría usado en todos partes del mundo*
10. el petróleo

C. Diga lo que las personas siguientes habrán hecho para mañana.

> pagar todas sus cuentas (mi papá)
>
> Para mañana mi papá *habrá pagado* todas sus cuentas.
> *By tomorrow, my father will have paid all of his bills.*

1. sobrevivir los exámenes (los alumnos)
2. transportar las mercancías (el conductor)
3. proponer un programa nuevo (el presidente)
4. pasarlo bien (los jóvenes)
5. exhibir sus piedras preciosas (los vendedores)

CONDITIONAL PERFECT
(EL CONDICIONAL PERFECTO)

The conditional perfect tense is formed with the conditional tense of *haber* + the past participle.

HABER (CONDITIONAL)	PAST PARTICIPLE	
habría	dado	*I would have given*
habrías	dado	*you would have given*
habría	dado	*he, she, you would have given*
habríamos	dado	*we would have given*
habríais	dado	*you would have given*
habrían	dado	*they, you would have given*

The conditional perfect tense is used to denote an action that "would have happened" if a certain condition had been true. (See the subjunctive section, Lección 9, for more information on this use.)

Si él hubiera venido, **se habría divertido**.
*If he had come, **he would have had a good time**.*

práctica

A. Cambie los verbos siguientes al condicional perfecto.

1. *Harían* la decisión.
2. *Tomarían* el autobús.
3. Lo *identificaría*.
4. El no la *perdonaría*.
5. Los ciudadanos lo *depondrían*.
6. La compañía *explotaría* el carbón.
7. Los campesinos *regarían* los campos.
8. Ellas *coquetearían* con todos.
9. El cartero *certificaría* el paquete.
10. Este programa *beneficiaría* a todos.

B. Diga cómo las personas siguientes habrían reaccionado si hubieran sabido ("if they had known") que algún día el hombre iría a la luna.

---

el bebé de la familia (tener miedo)

El bebé de la familia *habría tenido* miedo.
The baby of the family would have been afraid.

---

1. los pioneros (no creerlo)
2. mis bisabuelos (decir "bravo")
3. los revolucionarios (comprar boletos para el primer vuelo)
4. los oficiales del gobierno (planear una celebración)
5. los periodistas (describir el vuelo en detalle)

C. Complete las frases siguientes, usando la forma apropiada del *presente perfecto* o del *pluscuamperfecto*.

1. Antes de comenzar esta clase, yo no _____ (aprender) ni una palabra en español.
2. Pepe, ¿vas a votar esta tarde?
   No, mamá, ya _____ (votar).
3. Cuando Manuel tenía quince años, ya _____ (empezar) a salir con las chicas.
4. Dicen que la pareja ya _____ (casarse).

5. Cuando nos acostamos, creíamos que nuestro candidato _____ (ganar) la elección.

6. El gobierno siempre _____ (fomentar) la inversión en países extranjeros.

7. A la llegada de los españoles, el imperio de los mayas ya _____ (decaer).

8. Cuando llegamos a la prisión, los negociadores ya _____ (fracasar) en su tentativa de resolver el motín (*riot*).

9. ¡Celebremos! Nosotros por fin _____ (deshacerse) de este gobierno opresivo.

10. Cuando José oyó del casamiento de sus primos, les preguntó por qué ellos no se lo _____ (decir) antes.

juntos

A. Me gustaría saber. . . .   Pregúntele a un compañero de clase.

Compañero 1:

1. ¿Cuántas veces has visto tu película favorita? ¿Cómo se llama?
2. ¿Cuándo habrás completado tus estudios universitarios? ¿Ya los han completado tus hermanos?
3. ¿Has decidido qué quieres hacer en el futuro?
4. ¿Habrías ido a la luna con los astronautas? ¿Por qué?
5. Para el año 1970, ¿ya habías nacido? ¿Cuándo naciste?
6. ¿Cuántas veces has visitado Centroamérica?
7. ¿Te he dicho que te quiero?
8. ¿Habrás muerto antes de la próxima llegada del Cometa Halley?
9. ¿Cuántas veces has votado en una elección presidencial?, ¿una vez?, ¿dos veces?, ¿nunca?
10. ¿Siempre has votado por un candidato del mismo partido? ¿Por qué?

Compañero 2:

1. ¿Qué país centroamericano ha estado recientemente en las noticias?
2. ¿Por qué no habrá venido ___(nombre)___ a la clase hoy?
3. ¿Habrías votado por Mickey Mouse como presidente?
4. ¿Dónde has puesto mi dinero? ¿Por qué me has robado?
5. ¿Nos ha dado el profesor de español su número de teléfono?

6. ¿Ya has comido el almuerzo? ¿Por qué no me invitaste a almorzar?

7. ¿Habías aprendido algo de español antes del primer día de clases?

8. ¿Habremos aprendido todos los tiempos del verbo para el fin del año?

9. ¿Por qué cree Ud. que la United Fruit Company ha cambiado su nombre a United Brands Company?

10. En tu opinión, ¿quién habrá aprendido más español, tú o yo?

Centroamérica—Parte 2

MORDIDA - bribe

Se ha dicho que varias naciones centroamericanas están enredadas en una revolución contra el orden social de su propio país. Muchos factores han contribuido a esta situación seria. Durante las infames dictaduras de familias como la de los Somoza en Nicaragua, los líderes usaban mucha represión para poder controlar a los campesinos que trabajaban en las plantaciones. Además, la cantidad de tierra que un campesino podía tener, disminuía poco a poco en países como El Salvador, Nicaragua y Guatemala.

Con el fraude y la violencia en el proceso político, nuevas organizaciones de campesinos fueron formadas. Los sindicatos de obreros empezaron a declararse en huelga y se hicieron militantes. Muchos estudiantes universitarios, miembros de varios grupos religiosos, y trabajadores se agruparon en movimientos sociales para luchar contra las injusticias de los gobiernos dictatoriales y para tratar de mejorar el nivel de vida de las clases bajas.

En los años 70, los terremotos e inundaciones, junto con una economía mundial en declive y el bajo nivel de vida en Centroamérica, contribuyeron a la insurrección popular de los Sandinistas en Nicaragua. El nombre de estos revolucionarios se deriva del apellido de Augusto César Sandino, que había montado una insurrección contra el gobierno injusto de Nicaragua en los años 30. Los Sandinistas, apoyados por Rusia y Cuba, expulsaron a los Somoza en 1979 y empezaron a reformar la estructura de la sociedad nicaragüense. Prometieron mantener un pluralismo político, tener una economía mixta y una política exterior de neutralidad, especialmente con los rusos y los cubanos.

El Congreso de los Estados Unidos debatía la cuestión de mandarles ayuda económica, y por fin decidieron mandarla después de nueve meses de retraso. Fue demasiado tarde porque Nicaragua casi estaba en bancarrota y se vio obligada a llegar a un acuerdo de comercio con los soviéticos para sobrevivir. Nunca podremos saber si la situación habría resultado diferente si los Estados Unidos les hubieran mandado el dinero que necesitaban. Puede ser que no, porque Nicaragua ya había importado más de 2.000 asesores cubanos. Algunos trabajaban en los campos de la educación y la salud, pero otros entrenaban un nuevo ejército nicaragüense. También los Sandinistas reforzaron su alianza con Rusia haciendo

puede ser que no:

tales cosas como rehusarse a condenar la invasión soviética de Afganistán en las Naciones Unidas. Aumentaron los controles sobre el comercio para poder controlar el sistema de producción. Empezaron a imponer censura periodística y a prohibir reuniones de partidos de oposición.

Es necesario analizar la historia de la política exterior estadounidense con respecto a Centroamérica, para saber las razones por su interés y por qué la situación allí ha llegado a un punto tan serio. La Doctrina Monroe de 1823 declaró que las colonias latinoamericanas tenían derecho a determinar su propio futuro sin la intervención de Europa. Fue formada porque los Estados Unidos tenían miedo de que las naciones europeas eventualmente interfirieran en los asuntos internos de su propio país.

Más tarde, esta doctrina facilitó la intervención en Centroamérica, con el pretexto de proteger los países centroamericanos, especialmente de Inglaterra. En 1904 Theodore Roosevelt declaró que los Estados Unidos iban a hacerse el «policía» del Hemisferio Occidental. Su política no se basaba tanto en la idea de que habría intervención externa de otros países, como en la idea de que las naciones centroamericanas no eran capaces de gobernarse porque había mucha inestabilidad interna. Los norteamericanos obviamente desconfiaban del sistema político de Centroamérica.

Antes de que la Segunda Guerra Mundial empezara, los Estados Unidos habían aumentado sus inversiones en Centroamérica y muchas veces intervenían militarmente para asegurar que los países centroamericanos tuvieran gobiernos obedientes y para proteger sus intereses económicos allí. Estas intervenciones en el pasado, y la falta de respeto por toda Centroamérica y sus gobiernos, han causado a los Estados Unidos muchos problemas en las relaciones diplomáticas. Ahora el gobierno del país está determinado a asegurar que los rusos no ex-

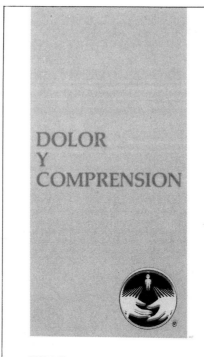

DOLOR Y COMPRENSION

THE COMPASSIONATE FRIENDS, INC.

Los Amigos Compasivos, Inc.

*Grupo de apoyo para padres
aflijidos por la muerte de un hijo*

tiendan su influencia en ninguna parte de las Américas como ya lo han hecho en
Cuba. Su objetivo político es proteger a los Estados Unidos de la influencia
comunista.

*In order that whatever political solution . . . is successful
they ought to take into consideration the desi-ros . . .*

Para que cualquier solución política a los grandes problemas de Centroamérica tenga éxito, se deberá tomar en cuenta los deseos de los centroamericanos. La política
tendrá que encontrar una manera de mejorar el nivel de vida de la gente pobre,
porque han perdido aún más de lo que tenía en el pasado. Ellos sienten mucho
resentimiento por la pobreza en la que viven en comparacíon con el resto del
mundo. Una solución militar al problema va a empobrecerlos aún más, agotando

sus escasos recursos económicos. Si no hubiera[1] intervención tanto de los soviéticos *So much Soviet intervention as* como de los norteamericanos, Centroamérica tendría una mejor oportunidad de re- *on the part of the N. Americans* solver sus problemas con la ayuda de naciones sin intereses especiales.

VOCABULARIO

VERBOS

agotar   to exhaust
apoyar   to support
asegurar   to assure
aumentar   to increase
derrocar   to overthrow
empobrecer   to impoverish
enredar   to involve, entangle
entrenar   to train
gobernar   to govern
justificar   to justify
luchar   to struggle, fight
reforzar   to strengthen

SUSTANTIVOS

el **acuerdo**   agreement
el **apellido**   last name

el **asesor**   adviser
la **bancarrota**   bankruptcy
la **confianza**   trust
el **conservador**   conservative
la **inundación**   flood
la **inversión**   investment
la **ley**   law
el **liberal**   liberal
el **partido**   political party
el **poder**   power
la **prensa**   press
el **retraso**   delay
el **terremoto**   earthquake

ADJETIVOS

capaz   capable
escaso   scarce

vocabulario y comprensión

A. Encuentre la palabra correcta para la definición de la izquierda.

1. _d_ terminar con una cosa
2. _a_ caer en pobreza
3. _f_ dar mayor tamaño
4. _h_ combatir cuerpo a cuerpo
5. _j_ poco abundante

a. empobrecer
b. acuerdo
c. confianza
d. agotar
e. capaz

---

[1] si no hubiera   *if there were not*

6. __e__ que puede hacer una cosa   **f.** aumentar

7. __i__ temblor del terreno   **g.** reforzar

8. __c__ esperanza firme, creer en una posibilidad   **h.** luchar

9. __b__ resolución entre algunas personas   **i.** terremoto

10. __g__ hacer más fuerte   **j.** escaso

B. Conteste Ud. las preguntas siguientes.

1. ¿Qué factores han contribuido a los problemas en Centroamérica?

2. ¿Cómo controlaban los dictadores a sus ciudadanos?

3. ¿En qué países centroamericanos ha habido problemas políticos serios?

4. ¿Qué país centroamericano está en las noticias estos días? ¿Qué está pasando allí?

5. ¿Qué grupos han ayudado a los revolucionarios en Nicaragua?

6. ¿Qué hicieron los Sandinistas después de derrocar la dictadura de Somoza?

7. ¿Cómo ayudaron los cubanos a los Sandinistas?

8. ¿Cuál era la Doctrina Monroe? ¿Cuándo fue declarada?

9. ¿Cómo han usado los Estados Unidos la Doctrina Monroe en el pasado?

10. ¿Por qué siempre han tenido los Estados Unidos tanto interés en el bienestar de los gobiernos centroamericanos?

---

juntos

A. Para discutir:

1. ¿Cree Ud. que los Estados Unidos siempre han actuado de la mejor manera en Centroamérica? ¿Por qué? ¿Pueden justificar sus acciones?

2. ¿Cree Ud. que los marxistas habrán ganado control de toda Centroamérica para 2000? ¿Por qué?

3. En su opinión, ¿habría sido mejor que los Estados Unidos no invocaran tantas veces la Doctrina Monroe? ¿Por qué?

4. ¿En qué condición están los países de Nicaragua y El Salvador ahora?

5. ¿Cree Ud. que a los centroamericanos les ha gustado la Doctrina Monroe? ¿Por qué?

B. Haga el papel. Con un compañero de clase, haga Ud. los papeles siguientes.

1. You are at the train station in San José, Costa Rica. You ask when the next train leaves for Managua, Nicaragua. The clerk answers your question. Since you are an American, he tells you about the dangers of an American traveling to Nicaragua. You explain that friends will be waiting for you when the train arrives. You buy your one-way first class ticket, find out from what platform the train leaves, and if it is on time.

2. You have recently been drafted into your nation's army. Since you do not want to go to war, you decide to pretend to be a draftee with severe mental problems. A psychiatrist examines you to try to find out whether you are really crazy. Will you win or lose your fight? It depends on how good an actor/actress you are.

3. You are in Tegucigalpa, Honduras, in your hotel room. You call the hotel operator and ask him the phone number of the restaurant "El Hidalgo." You then call the restaurant and ask what kind of meals they serve, how much they cost, and if they accept credit cards. You make a reservation for two and have to spell out your last name. Ask directions to the restaurant and say you will be there by 8:00.

E. Composición guiada.   Escriba una composición sobre el siguiente tema. Siga el esquema dado aquí. Debe dar su opinión como una conclusión.

Tema:	**Cada ciudadano debe participar en la política y votar en las elecciones de su país.**
Introducción:	A. la importancia de saber lo que el gobierno hace
	B. la importancia de usar el derecho a votar
Desarrollo:	A. la apatía política de la gente

                     1. las razones de esto

                     2. el porcentaje de la población que elige a un presidente

               B. Debemos apreciar nuestros derechos porque no todo el mundo tiene los mismos derechos.

                     1. las condiciones en diferentes partes del mundo (con ejemplos)

                     2. las condiciones en su país

                     3. la ironía de los que no aprecian sus derechos mientras otros los anhelan

        C.   Como cambiar la política de un país
            1.   ser informado de la política del líder
            2.   hacerse miembro de un partido político
            3.   otros ejemplos

Conclusion: Dé su opinión sobre la importancia de participar de alguna manera en la política de su país y pronostique las consecuencias futuras si la gente no lo hace.

F. Composición libre.   Escriba una composición sobre la actitud general con respecto a la política en su país. Diga qué piensa la gente en general de este tema. Explique la actitud de la gente, describiendo hechos históricos del pasado y eventos actuales del gobierno en el poder. Dé su opinión sobre el tema.

Modismos (idioms)

An idiom is an expression whose meaning cannot be derived from its constituent elements. "He's a pain in the neck" means "he's irritating me." Spanish idioms are different from English idioms. Care must be taken to try not to translate an idiom directly into another language. Note the following examples:

Spanish: **llover a cántaros** (literally *to rain jugsful*)
English: *to rain cats and dogs*

Spanish: **tomarle el pelo** (literally *to take someone's hair*)
English: *to pull someone's leg*

A. Find out what the following Spanish idioms mean in English.

1. dar en el clavo
2. darle jabón
3. decir flores a
4. la flor y nata de
5. hacer escala
6. a escondidas
7. estar de luto
8. con la mayor reserva
9. en un abrir y cerrar de ojos
10. estar de vuelta

B. Refranes. Estudie los refranes siguientes y piense en sus equivalentes en inglés.

Dicho y hecho.

A caballo regalado, no se le mira el diente.

Del dicho al hecho hay mucho trecho.

A. Corrija las frases siguientes si es necesario. Las formas del tiempo futuro pueden ser incorrectas o puede haber un error de concordancia entre el sustantivo y el verbo. Escriba C si el verbo es correcto.

1. _____ ¿Crees que ellos *se quejarán* del plan?
2. _____ ¿Cuándo *saliréis*?
3. _____ ¿Qué hora *serán*?
4. _____ Ellos nos *llamarán* muy pronto.
5. _____ *Habrán* muchas reuniones sobre este plan.
6. _____ La pareja *se casará* en dos meses.
7. _____ Juan, ¿a qué hora *venirás*?
8. _____ *Prefiremos* quedarnos contigo.
9. _____ Ella *hablarás* ante el grupo.
10. _____ *Decirán* que no a nuestro proyecto.

B. Corrija las frases siguientes si es necesario. Las formas del tiempo condicional pueden ser incorrectas o puede haber un error de concordancia entre el sustantivo y el verbo. Escriba C si el verbo es correcto.

1. _____ Me *gustaría* conocer al candidato presidencial.
2. _____ ¿Qué hora *será* cuando llegaron?
3. _____ ¿*Sería* destruído el mundo en una guerra nuclear?
4. _____ *Poderíamos* darte la información mañana.
5. _____ El *tenería* treinta y cinco años.
6. _____ ¿*Vendería* Ud. tu coche por dos mil dólares?
7. _____ Ellas *estarían* muy felices en su juventud.
8. _____ ¿*Ponerías* todo tu dinero en el banco?
9. _____ El dijo que *venería* en agosto.
10. _____ Mi padre no lo *hacería*.

C. Corrija las frases siguientes si es necesario. Las frases incorrectas tendrán un error en el uso del pretérito o del imperfecto. Advierta que unas frases tienen dos verbos y uno o ambos pueden ser incorrectos. Escriba C si la frase es correcta.

1. _____ *Fue* la una cuando ella *llegaba* a su cuarto.
2. _____ Mi abuelo *murió* cuando *tuvo* ochenta años.
3. _____ Tengo una escopeta que mi padre me *compraba*.

4. _____ En el viaje a Daytona *veía* muchas cosas.

5. _____ Sus padres siempre lo *mimaban*.

6. _____ Ayer *recibía* tres cartas por correo.

7. _____ *Hizo* tres horas que *esperábamos* a Miguel.

8. _____ *Conocieron* al presidente hace dos días.

9. _____ El policía *detenía* al conductor por conducir rápido.

10. _____ *Fui* a avisarte pero *sabía* que no ibas a escucharme.

11. _____ El soldado *era* herido en la batalla.

12. _____ La niña por fin *supo* multiplicar.

13. _____ De repente, el niño *gritaba*, ¡«Socorro»!

14. _____ ¿Dónde *estuviste* ayer a las tres? No *pude* encontrarte.

15. _____ De niños, nos *gustaba* nadar en el lago.

D. Corrija las frases siguientes si es necesario. Si hay un error, el verbo tendrá el tiempo compuesto incorrecto. Escriba *C* si la frase es correcta.

1. _____ En junio del año que viene, se había graduado.

2. _____ Los bomberos ya han extinguido el fuego cuando volvimos.

3. _____ ¿Habrías cumplido el trabajo en dos horas sin tantas interrupciones?

4. _____ Ha estado en España durante el invierno de 1976.

5. _____ Después de su graduación el mes pasado, Juan ha estado viajando por Europa.

6. _____ En doce minutos el partido ha terminado.

7. _____ ¿Dónde habías estado? Hace una hora que te buscamos.

8. _____ El director había visto a once estudiantes desde las ocho esta mañana.

9. _____ Dijo que habrá venido a pie.

10. _____ Creo que yo nunca he estado aquí antes.

E. Decida qué verbos en el pretérito o el imperfecto se traducen en las frases siguientes.

1. How old was your mother when you were born?
   ¿Cuántos años (tenía, tuvo) tu mamá cuando (nacías, naciste)?

2. I was on my way to the bank when I saw the accident.
   Yo (iba, fui) al banco cuando (veía, vi) el accidente.

3. We knew all the answers.
   (Sabíamos, supimos) todas las respuestas.

4. We met each other in high school.
   (Nos conocíamos, nos conocimos) en el colegio.

5. They told us they were coming at six o'clock.
   Nos (decían, dijeron) que (venían, vinieron) a las seis.

6. He refused to give us the information we were seeking.
   (No quería, no quiso) darnos la información que (buscábamos, buscamos).

7. We learned of the hijacking when we got home.
   (Sabíamos, supimos) del secuestro cuando (llegábamos, llegamos) a casa.

8. Where were you when the president was shot?
   ¿Dónde (estabas, estuviste) cuando le (disparaban, dispararon) al presidente?

9. There were a lot of people in the street while the firemen tried to put out the fire.
   (Había, hubo) mucha gente en la calle mientras los bomberos (trataban, trataron) de extinguir el fuego.

10. Was it raining when you started to walk to town?
    (¿Llovía, llovió) cuando Uds. (empezaban, empezaron) a caminar hacia el pueblo?

11. My family was very happy and close-knit.
    Mi familia (era, fue) muy alegre y unida.

12. I got a gift from Carlos yesterday.
    (Recibía, recibí) un regalo de Carlos ayer.

13. What did you do after we left?
    ¿Qué (hacían, hicieron) Uds. después de que (nos íbamos, nos fuimos)?

14. During your childhood, did your mother stay home while you went to school?
    Durante tu niñez (se quedaba, se quedó) tu mamá en casa mientras (ibas, fuiste) a la escuela?

15. He wanted to come see us but was not able to because of the strike.
    (Quería, quiso) venir a vernos pero no (podía, pudo) a causa de la huelga.

F. Complete las frases siguientes con el pretérito o el imperfecto.

1. José no nos _____ (llamar) porque _____ (estar) muy ocupado.

2. _____ (ser) la una y media cuando por fin nosotros _____ (acostarse).

3. Anoche Juan y María _____ (decidir) casarse en un año.

4. ¿Por qué no _____ (estar) tú allí cuando yo _____ (venir) a verte?

5. El levantador de pesos _____ (tratar) de levantar 350 libras pero no _____ (poder).

6. Yo nunca _____ (entender) a mis padres, pero ahora sí.

7. ¿Cuántos años _____ (tener) tú cuando _____ (aprender) a hablar?

8. Los estudiantes _____ (saber) las preguntas del examen el día antes de tomarlo.

9. De niños, los chicos _____ (mirar) la televisión los sábados.

10. Zacatecas _____ (ser) una ciudad minera durante la época colonial.

11. De niño, tú siempre _____ (portarse) bien.

12. El vendedor _____ (decir) que _____ (ir) a volver mañana.

G. Complete las frases siguientes con el pretérito o el imperfecto.

1. We *were walking* down the street when we *saw* our friend Anita.
   Nosotros _____ calle abajo cuando _____ a nuestra amiga Anita.

2. It *was* eight o'clock when he *began* his work. He *finished* it at one o'clock.
   _____ las ocho cuando él _____ su trabajo. Lo _____ a la una.

3. *Did* the librarian *find* the best books?
   ¿_____ el bibliotecario los mejores libros?

4. The house where we *used to live was* big and comfortable.
   La casa donde _____ _____ grande y cómoda.

5. It *was* very cold when the electricity went off (apagarse).
   _____ mucho frío cuando la electricidad _____.

6. We *left* for the hospital at ten when we *heard* news of Paco's operation.
   _____ para el hospital a las diez cuando _____ las noticias de la operación de Paco.

7. They *had just run* five miles when we *began* to run.
   Ellos _____ cinco millas cuando _____ a correr.

8. Yesterday I *was* sick but today I am better.
   Ayer yo _____ enfermo pero hoy estoy mejor.

9. How much *did* your shoes *cost* you?
   ¿Cuánto te _____ tus zapatos?

10. The kids *played* here yesterday.
    Los niños _____ aquí ayer.

11. Cervantes *Wrote Don Quijote* but never *became* rich.
    Cervantes _____ *Don Quijote* pero nunca _____ rico.

12. We *knew* he *wasn't going* to fail his exam.
    _____ que él no _____ a salir mal en su examen.

13. We *met* Antonia González three years ago.
    _____ a Antonia González hace tres años.

14. We *had been studying* Spanish for four years when we *went* to Spain.
    _____ cuatro años que _____ español cuando _____ a España.

15. We *went* to the dance contest and *saw* the couple who *was dancing* first.

_____ al concurso de baile y _____ a la pareja que _____ primero.

16. *Did* you *bring* him the information he *asked for?*

¿Le _____ tú la información que él _____?

H. Me gustaría saber. . . .   Hágale a un compañero las preguntas siguientes.

Compañero 1:

1. ¿Cuándo celebrarás tu cumpleaños?
2. ¿Me invitarás a la fiesta?
3. ¿Qué hora era cuando esta clase empezó?
4. ¿Has visitado el museo de arte en tu ciudad?
5. ¿A quién de esta clase invitarías a tu boda?
6. ¿Cuándo te habrás graduado?
7. ¿Habías estudiado español en otra clase antes de matricularte en esta clase?
8. De niño(a), ¿preferías vivir en la ciudad o en el campo? ¿Por qué?

Compañero 2:

1. ¿Te levantaste tarde hoy? ¿Te acostaste temprano anoche?
2. ¿Llovió mucho ayer? ¿Nevó ayer? ¿Cuándo nevó?
3. ¿En qué hospital naciste?
4. ¿Cuántas veces has ido a la biblioteca esta semana?
5. ¿Sabías quién iba a ganar la Serie Mundial de béisbol el año pasado?
6. ¿Cuántos años tenías cuando empezaste a andar?
7. ¿Cuántas veces has viajado a California?
8. ¿Qué hora será?

I. Refranes.   Encuentre la versión inglesa del refrán en español.

_____ 1. Perro que ladra no muerde.

_____ 2. Dicho y hecho.

_____ 3. A caballo regalado, no se le mira el diente.

_____ 4. Piedra movediza no cría moho.

_____ 5. Lo que mucho vale, mucho cuesta.

_____ 6. Del árbol caído, todos hacen leña.

_____ 7. A quien madruga, Dios le ayuda.

_____ 8. No se ganó Zamora en una hora.

_____ 9. Del dicho al hecho hay mucho trecho.

a. His bark is worse than his bite.
b. Rome wasn't built in a day.
c. Everyone kicks you when you're down.
d. You get what you pay for.
e. A rolling stone gathers no moss.
f. The early bird catches the worm.
g. Don't look a gift horse in the mouth.
h. No sooner said than done.
i. Easier said than done.

7

¡Buen provecho!

El chocolate, licor de los dioses

Con la sola mención de la palabra «chocolate», muchas personas fanáticas empiezan a anhelarlo hasta que puedan satisfacer su deseo ardiente. Se han escrito muchos libros de cocina con recetas de chocolate únicamente. Hay un grupo de la población que se reúne para compartir sus recetas, probarlas, y estar al corriente de las noticias del chocolate.

La historia conocida de este producto tan deseado empezó durante el imperio de los aztecas. El cacao, del que se hace el chocolate, tenía un papel muy importante para los aztecas. Al principio lo usaban como moneda en el mercado, y más tarde, hacían para la élite una bebida fría llamada *cacahuhel*, que sazonaban con vainilla, pimientas y especias. Cuando el emperador Moctezuma invitó al español Hernán Cortés a probarlo, éste lo encontró demasiado amargo. Durante la conquista de los aztecas, un historiador español reportó que Moctezuma, el último emperador azteca, solía tomar hasta 50 jarros de chocolate en un día, porque creía que daba poder divino y poderes sexuales. No debe sorprendernos que algunos consideraran el chocolate como un afrodisiaco. Los españoles no tenían interés en la bebida hasta que alguien le añadió azúcar y la calentó. En ese momento el chocolate, llamado *chocolatl* por los indios para distinguirlo del *cacahuhel*, empezó a hacerse muy popular. Cortés llevó el cacao a España después de su primer viaje al Nuevo Mundo, habiendo aprendido de los aztecas como cultivarlo. Los españoles guardaron el secreto de la bebida por casi 100 años, cultivando la lucrativa planta en sus colonias extranjeras. Después de un siglo, la popularidad del chocolate como una bebida aristocrática se extendió de la corte española a las cortes del resto de Europa. En 1720 el botánico sueco Linnaeus le dio al cacao el nombre científico de «Theobroma cacao», derivado del griego, significando «cacao, la comida de los dioses».

El chocolate es una comida sólida, preparada al moler muy finamente el cacao descascarado y tostado. Cuando se muele el cacao tostado, se produce el líquido, licor de chocolate, la base de todos los productos de chocolate. Por la mayor parte, este licor consiste de manteca de cacao. También contiene carbohidratos, proteína, con un contenido pequeño de sustancia mineral y una cantidad muy pequeña de humedad. El cacao crece en la costa occidental de Africa, y en México, Centroamérica y Suramérica.

Incluimos aquí una receta para jarabe de chocolate. Prepárelo y póngalo sobre su helado la próxima vez. ¡Buen provecho!

JARABE DE CHOCOLATE

Ingredientes:

2 onzas de chocolate   1 cucharada de mantequilla
una pizca de sal   1 cucharadita de vainilla
½ taza de leche
1¾ tazas de azúcar pulverizada

1. Combine en una cacerola el chocolate, la leche y la sal.
2. Derrita la mezcla a fuego lento o en un horno de microondas.
3. Revuelva la mezcla y añada azúcar pulverizada, revolviendo constante-
    mente hasta que todo hierva.
4. Añada la mantequilla y la vainilla. Después de mezclar todo completa-
    mente, retire la cacerola del fuego.
5. Sirva el jarabe sobre helado.

PORCIONES: 8 para las personas normales
             4 para los chocohólicos

VOCABULARIO

VERBOS

anhelar to crave, wish for
añadir to add
batir to beat
calentar to heat
compartir to share
derretir to melt
hervir to boil
mezclar to mix
moler to grind
mover to stir
probar to try out, test
retirar to take away
sazonar to flavor
triturar to grind, crush

SUSTANTIVOS

la **azúcar pulverizada** powdered sugar
el **cacao** cacao (bean and tree)
la **cacerola** saucepan
la **cucharada** tablespoon
la **cucharadita** teaspoon
la **especia** spice
el **fuego lento** low heat
el **jarro** pitcher
la **manteca** butter
la **pizca** pinch
la **receta** recipe

ADJETIVOS

amargo bitter

descascarado shelled
occidental western

PALABRAS CONFUSAS

encargar to order (merchandise), to put in charge of
ordenar to give an order
pedir to order (e.g., in a restaurant)

devolver to return something borrowed
volver to return (e.g., home)

UTENSILIOS PARA LA COCINA

una **batidora** mixer
    cacerolas (2 o 3) saucepans
un **cernidor de harina** flour sifter
un **colador** colander, strainer
    cuchillos de cocina kitchen knives
una **espátula** spatula

un **juego de cucharitas de medir** measuring spoons
un **juego de tazas de medir** measuring cups
un **juego de tazones** a set of bowls
una **licuadora** blender
un **rallador** a grater
    sartenes de varios tamaños skillets of varied sizes

INGREDIENTES BASICOS

el **bicarbonato de sosa** baking soda
la **harina** flour
el **huevo** egg
la **levadura en polvo** yeast
la **manteca vegetal** vegetable shortening
el **polvo de hornear** baking powder

vocabulario y comprensión

A. Encuentre la palabra correcta para la definición de la izquierda.

1. _____ triturar un cuerpo en partes pequeñas   **a.** derretir

2. _____ sacar, quitar   **b.** probar

3. _____ dar sabor a una cosa   **c.** encargar

4. _____ repartir, dividir   **d.** mezclar

5. _____ juntar, incorporar   **e.** moler

6. _____ hacer examen de algo   **f.** retirar

7. _____ agregar, añadir   **g.** compartir

8. _____ convertir en líquido con calor   **h.** añadir

9. _____ mandar, poner en orden   **i.** sazonar

10. _____ poner algo al cuidado de otro   **j.** ordenar

B. Conteste Ud. las preguntas siguientes.

1. ¿De qué se hace el chocolate?

2. Cuando Hernán Cortés llegó al Nuevo Mundo, ¿quiénes lo cultivaban?

3. ¿Para qué usaban ellos el cacao?

4. ¿Cómo hacían ellos el chocolate?

5. ¿Quién era el aficionado más famoso al chocolate? ¿Cuánto bebía en un día?

6. ¿Qué hicieron los españoles para mejorar la bebida?

7. ¿Qué clase social bebía más el chocolate?

8. ¿Por qué cree Ud. que los españoles guardaron el secreto del chocolate por más de 100 años?

9. ¿Qué significa el nombre científico del chocolate? ¿Quién le dio el nombre y por qué?

10. Según la gente indígena, ¿qué poderes tenía el chocolate? ¿Cree el hombre moderno que tiene esos poderes?

11. ¿Dónde se cultiva el cacao?

12. ¿Qué contiene un cacao?

Haga el papel.   Con un compañero de clase, haga Ud. los papeles siguientes.

1. You have just arrived in Lima, Perú, and are starved. You find a restaurant that looks good and seat yourself. Ask the waiter for a menu. He tells you what the restaurant's specialties are. You order your food, but he doesn't bring it to your table for a half an hour. You are not in a very good mood and let him know you think the service was less than adequate.

2. You are an exchange student in a Mexican home. You are going to cook a favorite recipe from your country for your Mexican family. Since you don't know many words for cooking, you have to describe the things you need to prepare the meal. (Use words from the vocabulary listing above.)

3. You are in the open air market in a small Mexican town. You need to buy some fruit and vegetables. You ask a vendor how much things cost and buy what you need. Try to remember as many words for fruits and vegetables as you can. Use your dictionary if you need help.

GRAMATICA

Los mandatos formales

FORMS

1. The *Ud.* and *Uds.* commands of most verbs are formed by dropping the *-o* of the first person singular of the present indicative and adding *-e* and *-en* for *-ar* verbs and *-a* and *-an* for *-er* and *-ir* verbs. The stem change found in the present indicative is also found in the *Ud.* and *Uds.* commands.

Note: The *Ud.* and *Uds.* commands have the same verb form as the present subjunctive.

INFINITIVE	1ST PERSON SING. (PRES. INDIC.)	STEM	COMMANDS UD.	UDS.
tomar	tomo	tom-	tome	tomen
comer	como	com-	coma	coman
escribir	escribo	escrib-	escriba	escriban
pensar	pienso	piens-	piense	piensen
contar	cuento	cuent-	cuente	cuenten
volver	vuelvo	vuelv-	vuelva	vuelvan
servir	sirvo	sirv-	sirva	sirvan
poner	pongo	pong-	ponga	pongan
conocer	conozco	conozc-	conozca	conozcan
tener	tengo	teng-	tenga	tengan

Pida otra Coca Cola.   *Ask for another Coke.*

Diga la verdad.   *Tell the truth.*

Vuelvan cuanto antes.   *Return as soon as possible.*

Cuente otro chiste.   *Tell another joke.*

2. Some verbs require a spelling change in the command forms in order to keep the sound of the infinitive. Note the following examples.

INFINITIVE	1ST PERSON SING. (PRES. INDIC.)	STEM	COMMANDS	
jugar	juego	**jueg-**	**juegue**	**jueguen**
tocar	toco	**toc-**	**toque**	**toquen**
pagar	pago	**pag-**	**pague**	**paguen**
empezar	empiezo	**empiez-**	**empiece**	**empiecen**

Pague Ud. aquí, señor.   *Pay here, sir.*

Empiecen Uds. su trabajo.   *Begin your work.*

3. The following verbs have irregular command forms.

	UD.	UDS.
dar	dé	den
estar	esté	estén
ir	vaya	vayan
saber	sepa	sepan
ser	sea	sean

Vaya Ud. más despacio.   *Go more slowly.*

Estén aquí a las dos.   *Be here at two.*

práctica

A. Un cocinero nuevo en su restaurante le pregunta si debe hacer algo. Dígale que lo haga o que no lo haga según el caso, usando el mandato *Ud.*

1. ¿Pongo esta carne vieja en la sopa? *ponga*
2. ¿Preparo una ensalada o un biftec para Ud.? *prepare*
3. ¿Mezclo los ingredientes de la tortilla ahora mismo? *mezcle*
4. ¿Voy al mercado a comprar legumbres? *vaya*

5. ¿Hiervo el agua? *Hierva*
6. ¿Limpio el suelo? *limpie*
7. ¿Vuelvo mañana a cocinar? *Vuelva*
8. ¿Vengo mañana por mi cheque? *Venga*
9. ¿Estoy aquí mañana? *Esté*
10. ¿Debo tener más paciencia con los otros cocineros? *Deba*
11. ¿Sazono esta sopa con vainilla o sal? *Sazone*
12. ¿Traduzco este menú al francés? *traduzca*

B. Raúl, un lavador de platos en su restaurante, hace o no hace las cosas siguientes. Si hace una cosa, dígale que *no* la haga. Si no hace una cosa, dígale que la haga.

> No presta atención.
> *Preste atención.*
>
> Habla demasiado.
> *No hable tanto.*

1. No tiene cuidado en la cocina.
2. Maldice mucho mientras lava los platos.
3. Hace globos (*bubbles*) grandes con su chicle.
4. No pone jabón en el lavaplatos.
5. Habla por teléfono constantemente con su novia.
6. Trae sus libros de escuela al restaurante y los estudia.
7. Hierve el agua en vez de calentarla.
8. Usa agua fría para lavar los platos.
9. No escucha las instrucciones.
10. Fuma mientras trabaja.

Los modos de los verbos

The "mood" of a verb shows the way in which a statement is made. In this section we will compare the *indicative* and *subjunctive* moods.

1. The *indicative mood* is used in statements of objective fact and questions about facts. (All of the tenses studied so far have been in the indicative mood.)

   Llegarán a las ocho.   *They will arrive at eight.*

   ¿Cómo **te llamas?**   *What's your name?*

Ayer **nos divertimos** mucho.   *We had a lot of fun yesterday.*

¿Dónde **han estado Uds.**?   *Where have you been?*

2. The *subjunctive mood* is used in statements of doubt, unreality, wish, and indirect command.

Si yo **fuera** Ud., no haría eso.   *If I were you, I wouldn't do that.*

Es posible que **llueva** mañana.   *It is possible that it will rain tomorrow.*

Dudamos que ellos **ganen**.   *We doubt that they will win.*

Queremos que **se vayan**.   *We want them to leave.*

SUBJUNCTIVE MOOD

The subjunctive mood is conveyed by certain specific verb forms in both English and Spanish. (Since we seldom use the term "subjunctive" in English, we often have difficulty understanding this concept in Spanish.) Below are examples of English phrases requiring a subjunctive construction in Spanish.

*If we **were** gourmet chefs, we could get a job anywhere in the world.*   (Since we are not gourmet chefs, the sentence describes a condition contrary-to-fact.)

*We ask that you **be** here on time.*   (The sentence gives an indirect command that has almost as much force as a direct command.)

Whereas in English we can denote uncertainty by using such words as "may" and "might," Spanish expresses this idea by using special subjunctive verb forms. The subjunctive in Spanish expresses emotion, doubt, a condition contrary-to-fact, or an implied command.

EMOTION

Es una lástima que un día **tenga** sólo 24 horas.
It's a shame a day has only 24 hours.

DOUBT

Dudamos que **haya** una tercera guerra mundial.
We doubt that there will be a third world war.

CONDITION CONTRARY-TO-FACT

Si **fuéramos** ricos, viajaríamos a Hawai.
If we were rich, we would travel to Hawaii.

IMPLIED COMMAND

Ellos normalmente nos piden que los **ayudemos.**
They normally ask us to help them.

ANALYSIS OF SUBJUNCTIVE CONSTRUCTION

Ellos normalmente nos **piden**   que los **ayudemos.**

       main clause   *dependent clause*

In this sentence, the verb *piden* in the main clause requires the use of the subjunctive verb *ayudemos* in the dependent clause.

Formas del subjuntivo

PRESENT SUBJUNCTIVE TENSE—REGULAR VERBS

A. To form the present subjunctive of most Spanish verbs, drop the *-o* from the first person singular of the present indicative and add the endings shown below.

-AR VERBS	-ER AND -IR VERBS	
compre	venda	viva
compres	vendas	vivas
compre	venda	viva
compremos	vendamos	vivamos
compréis	vendáis	viváis
compren	vendan	vivan

B. If the first person singular of the present indicative of a verb is irregular, that stem is carried through for all other persons of the present subjunctive.

VERB	1ST PERS. SING. (PRES. IND.)	STEM	1ST PERS. SING. (PRES. SUBJ.)
caber	quepo	**quep-**	quepa
conocer	conozco	**conozc-**	conozca
decir	digo	**dig-**	diga
hacer	hago	**hag-**	haga
poner	pongo	**pong-**	ponga
traer	traigo	**traig-**	traiga
venir	vengo	**veng-**	venga
ver	veo	**ve-**	vea

"Igual que en mi pueblo, alli, donde
dejé el corazón"

¡FRIJOLES NEGROS
GOYA!
Listos para comer
Caliéntelos y sírvalos

Con su nueva etiqueta

¡Si es **GOYA** tiene que ser bueno!

PRESENT SUBJUNCTIVE TENSE—
STEM-CHANGING VERBS

1. **-ar** and **-er** verbs which change their stems from **e** to **ie** and **o** to **ue** in the present indicative maintain the same change pattern in the formation of the subjunctive.

PERDER		VOLVER	
pierda	perdamos	vuelva	volvamos
pierdas	perdáis	vuelvas	volváis
pierda	pierdan	vuelva	vuelvan

2. **-ir** verbs which change their stem from **e** to **ie** and from **o** to **ue** in the present indicative also change the **e** to **i** and the **o** to **u** in the first and second persons plural of the present subjunctive.

SENTIR		DORMIR	
sienta	sintamos	duerma	durmamos
sientas	sintáis	duermas	durmáis
sienta	sientan	duerma	duerman

Common verbs like *sentir* are: *convertir, mentir, preferir,* and *divertirse.*

3. **-ir** verbs that change the **e** to **i** in the present indicative maintain the change in all forms of the present subjunctive.

PEDIR	
pida	pidamos
pidas	pidáis
pida	pidan

Common verbs like *pedir* are: *competir, corregir, elegir, reír, repetir, servir, sonreír,* and *vestirse*

PRESENT SUBJUNCTIVE TENSE— IRREGULAR VERBS

1. The following verbs are irregular in the present subjunctive:

haber   haya, hayas, haya, hayamos, hayáis, hayan
saber   sepa, sepas, sepa, sepamos, sepáis, sepan
ser   sea, seas, sea, seamos, seáis, sean
ir   vaya, vayas, vaya, vayamos, vayáis, vayan

2. The verbs *dar* and *estar* carry accent marks as noted below but are otherwise regular.

dar   dé, des, dé, demos, déis, den
estar   esté, estés, esté, estemos, estéis, estén

---

práctica

Complete las frases siguientes con la forma apropiada del presente del subjuntivo, usando los diferentes sujetos.

1. Ellos quieren que (tú, nosotros, Ud.) _____ (hacer) el trabajo.
2. Preferimos que (Uds., él, tú) _____ (servir) la comida.
3. Es importante que (nosotros, yo, vosotros) _____ (sentirse) bien.
4. Dudo que (ellos, tú, nosotros) _____ (poder) venir.
5. Mandan que (vosotros, yo, ella) _____ (ir) por aquí.

6. ¿Es posible que (él, Ud., vosotros) _____ (saber) la respuesta?

7. Es terrible que (nuestro equipo, Juan, nosotros) nunca _____ (ganar).

THE SUBJUNCTIVE WITH VERBS EXPRESSING IMPLIED COMMAND

A direct command tells someone bluntly to do something. An indirect command uses a little more psychology to get the same thing accomplished. A teacher can give a direct command, telling the students: "Study." He (or she) is speaking very strongly. The teacher can also use the indirect command device as shown in the following sentences. Note the varying degrees of implied command in each of the sentences in which the subjunctive must be used. Note also that the main clause verb is in the indicative mood, whereas the dependent clause verb must be in the subjunctive.

Sugiero que Uds. estudien.	*I suggest that you study.*
Exijo que Uds. estudien.	*I demand that you study.*
Ruego que Uds. estudien.	*I beg you to study.*
Quiero que Uds. estudien.	*I want you to study.*
Les pido que Uds. estudien.	*I ask that you study.*
Insisto en que Uds. estudien.	*I insist that you study.*
Les aconsejo que Uds. estudien.	*I advise you to study.*
Es necesario que Uds. estudien.	*It is necessary for you to study.*

Cuidado: Sometimes the main clause verb is omitted in Spanish but the idea is understood. A boss says to a secretary: "Let them come in." (I want them to come in.)

Que pasen. (Permítales que pasen.)   *Let them come in.*

Ojalá vengan esta noche. (Espero que vengan esta noche.)
I hope they come tonight.

Tal vez llueva mañana. (Es posible que llueva mañana.)
Perhaps it will rain tomorrow.

_____ *práctica* _____

Complete las frases siguientes con la forma apropiada del presente del subjuntivo.

1. El doctor insiste en que Paco __deje__ (dejar) de fumar.

2. El profesor sugiere que tú _consigas_ (conseguir) ayuda.

3. Queremos que ellos nos _____ (acompañar) al restaurante.

4. El cocinero pide que su jefe le _____ (dar) un salario mejor.

5. Es necesario que vosotros _se sientan_ (sentirse) cómodos.

6. Piden que yo _traiga_ (traer) una botella de vino.

7. El insiste en que nosotros _vayamos_ (ir) con él.

8. Te ruego que tú _sepas_ (saber) la verdad.

9. El dueño quiere que su cocinero _explique_ (explicar) el insecto en la sopa.

10. El entrenador exige que sus jugadores _hagan_ (hacer) muchos ejercicios.

———————————————— *juntos* ————————————————

Me gustaría saber. . . .   Pregúntele a un compañero de clase.

Compañero 1:

1. ¿Quieres que yo te acompañe a tu próxima clase?
2. ¿Exige el profesor (la profesora) que estudiemos mucho?
3. ¿Prefieres que yo te hable en español o en inglés?
4. ¿En qué insiste tu médico?
5. ¿Me dices que yo no fume?   *que tu no fumas.*
6. ¿Te dice tu doctor que no fumes?
7. ¿Quiero que hables francés conmigo en esta clase? ¿Por qué no?
8. ¿Quién prefieres que prepare la comida en tu casa?

Compañero 2:

1. ¿Todavía te mandan tus padres que hagas ciertas cosas?   *hace*
2. ¿Qué te mandan que hagas? ¿Te gusta eso?
3. ¿Demandas que yo te dé las respuestas en el próximo examen?
4. ¿Quieres que yo me vaya? ¿Quieres irte?
5. ¿Exige el profesor (la profesora) que hablemos español rápido o despacio?
6. ¿Quiero que el profesor (la profesora) me dé una «A»?
7. ¿Qué quieres que él (ella) te dé? ¿Qué nota vas a recibir?
8. ¿Es aconsejable (*advisable*) que yo estudie el subjuntivo?

THE *NOSOTROS* COMMAND

The *nosotros* command is the same as the *nosotros* form of the present subjunctive and means "let's . . . ."

Bailemos.   *Let's dance.*

Comamos aquí.   *Let's eat here.*

Sentémonos.   *Let's sit down.*

No **volvamos.**   *Let's not return.*

Note: **Vamos a** + infinitive can also be used to express the same idea.

Vamos a bailar.   *Let's dance.*

Vamos a comer aquí.   *Let's eat here.*

Vamos a sentarnos.   *Let's sit down.*

INFORMAL COMMANDS—*TU* AND *VOSOTROS*

The informal *tú* and *vosotros* commands require special study because the affirmative and negative commands are radically different.

1. The **negative** *tú* and *vosotros* commands have the same form as the *present subjunctive*.

    Pepito, **no te vayas** todavía.   *Pepito, don't leave yet.*

    Niños, **no os quejéis** tanto.   *Children, don't complain so much.*

2. The **affirmative** *tú* command uses the same form as the third person singular of the present indicative.

    María, **habla** más despacio.   *María, speak more slowly.*

    José, **come** tus vegetales.   *José, eat your vegetables.*

    Diviértete en la fiesta.   *Have fun at the party.*

3. Spanish has eight irregular affirmative tú command forms.

decir	**di**	salir	**sal**
hacer	**haz**	ser	**sé**
ir	**ve**	tener	**ten**
poner	**pon**	venir	**ven**

Hijo mío, **ponte** la chaqueta.   *Son, put on your jacket.*

Dime la verdad.   *Tell me the truth.*

4. The **affirmative** *vosotros* command is formed by changing the final *-r* of the infinitive to *-d*.

subir   **subid**
comer   **comed**

5. When using a reflexive verb in the *vosotros* command, the final *-d* of the command form is omitted.

acostar   **acostad**
acostarse   **acostaos**

Ana y José, **acostad** a los niños.   *Ana and José, put the children to bed.*

Ahora, **acostaos** también.   *Now you go to bed also.*

Note: The final *-d* is not omitted with the verb *irse*.

Niños, **idos.**

POSITION OF OBJECT PRONOUNS WITH COMMANDS

1. With all affirmative commands, object pronouns must be *attached* to the command form.

Vestíos.   *Get dressed.* (all of you—**vosotros**)

Dime la hora.   *Tell me the time.*

Levántense.   *Get up.*

2. With all negative commands, object pronouns *precede* the command form.

No te quejes tanto.   *Don't complain so much.*

No se sienten Uds. allí.   *Don't sit there.*

No os levantéis temprano.   *Don't get up early.*

No me lo digas.   *Don't tell me about it.*

3. When using a reflexive verb in the *nosotros* command, the final *-s* of the command is dropped and the reflexive pronoun is attached.

Acostemos a los niños.   *Let's put the children to bed.*

Acostémonos.   *Let's go to bed.*

Primeros Auxilios Para el Ahogo

1

- **PREGUNTE: ¿Se está usted ahogando?**
- Si la víctima no puede respirar, toser, o hablar . . .

2

- **Aplique la técnica Heimlich.**
- Colóquese detrás de la víctima.
- Ponga sus brazos alrededor de la cintura de la víctima.
- Haga un puño con una mano. COLOQUE su PUÑO (con el dedo pulgar hacia adentro) contra el estómago de la víctima ARRIBA DEL OMBLIGO Y DEBAJO DE LAS COSTILLAS.
- Agarre su puño con la otra mano.
- HAGA PRESIÓN AL ESTÓMAGO CON UN RÁPIDO APRETÓN HACIA ARRIBA.

3

- **Repita el apretón si es necesario.**

- **Si la víctima se ha desmayado:**

  - Sáquele lo que tenga en la boca.

4

5

- Intente la respiración de boca a boca.

6

- Aplique 6–10 apretones abdominales.
- Repita los pasos 4, 5, y 6 las veces que sea necesario.

NUMERO DE TELÉFONO LOCAL DE EMERGENCIA: _____

Todos deberíamos aprender cómo llevar a cabo los pasos arriba indicados para el ahogo, y cómo dar respiración de boca a boca y Resucitación Cardio-Pulmonar (RCP). Llame a su agencia local de la Cruz Roja Americana y solicite más información sobre ésta y otras técnicas de primeros auxilios. Precaución: La técnica Heimlich (apretón abdominal) puede causar daño. No practique con gente.

Poster 1030 S
Mar. 1988

Copyright 1988 by The American National Red Cross

Reprinted with permission of the American National Red Cross, Washington, DC.

práctica

A. Cambie los mandatos siguientes del negativo al afirmativo, usando el mandato *tú* o *vosotros*.

1. No salgas.
2. No comas tan rápido.
3. No subas.
4. No vayas.
5. No juegues con ellos.
6. No salgáis.
7. No comáis.
8. No subáis.
9. No vayáis.
10. No juguéis.

B. ¿Qué consejo le daría Ud. a un amigo (una amiga) en las situaciones siguientes? Use el mandato *tú* y su imaginación.

1. No tengo cuidado.
2. Mi novio(a) nunca me llama.
3. Mi mamá prepara malas comidas.
4. No bailo bien.
5. Prefiero mirar los juegos deportivos que jugarlos.
6. Tengo sed.
7. Estoy muriéndome de hambre.
8. Tengo mucho frío.
9. No sé dónde está mi familia.
10. Estoy enfermo.

C. Si Paquito hace algo, dígale que no lo haga. Si no lo hace, dígale que lo haga. Use los pronombres necesarios y el mandato *tú*, afirmativo o negativo.

> No regresa a casa a tiempo.
> *Regresa a tiempo.*
> Mira la televisión mientras come.
> *No mires la televisión mientras comes.*

1. No va a la escuela.
2. Dice mentiras.
3. No sale de su cuarto.

4. No tiene paciencia.

5. Sale a la calle sin camisa.

6. Se come todos los caramelos.

7. No pone la mesa.

8. No viene a visitarme.

9. Juega en la calle.

10. Se queja mucho.

D. Un amigo pregunta si Uds. deben hacer una cosa. Dígale que sí, según el modelo. Use los pronombres necesarios.

> ¿Comemos aquí?
> *Sí, comamos aquí. (Me parece un buen restaurante.)*

1. ¿Nos sentamos aquí?

2. ¿Les decimos que hemos llegado?

3. ¿Compramos este coche o el otro?

4. ¿Salimos ahora?

5. ¿Practicamos los verbos?

6. ¿Empezamos a estudiar?

7. ¿Nos vestimos para la fiesta?

8. ¿Nos acostamos ahora?

9. ¿Nos quedamos?

10. ¿Hacemos más trabajo?

Las expresiones afirmativas y negativas

AFFIRMATIVE		NEGATIVE	
algo	something	nada	nothing
alguien	someone	nadie	no one
alguno, -a	someone, some	ninguno, -a	no one, none
siempre	always	nunca	never
algunas veces	sometimes	jamás	never
alguna vez	ever		
también	also	tampoco	neither
todavía, aún	still	ya no	no longer
ya	already	todavía no	not yet
o	or	ni	nor
o . . . o	either . . . or	ni . . . ni	neither . . . nor

1. The most common way to make a sentence negative is to place *no* before the verb.

   No hemos visto a José.   *We haven't seen Joe.*

   El **no** juega al básquetbol.   *He doesn't play basketball.*

   Ella **no** se la puso.   *She did not put it on.*

Note the placement of object pronouns after *no* and *before* the verb.

2. Whenever a negative word follows the verb, *no* must precede the verb, producing a multiple negative construction. Notice the difference between the Spanish and the English versions. Note that two negatives do not make a positive, as in English.

   No apostamos **nunca** en **ningún** juego en **ninguna** parte.
   We never bet on any game anywhere.

3. *Algo* and *nada* are invariable and refer to things.

   ¿Tienes **algo** en el bolsillo?   *Do you have something in your pocket?*

   No, no tengo **nada** en el bolsillo.
   No, I don't have anything in my pocket.

4. *Alguien* and *nadie* are invariable and refer to people.

¿Ha llegado **alguien**?   *Has someone arrived?*

No, no ha llegado **nadie**. *or* **Nadie** ha llegado.   *No, no one has arrived.*

5. *Alguno* and *ninguno* can refer to persons or things of a particular group.

¿Sabes dónde están?   No, no tengo *ninguna* idea.

Do you know where they are?   *No, I don't have any idea.*

Note: *Alguno* and *ninguno* are shortened to *algún* and *ningún* before a masculine singular noun.

¿Tienes **algún** dinero?   No, no tengo **ningún** dinero.

Do you have any money?   *No, I don't have any money.*

Cuidado: *Ninguno* is usually used with singular nouns. Study the following example.

¿Tienes **algunos** refrescos?   No, no tengo **ningún** refresco.

Do you have some soft drinks?   *No, I don't have any soft drinks.*

6. *Alguien, nadie, alguno,* and *ninguno* must be preceded by the personal *a* when the direct object refers to a person.

¿Has visto **a** alguien?   No, no he visto **a** nadie.

Have you seen anyone?   *No, I haven't seen anyone.*

7. Study the following comments of two people using *también* and *tampoco.* Knowing how to use them correctly will help you converse more fluently in Spanish.

El juega al tenis.   *He plays tennis.*
Yo también.   *I do too.*

El no juega al jai alai.   *He doesn't play jai alai.*
(Ni) yo tampoco.   *I don't either.*

Nos gustan los deportes.   *We like sports.*
A ellos también.   *They do too.*

No nos gusta la tarea.   *We don't like homework.*
(Ni) a ellos tampoco.   *They don't either.*

A. Cambie las frases siguientes al negativo.

1.   Siempre hemos visitado a nuestros amigos en septiembre.

2.   Ya han llegado el presidente y sus partidarios.

3.   A veces queremos que nuestros amigos nos mimen.

4.   Alguien ha dicho que sí.

5.   A mí también.

6.   Nosotros también.

7.   Ella ha hablado con algunos de los huelguistas.

8.   Alguien quiere que tú los llames.

B. Cambie las frases siguientes al afirmativo.

1.   El ya no me quiere.

2.   Nunca completamos nuestro trabajo.

3.   Eso no tiene nada que ver con esto.

4.   No había ningún candidato aquí.

5.   A mí tampoco.

6.   Todavía no nos ha escrito.

7.   Nunca sugerimos que los chicos preparen la comida.

juntos

Me gustaría saber. . . . Pregúntele a un compañero de clase.

Compañero 1:

1. ¿Tienes algo en la boca?, ¿en tus bolsillos?, ¿en tu libro de español?
2. ¿Todavía me quieres?
3. ¿Hay alguien en esa silla?
4. ¿Ya has comido? o ¿Todavía no has comido?
5. ¿Ves a alguno de tus mejores amigos aquí en la clase?
6. ¿A veces estudias tu español en el garaje?, ¿en el baño?, ¿en un banco en el parque? ¿Dónde lo estudias siempre?
7. ¿Quieres que alguien baile contigo durante la clase? ¿Alguna vez has bailado la rumba?
8. ¿Pusiste a alguien en tu bolsillo?, ¿en tu zapato?
9. ¿Todavía crees en Santa Claus?

Compañero 2:

1. ¿Siempre roncas (*snore*) mientras duermes?
2. ¿Siempre ronco mientras duermo durante la clase?
3. ¿A veces bostezas (*yawn*) durante las reuniones aburridas? ¿Cuándo bostezas?
4. ¿Siempre estornudas (*sneeze*) durante la temporada de la fiebre del heno (*hay fever*)?
5. ¿Siempre entiendes estas preguntas?
6. ¿A veces tiene el profesor (la profesora) que ayudarnos?
7. ¿Ya hemos tenido una guerra nuclear?
8. ¿Ya no estás interesado(a) en estas preguntas?
9. ¿Ya has volado a la luna? ¿Quién ya lo ha hecho?

La papa, alimento básico de muchas dietas

La papa es un vegetal cultivado por muchas gentes y uno de los alimentos más importantes del mundo. Se prepara de varias maneras—hervida, asada, frita y en puré. Se encuentra en sopas y guisados. Se sirve con carne o pescado y con otros vegetales. Una papa consiste de un 80 por ciento de agua y un 20 por ciento de alimento comestible. Tiene un contenido de 85% de fécula y el resto de proteína.

Contiene muchas vitaminas, incluyendo la vitamina C, niacina y tiamina. También contiene tales minerales como calcio, hierro, magnesio, fósforo, sodio y potasio.

La historia de la papa está llena de cuentos, leyendas, supersticiones e intrigas. En el siglo XVI, cuando los invasores españoles descubrieron el imperio de los incas en los Andes del Perú, encontraron a los incas cultivando la papa en terrazas sobre laderas muy altas de los Andes. Porque se parecía a la batata, los españoles le dieron el nombre de «patata.»

Los indios peruanos cultivan la papa hoy día de la misma manera que lo hacían en tiempos antiguos. A través de los siglos, los indios han producido papas deshidratadas (chuño). En junio, cuando el día andino es caluroso y el clima baja durante la noche a temperaturas bajo cero, ponen papas pequeñas en la tierra para que se congelen durante la noche y se deshielen durante la mañana soleada. Cuando las papas se descongelan, las juntan en montones pequeños y algunos indios descalzos las pisan. El agua sale a chorros porque la congelación ha roto las células. Entonces las dejan secarse, y de esta masa seca, se hace *chuño*. Los expertos botánicos y arqueológicos creen que los indígenas cultivaban la papa desde el siglo III d. C. En tiempos antiguos, ellos adoraban la papa y a veces sacrificaban niños a los dioses de esta planta tan valiosa.

Las papas de Suramérica no fueron introducidas por los españoles a Europa hasta mediados del siglo XVI. Al mismo tiempo, los ingleses trajeron las papas a Inglaterra. Al principio no fueron aceptadas por los europeos, excepto por los irlandeses. En Irlanda eran el alimento principal del país. Contaban tanto con la papa, que cuando hubo una plaga en la década de 1840, más de 700.000 murieron de la escasez de la papa. Ahora los países tratan de cultivar legumbres variadas para evitar las consecuencias de una plaga devastadora.

Rusia es el principal productor de papa, seguido por Polonia y los Estados Unidos. La papa está en cuarto lugar, después del trigo, el maíz y el arroz, entre los cultivos más importantes del mundo. Incluimos una receta de papa que los niños pueden preparar para ayudar a su mamá en la cocina.

PAPAS ASADAS

1. Calienta el horno a 350° F.
2. Escoge una papa de tamaño mediano para cada persona.
3. Lava las papas con un cepillo de lavar vegetales. No las peles.
4. Parte cada patata en el centro con un cuchillo. ¡No te cortes!
5. Untalas por encima con mantequilla y ponlas en el horno por un mínimo de 60 minutos.
6. Sácalas del horno cuando estén blandas al apretarlas.
7. Sírvelas calientes con sal y mantequilla.

VOCABULARIO

VERBOS		SUSTANTIVOS	
apretar	to squeeze	el **alimento**	food
asar	to bake	el **arroz**	rice
congelarse	to freeze	la **batata**	sweet potato
deshelarse, descongelarse	to thaw	la **escasez**	scarcity
escoger	to choose	la **fécula**	starch
freír	to fry	el **guisado**	stew
partir	to split	el **horno**	oven
pisar	to step on	la **ladera**	hillside
salir a chorros	to squirt out	la **legumbre**	vegetable
untar	to grease, to spread on	el **maíz**	corn

el **montón**   pile

la **papa**   potato (Sp. Am.)

la **patata**   potato (Spain)

el **puré de patatas**   mashed potatoes

el **trigo**   wheat

ADJETIVOS

andino   Andean
blando   soft
comestible   edible
descalzo   barefoot
deshidratado   dehydrated

vocabulario y comprensión

A. Encuentre la palabra correcta para la definición de la izquierda.

1. _____ comprimir, estrechar con fuerza   **a.** asar
2. _____ cocer algo en aceite   **b.** deshidratar
3. _____ aplicar grasa a algo   **c.** deshelar
4. _____ dividir algo en partes   **d.** congelar
5. _____ poner el pie sobre algo   **e.** apretar
6. _____ cocinar en el horno   **f.** pelar
7. _____ hacer perder el agua   **g.** freír
8. _____ quitar la corteza o piel de algo   **h.** partir
9. _____ pasar de líquido a sólido   **i.** untar
10. _____ derretir lo helado   **j.** pisar

B. Conteste Ud. las preguntas siguientes.

1. ¿Cómo se sirven las papas? ¿Cómo se sirven en su casa?
2. ¿Qué vitaminas y minerales contienen las papas?
3. ¿De dónde se originan las papas?
4. ¿Cómo supo el resto del mundo de su existencia? ¿Quiénes la descubrieron?
5. ¿Cómo se hace _chuño?_
6. Nombre los tres primeros países productores de la papa.
7. ¿Qué país sufrió una gran pérdida de población durante la gran plaga de la papa?
8. ¿Qué patata tiene más calorías—la frita o la asada?
9. ¿Qué alimentos proveen mucha proteína?
10. ¿Qué alimentos contienen mucha vitamina C?

juntos

A. Para discutir:

1. ¿Qué cultivos son los más importantes donde Ud. vive?
2. ¿Prefiere Ud. las patatas en puré o las patatas asadas?
3. ¿Qué tipo de alimento contiene menos calorías? ¿Qué tipos tienen las más altas calorías? ¿Cuál de estos alimentos prefiere Ud.?
4. ¿Escoge Ud. los alimentos por su contenido de vitaminas y minerales?

B. Haga el papel.   Con un compañero de clase, haga Ud. los papeles siguientes.

1. You take a trip back in time and meet an Incan Indian. You ask him how he makes *chuño*, and he asks you how you use and serve potatoes in your society. You each offer the other a sample of your potatoes.
2. You and a friend plan a potluck dinner for eight people. Discuss who will bring what dish, who will host the dinner, what time to come, etc. Finding a day for everyone is difficult because your friends are all so busy. Plan how you will decorate the house, etc.
3. You are a newlywed who has invited your in-laws over for dinner. You have not had much cooking experience and are very nervous. You ask your mother what you should make for dinner. She advises you on how to make the meal. She even offers to come over and help you but you are too proud to accept her offer. You want to be independent.

C. Composición guiada.   Escriba una composición sobre el tema siguiente. Siga el esquema dado aquí.

Tema: **Es necesario comer una alimentación equilibrada.**

Introducción: A.   El régimen de mucha gente es poco saludable.
                    B.   el régimen típico de la gente

Desarrollo: A.   la familia de alimentos para la buena nutrición

        1.   cereales y sus derivados
        2.   aceites y grasas
        3.   carne, pescado y huevos
        4.   leche y sus derivados
        5.   frutas y verduras

                 B.   el peligro del exceso de algunos de estos alimentos
                 C.   la influencia de la cafeína, el azúcar, el colesterol y la sal en la salud del individuo
                 D.   un régimen ideal

Conclusión: Dé su opinión sobre la necesidad de tener un buen régimen y el efecto que puede tener en cada individuo.

D. Composición libre.   Escriba una receta para adultos o para niños. Si la receta es para niños, use el mandato *tú*, pero use el mandato *Ud.*, si la receta es para adultos.

Cognados falsos (false cognates)

A cognate is a word in one language which is like a word in another language. Cognates can be identical in spelling in Spanish and English.

SPANISH	ENGLISH
general	*general*
liberal	*liberal*

More often cognates are similar in spelling.

libertad	*liberty*
bebé	*baby*
poeta	*poet*
población	*population*

False cognates are deceptive words which can mislead the Spanish student. Their meanings are usually not what they seem when compared to English. Sometimes the cognate is completely misleading and other times only partially so. As an example, the Spanish adjective *real* can mean "real" as in English but is often used for our word "royal." Study the following list and do the exercises so that you will remember the false cognates when they come up in readings and conversations. *Caution:* Only a small sampling of false cognates is given here.

SPANISH–ENGLISH	ENGLISH–SPANISH
actual *presently*	*actual* real, verdadero
honesto *decent, pure*	*honest* honrado, recto
largo *long*	*large* grande
mayor *greater, older*	*mayor* alcalde
real *royal*	*real* verdadero
red *net*	*red* rojo

práctica

A. Encuentre la palabra correcta para el cognado falso de la izquierda.

1.	_____ real	**a.**	present day
2.	_____ largo	**b.**	older
3.	_____ actual	**c.**	red
4.	_____ grande	**d.**	honest
5.	_____ red	**e.**	large
6.	_____ honrado	**f.**	decent
7.	_____ mayor	**g.**	long
8.	_____ rojo	**h.**	net
9.	_____ honesto	**i.**	royal
10.	_____ alcalde	**j.**	mayor

B. Refranes. Estudie los refranes siguientes y piense en sus equivalentes en inglés.

Quien mal anda, mal acaba.

Gran calma, señal de agua.

No dejes para mañana lo que puedas hacer hoy.

8
Los deportes

Por qué existen los deportes

Casi no hay nada que anime a la gente tanto como los deportes. Ofrecen aventura y relajación. Han existido desde el principio del mundo. Casi no hay nadie que no tenga interés en ellos, por lo menos como espectador. Representan un escape de la vida rutinaria con todos sus deberes y responsabilidades. Son algo personal que puede dar significado a la vida de una persona que está aburrida. El participante o espectador deportivo puede dejar al lado sus problemas. Los deportes verdaderamente son buenos para la salud mental. La palabra "deporte" viene del verbo latín "desportare", que significa "llevarse". Un deporte nos lleva de nuestro mundo de preocupaciones a un mundo de desafío, emoción y esfuerzo. En realidad, muchas veces parece que un espectador realiza un esfuerzo mayor mirando un juego en la televisión que los participantes mismos. Muchas personas sueñan con ser jugadores profesionales en su deporte favorito y conocen perfectamente bien la estrategia del deporte.

Los deportes son meras diversiones para la gente moderna, pero al examinar sus orígenes, encontramos que también eran un rasgo esencial de la vida del hombre desde el principio de su existencia. El hombre primitivo tenía un impulso innato y una necesidad básica de jugar a los deportes, aunque sólo consistieran en darle a una piedra con la rama de un árbol. Era su manera de mitigar la tensión y de evitar un conflicto con otro miembro de su tribu. Le enseñaban a llevarse bien con otros sin recurrir a la violencia. Sin embargo, en caso de que hubiera necesidad de luchar, hacían posible que pudiera pelear más eficazmente en una batalla. Los juegos le daban satisfacción y un sentido de éxito. También lo preparaban físicamente para una emergencia. En la ejecución de cualquier deporte, el hombre naturalmente aprendía a correr y saltar para escaparse del enemigo. Además de aprender el arte evasivo, se volvía muy ágil y fuerte. Por necesidad, inventó los deportes de judo, arquería y karate. Los practicaba como preparación para la batalla en caso de que un pueblo enemigo atacara al suyo. De hecho, se puede ver en los dibujos del hombre prehistórico en las Cuevas de Altamira en España que ellos cazaban animales con arcos y flechas. Muchos deportes que tenemos ahora, como la caza y la pesca, empezaron como requisitos para conseguir alimentos. Para pescar tuvo que inventar y construir un barco que ayudara a llegar adonde estaban los peces. No es una exageración decir que el origen de muchos deportes fue producto de una necesidad básica del hombre para sobrevivir.

Se puede estudiar cualquier deporte, como el fútbol, y ver que es básicamente como el deporte que conocemos hoy día pero que el hombre moderno ha añadido muchas reglas y una forma exacta de jugarlo. Los mayas tenían pelotas de goma. Ellos jugaban un deporte que era una combinación del fútbol y del básquetbol. Durante las excavaciones de las ruinas mayas y toltecas en México, los arqueólogos encontraron que sus canchas de pelota varían en tamaño. La más grande se encuentra en Chichén Itza. Para los mayas, jugar a la pelota no era nada frívolo, pues estaban convencidos de que la vida futura dependía de como jugaban. Garantizaba que habría lluvia o sequía, fertilidad o esterilidad. El juego mismo consistía en dos anillos de piedra que colgaban verticalmente. El objetivo del deporte era lograr poner la pelota por uno de los anillos. Los jugadores no podían tocar la pelota con las manos y tenían que pasarla con la rodilla, el codo o la cadera; era mucho más difícil que nuestro juego de básquetbol. Cuando alguien por fin lograba poner la pelota por el anillo, esto señalaba el fin del juego.

Los deportes de una forma u otra son la pasión de un pueblo. Durante la Copa Mundial de Fútbol, el equipo nacional de cualquier país es seguido día tras día, especialmente si tiene alguna oportunidad de ganar la copa. Todo el mundo interrumpe su trabajo para mirar la televisión mientras su equipo está jugando. A veces no es sólo un deporte sino una especie de religión. Es un momento en el que todo el mundo vive en paz y harmonía. Es una lástima que no todas las naciones puedan vivir siempre en paz, como ocurre durante un juego importante. Tal vez podamos aprender algo de este buen ejemplo que ofrece el deporte.

VOCABULARIO

VERBOS

colgar   to hang
dar con   to hit
estallar   to break out, to explode
lograr + inf.   to succeed in
mitigar   to alleviate, relieve
pelear   to fight
recurrir a   to resort to

SUSTANTIVOS

el **anillo**   ring
el **arco**   bow
la **arquería**   archery
el **barco**   boat
la **cancha**   court
el **codo**   elbow
el **desafío**   challenge

el **dibujo**   drawing
el **esfuerzo**   effort
el **espectador**   spectator
la **flecha**   arrow
la **goma**, el **hule**   rubber
la **sequía**   drought
el **tamaño**   size

ADJETIVOS

ensimismado   self-absorbed
rutinario   routine

PALABRAS CONFUSAS

la **gente**   people (in a general sense)
las **personas**   people (as individuals)
el **pueblo**   people (a nation, a people from a specific area)

vocabulario y comprensión

A. Encuentre la palabra correcta para la definición de la izquierda.

1.	_____ combatir, disputar	**a.**	pueblo
2.	_____ moderar, suavizar	**b.**	pelear
3.	_____ manifestarse violentamente	**c.**	sequía
4.	_____ suspender	**d.**	gente
5.	_____ conseguir, obtener	**e.**	desafío
6.	_____ falta extrema de lluvia	**f.**	lograr
7.	_____ rivalidad, competencia	**g.**	tamaño
8.	_____ volumen, dimensión	**h.**	colgar
9.	_____ conjunto de personas de un país	**i.**	estallar
10.	_____ personas en general	**j.**	mitigar

B. Conteste Ud. las preguntas siguientes.

1. ¿Que significa la palabra del latín "desportare"? Explique por qué la palabra "deporte" viene de esa palabra.

2. ¿Por qué inventó el hombre prehistórico los deportes, como la caza y la pesca?

3. ¿Cómo ayudaban los deportes al hombre prehistórico cuando estallaba una guerra?

4. ¿Cuáles eran los beneficios personales y psicológicos para la persona deportista?

5. ¿Qué deportes específicos inventó el hombre para luchar contra el enemigo?

6. ¿Dónde se pueden ver dibujos de hombres cazando animales con arcos y flechas?

7. ¿Por qué jugaban los mayas a la pelota? ¿Dónde jugaban? ¿Se puede ver hoy día dónde jugaban?

8. Describa su juego de "básquetbol-fútbol."

9. ¿Qué les habría pasado a los mayas si no hubieran jugado a la pelota?

A. Para discutir:

1. ¿Cómo constituyen los deportes un escape? ¿Puede Ud. escaparse practicando un deporte? ¿Qué deporte practica Ud.?

2. ¿Son idénticos los juegos de la antigüedad a los nuestros? ¿Cómo han cambiado, generalmente hablando? ¿Por qué?

3. ¿En que se parece el juego de los mayas al fútbol americano?

B. Me gustaría saber. . . . Pregúntele a un compañero.

Compañero 1:

1. En tu opinión, ¿qué deporte es el más popular del mundo? ¿Por qué?

2. ¿Cuál es tu deporte favorito? ¿Por qué?

3. ¿Cuántas veces por semana lo juegas? ¿Con quién lo juegas? ¿Dónde?

4. ¿Juegas con un equipo de tu escuela? ¿En el pasado jugabas con un equipo de tu colegio? ¿Qué jugabas?

Compañero 2:

1. ¿Qué deporte le da a uno el mejor ejercicio? ¿Qué deporte quema *más* calorías? ¿Qué deporte quema *menos* calorías?

2. ¿Qué deporte es mejor para la gente mayor? ¿Por qué?

3. ¿Cuál es tu equipo profesional favorito? ¿Lo miras en la televisión?

4. ¿Asistes a sus juegos? ¿Cuántas veces durante la temporada?

C. Haga el papel. Con un compañero de clase, haga Ud. los papeles siguientes.

1. You are a basketball star who scored the winning basket (*canasta*). A newspaper reporter is interviewing you. He asks you how you felt when you scored

the basket. He then asks you questions about your personal life such as where you live, where you went to high school, etc.

2. You are a high school football star. An obnoxious, pushy recruiter comes to your house and brags about his university being the *only* place you should go to school. You ask him questions about the school. Find out information about academics and insist that he tell you what kind of education the school offers. He only wants to talk football but you can get the information if you want. *Be persistent.*

GRAMATICA

El subjuntivo: más usos

THE SUBJUNCTIVE WITH VERBS EXPRESSING EMOTION

The subjunctive is used in Spanish in the dependent clause if the main clause verb expresses any kind of emotion such as fear, joy, anger, disappointment, excitement, hope, and surprise. Rather than trying to memorize a list that would be incomplete, remember that any verb of emotion in the main clause usually triggers the use of the subjunctive in the dependent clause. Study the following examples and see how many of your own sentences you can make up with different verbs of your choice.

I am surprised you are here.   Estoy sorprendido(a) que estés aquí.

I am happy you are here.   Estoy alegre de que estés aquí.

I am mad you are here.   Estoy furioso(a) que estés aquí.

I hope he comes.   Espero que venga.

I am afraid he will come.   Tengo miedo de que venga.

We are sorry he is coming.   Sentimos que venga.

We are surprised he is coming.   Nos sorprende que venga.

It is wonderful you are here.   Es maravilloso que estés aquí.

It is a shame he will not come.   Es lástima que él no venga.

Note that often the dependent clause in the subjunctive refers to a future idea. Do not be tricked into thinking you have to use the future tense. You must use the present subjunctive in these cases!

práctica

A. Vuelva a escribir las frases siguientes, empezando con las palabras entre paréntesis según el modelo. Tendrá que usar el subjuntivo en la cláusula dependiente. Cuidado.

El árbitro presta atención al juego.
(El público está alegre de que . . .)

*El público está alegre de que el árbitro **preste** atención al juego.*

---

1. Manuel marca un gol. (El entrenador quiere que . . .)
2. Su equipo gana el campeonato. (Los aficionados se alegran de que . . .)
3. Juan juega bien al fútbol. (El otro equipo tiene miedo de que . . .)
4. Un investigador encuentra irregularidades en el entrenamiento de los jugadores. (La universidad tiene miedo de que . . .)
5. Nuestro equipo tiene tanto talento. (Nos sorprende que . . .)
6. Los jugadores profesionales reciben tanto dinero. (No nos gusta que . . .)
7. Los Juegos Olímpicos están tan politizados. (Es lástima que . . .)
8. María gana muchos puntos en el juego de básquetbol. (El otro equipo teme que . . .)
9. Dos jugadores nuestros están lesionados. (Nos duele que . . .)
10. Sólo hay 24 horas en un día. (Lamentamos que . . .)

B. El mundo de las emociones es muy misterioso. A veces reaccionamos ante los deportes de una manera emocional. Complete el párrafo siguiente usando el subjuntivo o el infinitivo.

Los aficionados al fútbol a veces tienen miedo de que su equipo _____ (perder) un partido importante. Es una lástima que ellos no _____ (tener) fé en el talento de sus jugadores y que su equipo no _____ (poder) ganar todo el tiempo. Nos sorprende que los aficionados _____ (gastar) tanta energía siguiendo el progreso de su equipo pero los psicólogos dicen que muchos sienten no _____ (poder) jugar con el equipo. Por esa razón es bueno que ellos _____ (participar) de una manera u otra. Los aficionados lamentan que no les _____ (ser) posible ganar el salario que ganan los mejores jugadores. Les duele que los atletas _____ (vivir) la buena vida mientras ellos tienen miedo de que su jefe no les _____ (aumentar) el salario. Sienten que sus familias no _____ (recibir) todo lo que necesitan para vivir bien. Esperan que alguien _____ (encontrar) una manera fácil de enriquecerse rápido. Por ahora, es bueno que los deportes los _____ (rescatar) de sus problemas diarios.

_____ *juntos* _____

Me gustaría saber. . . .   Pregúntele a un compañero.

Compañero 1:

1. ¿Tienes miedo de que alguien te ataque en la calle?, ¿de que alguien te robe?
2. ¿Es una lástima que no tengamos más tiempo en cada clase?
3. ¿Lamentas que tu equipo favorito no vaya a ganar el campeonato este año?
4. ¿Te sorprende que yo esté en la clase hoy?
5. ¿Te gusta que tengamos que hacer estas preguntas?

Compañero 2:

1. ¿Lamentas que no haya paz en el mundo?
2. ¿Estás contento(a) que el presidente sea tan popular?
3. ¿Estoy contento(a) que este semestre termine pronto?
4. ¿Es ridículo que las naciones no puedan coexistir en paz?
5. ¿Nos gusta que el profesor (la profesora) hable tan rápido?

THE SUBJUNCTIVE WITH VERBS
EXPRESSING DOUBT

The subjunctive is always used in Spanish if the main clause verb expresses doubt, unreality, denial, or uncertainty. Study the following examples to understand this use of the subjunctive *in the dependent clause.*

*I **doubt** he will win.*   Dudo que él **vaya a ganar.**

*I **am not sure** he will win.*   No estoy seguro(a) de que él **vaya a ganar.**

*I **deny** that he will win.*   Niego que él **vaya a ganar.**

*It **is doubtful** he will win.*   Es dudoso que él **vaya a ganar.**

*It **is improbable** he will win.*   Es improbable que él **vaya a ganar.**

*It **is uncertain** he will win.*   Es incierto que él **vaya a ganar.**

or

No es cierto que él **vaya a ganar.**

Compare the sentences above with the following sentences below which express certainty. Note that the dependent clause is always in the indicative mood when no doubt is expressed.

*It **is obvious** he will win.*   Es obvio que **ganará.**

*I **am sure** he will win.*   Estoy seguro(a) de que **ganará.**

1. The verb *creer* is followed by the subjunctive when the main clause is negative. When the main clause verb is affirmative, the indicative is used.

    DOUBT

    No creemos que los conflictos **terminen** pronto en Centroamérica.

    We do not believe the conflicts will end soon in Central America. (We do not think so but are uncertain.)

    CERTAINTY

    Creemos que no **habrá** una tercera guerra mundial.

    We believe there will not be a third world war. (We are fairly certain and have no reason to think otherwise.)

2. The verb *dudar* is normally followed by the subjunctive when the main verb is affirmative and by the indicative when it is negative.

DOUBT

Ellos **dudan** que alguien *bata* el récord de salto de longitud.

They doubt someone will break the long-jump record. (They don't think it can or will be done.)

CERTAINTY

No dudamos que mañana **será** un día inolvidable.

We don't doubt tomorrow will be an unforgettable day. (We are sure of it.)

3. The verb *negar*, when used affirmatively to express denial, takes the subjunctive. When *no negar* is used and no denial is expressed, the dependent clause verb must be in the indicative mood.

El pistolero **niega** que **pase** drogas de contrabando al país.

The gangster denies that he smuggles drugs into the country.

El **no niega** que **es** miembro de la Mafia. (Lo admite).

He does not deny that he is a member of the Mafia.

negar - subj.
no negar - indic.

—————————— *práctica* ——————————

A. Cambie los infinitivos a las formas apropiadas usando el subjuntivo *o* el indicativo.

1. No estamos seguros de que los niños _vayan_ (ir) con nosotros.

2. Es dudoso que la gente _elija_ (elegir) a ese candidato.

3. Dudan que nosotros _juguemos_ (jugar) al volibol con ellos.

4. El profesor no niega que el chico _estudia_ (estudiar) mucho.

5. Estamos seguros de que mañana _será / es_ (ser) su cumpleaños. *will work*

6. Negamos que nuestros amigos _sean_ (ser) criminales.

7. Creemos que _hay / habrá_ (haber) una reunión aquí mañana.

8. Los jóvenes no creen que sus padres a veces _sufran_ (sufrir) cuando vuelven a casa tarde.

9. No dudo que Martínez _será / es_ (ser) nombrado jugador del año.

10. Dudamos que ese atleta _firme_ (firmar) un contrato para jugar al básquetbol con ese equipo.

B. Esteban vive en un mundo de mucha incertidumbre pero hay algunas cosas de las cuales está seguro. Complete el párrafo siguiente usando el subjuntivo o el indicativo.

Esteban está seguro de que hoy __es__ (ser) sábado pero tiene dudas de que __vayan__ (ir) a celebrar el día porque no cree que su novia __pueda__ (poder) salir con él esta noche. Es posible que ella __tenga__ (tener) que trabajar horas extras en su restaurante. Es obvio que él la __quiere__ (querer), pero a veces niega que ella __sea__ (ser) una parte tan importante de su vida. Lo niega porque él duda que ella __considere__ (considerar) la relación tan seria como él. Es posible que él le __pida__ (pedir) que se casen en el futuro, pero él no está seguro de que ella __diga__ (decir) que sí. Los amigos de Esteban le dicen que es necesario que él __tenga__ (tener) más confianza en sí mismo. Es posible que su novia se la __dé__ (dar), si ella pasa más tiempo con él, pero existe la posibilidad de que ella __esté__ (estar) más interesada en su carrera como dueña del restaurante. Es cierto que la vida __es__ (ser) complicada, ¿verdad?

juntos

Me gustaría saber. . . .   Pregúntele a un amigo.

Compañero 1:

1. ¿Dudas que yo tenga más años que tú?
2. ¿Niegas que yo sea muy inteligente?
3. ¿Es posible que completemos estas preguntas en cinco minutos?
4. ¿Dudas que el profesor (la profesora) sepa más español que yo?
5. ¿Crees que yo gane un millón de dólares este año?

Compañero 2:

1. ¿Dudas que este año sea el fin del mundo?
2. ¿Es posible que haya un terremoto en California este año?
3. ¿Niegas que los deportes tengan mucha influencia en nuestro país?
4. ¿Es posible que invites al profesor (a la profesora) a una fiesta?
5. ¿Crees que el presidente gane la próxima elección?

THE SUBJUNCTIVE IN ADJECTIVE CLAUSES

An adjective clause modifies a preceding noun (the antecedent).

La policía buscó al ladrón que robó el banco.

The police looked for the thief who robbed the bank. (The clause describes the noun "thief"—the one who robbed the bank.)

1. The subjunctive must be used in dependent adjective clauses when the noun modified is unknown, uncertain, or its existence denied.

¿Conoces una persona que **pueda** ayudarnos?

Do you know someone who can help us? (For the person asking the question, the person may not exist. He is uncertain someone can be found who can help him.)

2. Negative antecedents such as *nada, nadie,* and *ninguno* always take the subjunctive because they deny the existence of someone or something.

No hay **ningún hotel** que tenga habitaciones para esta noche.

There is no hotel that has rooms for the night.

3. If the dependent clause refers to someone or something specific or known to exist, the indicative is used.

Queremos llamar por teléfono al senador que conocimos ayer.

We want to call up the senator whom we met yesterday. (The senator *does* exist because we have already met him.)

práctica

A. Jorge Menéndez es un ejecutivo de la IBM que tiene que mudarse (*move*) con frecuencia. Tiene un sistema para la mudanza que siempre usa para evitar desastres. Complete el párrafo siguiente usando el subjuntivo o el indicativo.

busco a una persona que me ayude
busco a la persona que me ayuda

MUDANZAS MÉNDEZ

- CARGA ASEGURADA
- PRECIOS MÓDICOS
- ESTIMADOS GRATUITOS

FLORIDA • NUEVA YORK • NEW JERSEY
SERVICIO LOS 7 DÍAS DE LA SEMANA

858-9268

541-1697

(M-0499)

Cuando Jorge se muda siempre busca una compañía de mudanzas que _tenga_ (tener) buena reputación. También, siempre trata de encontrar jóvenes que _puedan_ (poder) cortar su césped si no puede vender inmediatamente su casa. Quiere asegurar que su casa _esté_ (estar) en orden, en caso de que alguien quiera mirarla. Jorge y su esposa siempre se adelantan a la ciudad nueva antes del resto de la familia porque quieren comprar una casa que _sea_ (ser) adecuada para la familia y sus animales favoritos. Normalmente buscan una casa de cuatro habitaciones que _tenga_ (tener) dos pisos y un garaje para dos coches. Siempre encuentran una casa que les _encanta_ (encantar). Ahora viven en una casa que _tiene_ (tener) sólo tres habitaciones, pero todos están contentos allí. Tienen una huerta que les _da_ (dar) verduras y frutas. Jorge espera que esta vez ellos nunca _tengan_ (tener) que mudarse, pero es posible que dentro de dos o tres años _se muden_ (mudarse) a otra ciudad. Ojalá eso no _pase_ (pasar), pero es dudoso que ellos _puedan_ (poder) evitarlo.

B. Complete las frases siguientes usando sus propias ideas.

1. No conozco a nadie que _____ .
2. ¿Conoces a alguien que _____ ?
3. No hemos hablado con nadie que _____ .
4. Quiero encontrar un hombre (una mujer) que _____ o no voy a casarme.
5. Nos gusta la casa que vimos ayer que _____ .

6. Ayer conocimos a alguien que _____ .

7. Para mí el hombre ideal es una persona que _____ .

8. Para mí la mujer ideal es una persona que _____ .

9. A los jugadores profesionales les gustan aficionados que _____ .

10. Tengo un amigo que _____ .

—————————————————— *juntos* ——————————————————

Me gustaría saber. . . . Pregúntele a un compañero.

Compañero 1:

1. ¿Tienes un amigo que fuma cigarrillos?

2. ¿Conoces a alguien que quiera acompañarnos al concierto?

3. ¿Te gusta una persona que se queje mucho?

4. ¿Quieres encontrar un trabajo que pague un sueldo alto o prefieres estar contento con lo que tienes?

5. ¿Has visitado un restaurante donde sirvan comida griega? ¿Cómo se llama el restaurante?

6. ¿No hay nadie en tu familia que fume cigarrillos?

Compañero 2:

1. ¿Prefieres una clase que sea aburrida o interesante?

2. ¿Quieres que yo te haga estas preguntas rápido o despacio?

3. ¿Hay un centro de compras cerca de aquí que tenga una tienda de equipo deportivo?

4. ¿Te casarás con una persona que tenga mal aliento (*breath*)?, ¿que sea fea?, ¿que sea pobre?, ¿que sea tonta?, ¿que sea aburrida? ¿Con qué tipo de persona te casarás?

5. ¿Tienes el libro que te presté hace una semana?

6. ¿Tienes un libro que explique el subjuntivo en español?

THE SUBJUNCTIVE IN ADVERBIAL CLAUSES

1. Adverbial clauses function as adverbs in the dependent clause.

   Carlos firmará su contrato **después de que hable con el entrenador.**
   *Carlos will sign his contract **after he talks to the coach.***

(The adverbial clause tells *when* Carlos will sign his contract and modifies the verb **firmará**.)

2. Adverbial clauses are introduced by conjunctions that may or may not take the subjunctive, depending upon their meaning in a sentence. The subjunctive is used in adverbial clauses when the action of the dependent clause is indefinite or has or had not yet taken place.

CONJUNCTIONS ALWAYS FOLLOWED BY THE SUBJUNCTIVE

1. Some conjunctions are *always* followed by the subjunctive because they indicate that an action may or may not take place. Because there is uncertainty implied, the subjunctive must be used.

para que	*in order that*
a menos que	*unless*
con tal que	*provided that*
en caso de que	*in case*

Julio no va a ganar el partido de tenis **a menos que** practique más.

*Julio is not going to win the tennis match **unless** he practices more.* (There is no certainty that Julio will practice more.)

Carmen va a asistir a esta universidad **con tal que** le garantice una beca de cuatro años.

*Carmen is going to attend this university **provided that** it guarantee her a four-year scholarship.* (The university may or may not offer her the four-year scholarship.)

El entrenador busca buenos jugadores **para que** su equipo pueda ganar.

*The coach seeks good players **in order that** his team can win.* (His team may or may not win in spite of his efforts.)

2. The conjunction *sin que* is always followed by the subjunctive because it denies the reality of an action. Since the action does not take place, the verb must be put in the subjunctive.

El estudiante copia en los exámenes *sin que* el profesor lo vea.

*The student cheats on exams **without** his teacher seeing him.*

TENIS

3 canchas de arcilla iluminadas. Las tarifas por hora están
a la vista del público en las canchas de tenis.

Servicio de 7:00 a.m. a 7:00 p.m. posterior a esta hora,
favor de reservar directamente con el Pro.

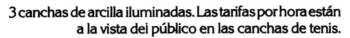

práctica

A. Un jugador sobresaliente de básquetbol en un colegio es solicitado por muchas universidades. El escribe sus requisitos a las universidades. Dé las formas apropiadas del subjuntivo.

Estimados señores:

Quiero que Uds. me _____ (comprar) un coche para mi uso. Necesito un dormitorio que no _este_ (estar) lejos del gimnasio para que yo no _tenga_ (tener) que andar mucho. No puedo venir a su escuela a menos que Uds. le _consigan_ (conseguir) un trabajo a mi papá. Estoy interesado en venir a su universidad con tal que mi novia _pueda_ (poder) vivir conmigo. Quiero que Uds. me _den_ (dar) boletos para cada juego, para que mis padres _puedan_ (poder) verme jugar. Prefiero jugar en el Oeste con tal que yo _reciba_ (recibir) lo que _exija_ (exigir). Quiero un tutor que _haga_ (hacer) mis tareas. No puedo vivir sin que alguien me _invite_ (invitar) a su casa a comer tres veces por semana. Uds. estarán preguntándose quién será este loco. Les tomaba el pelo. En realidad, quiero que alguien que _sepa_ (saber) mucho de la universidad me _hable_ (hablar). Espero su respuesta.

Paco, el Picarón

B. Complete las frases siguientes usando sus propias ideas.

1. No vendré a la clase mañana a menos que _se muera_.
2. Mis amigos a veces salen sin que yo _lo sepa_.
3. Voy a casarme con mi novio(a) con tal que él(ella) _____.
4. Asisto a la escuela para que mis padres _se alegren_.

needs subj   _Asisto a clase y mis padres se alegran_

5. Empezaré a estudiar mi español a menos que mis amigos _me llamen_ .

6. Muchas cosas pasan en el gobierno sin que nosotros _lo sepamos_.

7. Una mujer se viste bien para que su novio _la bese_ .

8. Practico mucho el tenis para que _yo gane_ .

9. Siempre salimos del dormitorio sin que _estudiemos_ .

CONJUNCTIONS SOMETIMES FOLLOWED
BY THE SUBJUNCTIVE

1. The indicative mood is used with expressions of time when the dependent clause expresses something that has happened or does happen customarily. The subjunctive mood is used with the same expressions of time when the dependent clause expresses an action that has or had not yet happened. Compare the examples and their translations to understand this usage.

cuando	*when*
después (de) que	*after*
en cuanto	*as soon as*
hasta que	*until*
mientras que	*while*
tan pronto como	*as soon as*

Cuando nuestra tía nos **visita**, siempre nos trae regalos.

When our aunt visits us, she always brings us gifts. (a customary action, a certainty)

Cuando **me gradúe**, quiero trabajar para él.

When I graduate, I want to work for him. (action yet to happen)

Tan pronto como **llegaron**, nos fuimos.

As soon as they arrived, we left. (action already happened)

Tan pronto como **lleguen**, nos vamos.

As soon as they arrive, we are leaving. (action yet to happen)

Después que **ganaron**, el entrenador los felicitó.

After they won, the coach congratulated them. (action already happened)

Después que **ganen**, el entrenador los felicitará.

After they win, the coach will congratulate them. (action yet to happen)

2. The conjunction *aunque* (although) sometimes takes the subjunctive depending upon its meaning in a sentence. Study the following examples.

Aunque el portero **tiene** la gripe, va a jugar en el partido hoy.

Although the goalie has the flu, he is going to play in the game today. (He actually has the flu.)

Aunque el portero todavía **tenga** la gripe mañana, va a jugar en ese partido también.

Although the goalie may still have the flu tomorrow, he is going to play in that game also. (The goalie may or may not be sick tomorrow. It is uncertain whether he will recover by then.)

Note: If there is no change in subject, you must use the infinitive after the prepositions *para*, *sin*, *después*, and *hasta*, but not after such conjunctions as *a menos que*.

Estudiamos para sacar buenas notas.

We study in order to get good grades.

but

El no va a salir bien en el examen a menos que **él** estudie.

He is not going to pass the test unless he studies.

---
práctica

A. Complete las frases siguientes con la forma apropiada del subjuntivo *o* indicativo.

1. Investigaremos muchas universidades después de que los consejeros nos _____den_____ (dar) la información necesaria.
2. Tan pronto como el profesor _____termina_____ (terminar) la clase, los estudiantes siempre se van.
3. Cuando él _____se case_____ (casarse), va a mudarse a San Francisco.
4. Toda la ciudad celebrará cuando el equipo _____gane_____ (ganar) la Serie Mundial.
5. Tan pronto como yo _____complete_____ (completar) estos ejercicios, voy a acostarme.
6. Tan pronto como los niños _____se levantan_____ (levantarse), empiezan a mirar la televisión.
7. Espere Ud. aquí hasta que yo _____compre_____ (comprar) los boletos.

8. En cuanto el orador _deja_ (dejar) de hablar, vamos por un helado.
9. Aunque él _es_ (ser) millonario, lleva ropa ordinaria.
10. Aunque _llueva_ (llover) mañana, vamos a montar en bicicleta.

B. Complete las frases siguientes usando sus propias ideas.

1. Me gusta caminar cuando _tengo_ tiempo.
2. Nos vamos tan pronto como nuestros amigos _vengan_ .
3. Esperaremos aquí mismo hasta que tú _vuelvas_ .
4. Siempre vamos a la playa cuando _tenemos_ la oportunidad.
5. Me graduaré tan pronto como _termine mi trabajo_ .
6. El gobierno nos mandará los cheques de reembolso (*refund*) tan pronto como ellos _tengan dinero / le gusten_ .
7. Cuando él me _besa_ , siempre me siento bien.

------------------------------ *juntos* ------------------------------

Me gustaría saber. . . . Pregúntele a un compañero.

Compañero 1:

1. ¿Qué vas a hacer cuando te gradúes?
2. ¿Qué hacemos después de que me hagas estas preguntas?
3. ¿Empiezas a jugar al básquetbol tan pronto como llegas a casa?
4. ¿Qué haces mientras el profesor (la profesora) explica la lección?

Compañero 2:

1. ¿Quieres ir conmigo a la cafetería tan pronto como suene la campana (*bell*)?
2. ¿Por qué rehusas hacer mi tarea aunque sabes más español que yo?
3. ¿Qué harás para tu cumpleaños cuando cumplas cuarenta años?, ¿cuando cumplas 60?, ¿cuando cumplas 80?
4. ¿Siempre almuerzas tan pronto como termina esta clase?

Los Juegos Olímpicos

Cada cuatro años los mejores atletas aficionados del mundo se reúnen en una ciudad diferente para demostrar su destreza y resistencia en competencia con otros atletas. Se trata de una serie de concursos deportivos llamados los "Juegos

Olímpicos." El propósito de los juegos es fomentar el ideal de una mente sana en un cuerpo sano, y aumentar la buena voluntad internacional. Cada atleta tiene que tomar el juramento de los juegos: "Juramos participar en estos Juegos Olímpicos en el espíritu verdadero del deporte y del respeto a las reglas que los gobiernan, para la gloria del deporte y el honor de nuestro país." El lema de los juegos es del latín: "Citius, Altius, Fortius", que significa "Más rápido, más alto, más fuerte", en español. En los juegos de 1988, que tuvieron lugar en Corea del Sur, más de 12.000 atletas de 160 países participaron.

Es preciso que estudiemos la historia de este augusto acontecimiento para entenderlo mejor. En Olimpia, Grecia, había un santuario en honor al dios principal de la mitología griega, Zeus. Hacía siglos que los griegos tenían fiestas religiosas para complacerlo. Un año, los organizadores quisieron encontrar algo nuevo que añadir a sus tradiciones de sacrificar víctimas y rezar oraciones. Decidieron celebrar una carrera atlética en honor de Zeus. Según los historiadores, en el año 776 a.C., un hombre del suroeste de Grecia, Coroebus, ganó el primer concurso olímpico en una carrera de 200 metros. Lo que empezó como un asunto local se convirtió poco a poco, a través de los años, en lo que ahora conocemos como los Juegos Olímpicos.

El calendario griego estaba basado en la Olimpiada, el período de cuatro años entre los juegos. Los juegos tenían lugar en el valle arbolado de Olimpia, en Elis. Después de hacer los sacrificios necesarios a los dioses, los atletas desfilaban al estadio. Al principio había solo un concurso, pero luego añadieron el pentatlón, el boxeo, y una carrera de carros romanos, entre otros eventos. Los vencedores eran coronados con laurel de un olivo sagrado que crecía detrás del templo de Zeus. Cuando regresaban a su país natal, los vencedores recibían grandes honores. A veces, las ciudades de donde venían edificaban estatuas en su honor o les pagaban un sueldo por el resto de su vida.

El comité local de Elis controlaba los juegos a tal punto que ni siquiera permitía que las mujeres asistieran a ellos, so pena de muerte. Una vez, una mujer se disfrazó de hombre para poder ver a su hijo en una competencia. La descubrieron y la habrían matado, si ella no hubiera pertenecido a una familia de muchos vencedores. Para evitar que las mujeres asistieran a los juegos, el comité cambió las reglas, obligando a los entrenadores y a los atletas a andar desnudos por Olimpia.

Los estados griegos siempre estaban en guerra durante los primeros siglos de los juegos. Así que, cuando éstos llegaron a ser tan importantes, enviaban anunciadores públicos para declarar una tregua de tres meses; y de tal modo, la gente que quería asisitir, podía pasar sin peligro por las líneas de batalla.

El Emperador Teodosio abolió los juegos en 394 d.C., y no fueron restaurados hasta 1896, cuando los Juegos Olímpicos modernos empezaron. La primera vez que se permitió la participación de las mujeres, fue en 1900, en el torneo olímpico de tenis. Su papel en los juegos aumentó gradualmente y ahora tienen la misma participación que los hombres.

Para participar en los Juegos Olímpicos, el atleta tiene que pasar largas y arduas horas practicando su deporte. No le está garantizado participar en los juegos hasta que haya pasado por una serie de pruebas en competencia con otros atletas de todo el mundo. Siempre hay la posibilidad de que sufra una lesión al practicar o competir en su deporte. Su vida es muy difícil y debe mantener constantemente su anhelo de triunfo. Los organizadores a nivel nacional buscan atletas que tengan tenacidad, disciplina propia, resistencia física y nervios de acero. Nadie quiere apoyar a una persona que vaya a ponerse nerviosa en el momento de mayor tensión. ¿Cree Ud. tener estas cualidades y la fortaleza física necesaria para ganar una carrera u otra prueba? Si su respuesta es afirmativa, piense en todas las repercusiones antes de empezar a entrenarse. ¡Buena suerte! Estaremos mirándolo en la comodidad de nuestras casas, con aire acondicionado, mientras que Ud. trata de ser el vencedor en los próximos Juegos Olímpicos.

VOCABULARIO

VERBOS

abolir   to abolish
apoyar   to support
aumentar   to increase
complacer   to please
desfilar   to march, to parade
disfrazarse   to disguise oneself
fomentar   to encourage
herirse   to injure oneself
rezar   to pray

SUSTANTIVOS

el **acero**   steel
el **acontecimiento**   event
el **asunto**   matter, affair
la **carrera**   race
el **carro romano**   chariot
el **concurso**   contest
la **deportividad**   sportsmanship
la **destreza**   skill

el **encuentro**   game, match
el **lema**   motto
el **olivo**   olive tree
la **resistencia**   endurance, resistance
el **sueldo**   salary
la **tregua**   truce
el **vencedor**   victor, winner

ADJETIVOS

arbolado   wooded
sagrado   sacred
invernal   winter
veraniego   summer

PALABRAS UTILES

a.C. (antes de Cristo)   B.C.
d.C. (después de Cristo)   A.D.
la disciplina propia   self-discipline
so pena de   under pain of

vocabulario y comprensión

A. Encuentre la palabra correcta para la definición de la izquierda.

1. _____ recitarle oraciones a Dios
2. _____ tratar de ser agradable a una persona
3. _____ marchar en formación
4. _____ enmascarar, disimular
5. _____ dar mayor tamaño
6. _____ correr como ejercicio
7. _____ salario
8. _____ competencia
9. _____ suceso de importancia
10. _____ conquistar al enemigo

a. sueldo
b. carrera
c. vencer
d. complacer
e. acontecimiento
f. desfilar
g. concurso
h. aumentar
i. rezar
j. disfrazar

B. Conteste Ud. las preguntas siguientes.

1. ¿Con cuánta frecuencia se efectuaban los Juegos Olímpicos?
2. ¿Dónde se jugaban hace muchos siglos? ¿Todavía se juegan allí? ¿Dónde se juegan?
3. ¿En qué ciudad tuvieron lugar los Juegos de 1988? ¿Dónde van a tener lugar en 1992?
4. ¿Cuál era el propósito de las Olimpiadas en los tiempos antiguos?
5. ¿Cuál es el propósito de éstas en la época moderna?
6. ¿Cuál fue la primera competencia olímpica y en qué año?

7. ¿Cómo mostraban los griegos prejuicio contra las mujeres?

8. ¿Cuándo pudieron, por fin, participar las mujeres en los Juegos Olímpicos?

9. ¿Qué premio, tan deseado, ganaban los vencedores del concurso olímpico? Además de este premio, ¿qué podían obtener?

10. ¿Para cuál dios celebraban los griegos las Olimpiadas?

11. ¿Cómo cambió el comité olímpico las reglas cuando descubrieron a una mujer en los juegos?

12. En caso de guerras entre los estados griegos, ¿qué hacían los griegos cuando iban a empezar las Olimpiadas?

juntos

A. Me gustaría saber. . . .   Pregúntele a un compañero.

Compañero 1:

1. ¿Cuál es tu evento favorito de las Olimpiadas?

2. ¿Te gustaría participar en ellos? ¿Por qué?

3. ¿Conoces a alguien que haya participado en las Olimpiadas?

4. ¿Qué prefieres—los Juegos de Invierno o los de Verano? ¿Por qué?

5. ¿Has visto algunos eventos olímpicos en persona o sólo en televisión?

6. ¿Es una lástima que no esquíes en la nieve para tu equipo nacional?

7. ¿Prefieres que tu país gane las medallas de oro, plata y bronce, o que un país pequeño las gane? ¿Por qué?

8. ¿Hay un país que vaya a boicotear las próximas Olimpiadas?

Compañero 2:

1. Describe a tu atleta favorito de las Olimpiadas. ¿Qué medallas ganó y en qué deporte?

2. ¿Crees que los Juegos Olímpicos tienen demasiada política y nacionalismo? ¿Por qué?

3. ¿Qué país boicoteó los Juegos en 1980? ¿Por qué?

4. ¿Qué país los boicoteó en 1984? ¿Por qué?

5. ¿Qué cualidades son las más importantes para poder ganar una competencia olímpica?

6. ¿Conoces a un joven que algún día quiera participar en las Olimpiadas? ¿Crees que tenga éxito?

7. En tu opinión, ¿qué deporte es el más difícil?, ¿el más fácil?, ¿el más interesante?, ¿el más aburrido?

B. Haga el papel. Con un compañero de clase, haga Ud. los papeles siguientes.

1. You and a friend are discussing possible careers in sports in the future. You tell him your dream and he(she) tells you his(hers). Use subjunctive constructions whenever possible, e.g., "Quiero jugar para un equipo que *pueda* ganar el campeonato."

2. You and your father have different goals for your future. He wants you to go to medical school but you want to be a sportswriter. You have a lengthy discussion that turns into a heated argument. The conversation ends up with you saying what you are going to do and him telling you what to do.

3. You were a high school basketball star but are not on your college basketball team. You are very depressed because you miss the adulation from the students and fans. You seek a counselor's help to try to cope with your changed life. He (she) helps you see the positive qualities you have and advises you on how to deal with your problem and you feel better after talking to him (her).

C. Composición guiada. Escriba una composición sobre el tema siguiente. Siga el esquema dado aquí.

Tema: **Los atletas profesionales ganan sueldos demasiado altos.**

Introducción: A. Es posible que no merezcan tanto dinero.
             B. Es posible que los aficionados pierdan interés en ellos, si siguen exigiendo tanto dinero.

Desarrollo: A. los salarios del pasado

                B. cómo cambiaron los sindicatos las negociaciones entre el jugador y el dueño del equipo.

                C. la llegada de los agentes

                D. la deificación de los mejores jugadores

                E. el consumo de cocaína y alcohol (no) ha dañado la reputación de los deportes

                F. ejemplos de dueños codiciosos que pagan mucho por un jugador para "comprar" un campeonato

                G. nuestra sociedad en general, como razón de esta situación en los deportes

                H. algunos ejemplos específicos de jugadores que ganan millones de dólares.

Conclusión: Dé su opinión del futuro de los deportes ante estos salarios crecientes. ¿Cree Ud. que la pureza de los deportes se ha dañado? Dé sus razones.

D. Composición guiada. Escriba una composición sobre el tema siguiente:

El fútbol americano (no) es un deporte violento. Dé sus razones.

Business letters

Spanish speakers are usually very formal and flowery in their business letters. Study the following components of a typical business letter.

DATE   (FECHA)

In Spanish, the day is written first, followed by the month and year:

8 de marzo de 1989

SALUTATIONS   (SALUDOS)

Estimado señor:	*Dear Sir,*
Estimados señores:	*Dear Sirs,*
Estimada señora:	*Dear Madam,*
Distinguido señor:	*Distinguished Sir,*
Distinguidos señores:	*Distinguished Sirs,*
Muy señor mío:	*My dear Sir,*
Muy señores míos:	*My dear Sirs,*

SUBJECT LINE   (ASUNTO)

Re: *(con referencia a)*

BODY OF THE LETTER   (EL TEXTO DE LA CARTA)

The following are typical introductory sentences for business letters:

En respuesta a su carta con fecha de . . .

In answer to your letter dated . . .

En relación a su pedido con fecha de . . .

Regarding your order dated . . .

Lamentamos tener que comunicarle(s) que . . .

We regret having to tell you . . .

Acusamos recibo de su atenta (carta) con fecha de . . .

This is to inform you that we have received your letter dated . . .

Adjunto, envío cheque . . .

Enclosed please find a check . . .

COMPLIMENTARY CLOSES   (DESPEDIDAS)

Atentamente,	*Attentively,*
De usted atentamente,	*Attentively yours,*
Sinceramente,	*Sincerely,*
Muy atentamente,	*Very attentively yours,*

MISCELLANEOUS EXPRESSIONS

Anexos (2)	*Two Enclosures*
Posdata (P.D.)	*Postscript (P.S.)*

práctica

Refranes. Estudie los refranes siguientes y piense en sus equivalentes en inglés.

Antes que te cases, mira lo que haces.

Antes que acabes, no te alabes.

Aunque la mona se vista de seda, mona se queda.

9
La batalla de los sexos

El hombre ambivalente

Con los cambios radicales en la mujer de hoy, el hombre se encuentra muy confuso porque no está seguro cuál deba ser su papel. El ideal de los hombres es ser agresivo, independiente, activo, libre y fuerte. Sin embargo, la mayoría de los hombres no cree que ellos mismos sean el hombre ideal. A ellos les gustaría ser más como el ideal, pero dicen que es imposible. Piensan que las mujeres prefieren hacer su vida con un hombre que sea más dependiente, menos agresivo y más interesado en la familia que en la carrera. Lo interesante es la percepción de las mujeres cuando responden a encuestas sobre este tema. Para ellas también, el hombre ideal es uno que sea muy fuerte, agresivo e independiente, como el hombre del pasado; pero, además de esto, ellas ahora quieren que sea sensible y más emocional. Es obvio que hay mucha confusión entre lo que la mujer dice que quiere y lo que ella en realidad quiere. Todo esto es tan confuso para los hombres como para las mujeres. Muchas mujeres se quejan de algunos hombres contemporáneos que se han convertido en personas muy sensibles, que lloran de vez en cuando, que son débiles y que, por esto, no se les puede tener mucho respeto. ¿Cómo puede el hombre salir triunfante cuando tiene que confrontarse con estas contradicciones?

Es preciso estudiar la evolución histórica de la educación masculina para poder entender por qué los hombres sienten tal ambivalencia en su papel sexual en el mundo moderno. En el pasado, el hombre típico desempeñaba dos papeles diferentes, el profesional (su carrera) y el familiar. No había dificultad en decidir cuál papel era más importante, porque el hombre normalmente era el único que se ganaba el pan diario. Si su carrera le quitaba una gran parte de su tiempo con la familia, la mujer siempre aceptaba esto como algo necesario para sobrevivir. Muchas veces llegaba cansado a casa y sólo tenía ganas de perderse en sus pasatiempos favoritos, tales como mirar partidos deportivos en la televisión o leer el periódico. El hombre no conocía a sus hijos tanto como le hubiera gustado, pero aceptaba esta pérdida de contacto íntimo con ellos porque su papel era ganar dinero para la familia.

El hombre sólo por ser hombre tenía una categoría de privilegio. Los padres de hijos varones siempre querían que ellos recibieran una educación avanzada en vez de las hijas, porque eran ellos los que iban a determinar el nivel de vida de sus familias futuras. Los chicos siempre daban por sentado su categoría de privilegio. La recibían desde el momento de nacimiento. Mientras los chicos jugaban a indios y vaqueros o policías y ladrones, las chicas jugaban con sus muñecas o con sus juegos de té. Se consideraba bien que los chicos jugaran agresivamente y que tomaran el papel de autoridad en sus juegos con las chicas. Ellos eran los jefes o doctores y ellas las secretarias y enfermeras. Ellos mandaban y ellas obedecían. Los chicos tenían que ser muy valientes y no llorar nunca. Eran independientes, físicamente activos y se defendían cuando eran atacados. De niños, los chicos nunca expresaban sus sentimientos más profundos. No podían admitir ningún defecto ni duda. Se identificaban con los hombres que siempre tenían todo el poder como senadores, alcaldes, presidentes y jueces.

Analizando el papel que el hombre desempeñaba en el pasado, no es sorprendente que ellos se sientan desorientados porque todo lo que ellos consideraban como bueno en el pasado ahora es malo y aún despreciado por las mujeres. Ahora que tantas mujeres trabajan fuera de la casa, ellas quieren que los hombres ayuden en los quehaceres domésticos. Los hombres recuerdan que sus padres nunca lavaban platos ni pasaban la aspiradora por la casa. A veces se sienten como mamarrachos porque se ven como dominados por la mujer cuando tienen que ayudarla en casa. Intelectualmente saben que es injusto que las mujeres hagan todo el trabajo de casa porque ellas han trabajado tanto como ellos en su profesión, pero emocionalmente ellos no están listos para estos cambios radicales.

¿Cómo pueden los hombres resolver este sentimiento de ambivalencia entre lo que saben intelectualmente y lo que sienten emocionalmente? Parece que las mujeres tendrán que ser muy pacientes con ellos y tratar de entender su punto de vista. Los cambios sociales nunca vienen sin dolores y sufrimiento. Con cariño y una actitud abierta, los sexos pueden llegar a una manera amigable de coexistir en paz en una vida enriquecida por las batallas para lograr entendimiento. ¡Viva la diferencia! Una vida sin conflictos sería muy aburrida.

VOCABULARIO

VERBOS

alcanzar   to reach
dar por sentado   to take for granted
desempeñar   to play (a role)
llorar   to cry

SUSTANTIVOS

el **alcalde**   mayor
la **aspiradora**   vacuum cleaner
el **cariño**   love, affection
la **carrera**   career
la **categoría**   status, category
la **crianza**   rearing
el **juez**   judge
el **ladrón**   thief
la **muñeca**   doll

el **nacimiento**   birth
la **pérdida**   loss
los **quehaceres domésticos**   housework
el **respeto**   respect
el **sentimiento**   feeling
el **vaquero**   cowboy
la **ventaja**   advantage

ADJETIVOS

débil   weak
despreciado   scorned
enriquecido   enriched
hondo   deep
macho   male, manly
mamarracho   sissy
preciso   necessary

sensible sensitive
varón male

PREPOSICIONES

además de besides

PALABRAS CONFUSAS

parte part (of the whole)
papel part (e.g., role in a play)
pedir to ask for (request)
preguntar to ask (a question)

vocabulario y comprensión

A. Encuentre la palabra correcta para la definición de la izquierda.

1. _____ hacer un papel   a. preguntar
2. _____ derramar lágrimas   b. nacer
3. _____ hacer a uno rico   c. criar
4. _____ desdeñar, no estimar   d. desempeñar
5. _____ disminuir la fuerza   e. enriquecer
6. _____ rogar a uno que haga algo   f. despreciar
7. _____ interrogar   g. llorar
8. _____ mezclar sin orden   h. debilitar
9. _____ salir del vientre materno   i. pedir
10. _____ nutrir la madre al hijo   j. confundir

B. Conteste Ud. las preguntas siguientes.

1. ¿Qué cambio en la sociedad ha confundido tanto al hombre?
2. Para el hombre, ¿cómo es el hombre ideal? ¿Se cree ser este hombre ideal? ¿Por qué no?
3. ¿Cómo es él mismo en su opinión? ¿Le gusta lo que es? ¿Por qué?
4. ¿Cómo quiere la mujer típica que el hombre sea? ¿Cree ella que el hombre es como ella quiere que él sea?
5. ¿Cómo reacciona la mujer cuando él no llena las características del hombre macho?
6. ¿Por qué confunde al hombre típico esta actitud?
7. ¿Quiénes eran las figuras de autoridad y respeto en la niñez del hombre?
8. ¿Lloraba mucho de niño un chico típico? ¿Por qué?
9. ¿A qué jugaban los chicos? ¿A qué jugaban las chicas?
10. ¿Quiénes recibían primero su educación en una familia tradicional—los chicos o las chicas? ¿Por qué?

11. Ahora que tantas mujeres trabajan fuera de la casa, ¿qué quieren ellas que los hombres hagan? ¿Lo hacen con mucho gusto los hombres? ¿Por qué?

12. ¿Cómo se siente el hombre típico cuando hace trabajo de casa?

A. Me gustaría saber. . . .   Pregúntele a un compañero.

PREGUNTAS PARA LOS HOMBRES

1. ¿Te gusta hacer los quehaceres domésticos? ¿Por qué?

2. En tu opinión, ¿quién debe hacerlos—el hombre o la mujer? ¿Por qué?

3. ¿Cómo te sientes cuando tienes que lavar los platos, etc.?

4. ¿Cómo se sienten tus amigos cuando ellos lo hacen?

5. ¿Causa esto un problema en tu casa—quién va a hacer el trabajo—o han llegado a un acuerdo justo?

6. ¿Qué dice el hombre típico cuando sus amigos ayudan con los quehaceres domésticos?

7. ¿Está cambiando la actitud de los hombres con respecto a este trabajo? En tu opinión, ¿por qué es o no es así?

8. ¿Qué adjetivo usarías para describir los quehaceres domésticos?

9. ¿Te gustaría quedarte en casa cuidando a los hijos y limpiando la casa? ¿Por qué?

10. ¿Qué diferencia hay en lo que harías en casa y lo que tu papá haría en casa?

11. ¿Con qué ideas del artículo anterior no estás de acuerdo?

12. ¿Cuál será el futuro de la relación entre el hombre y la mujer?

13. ¿Es peligroso hacer generalizaciones sobre como son los hombres y las mujeres? ¿Por qué?

PREGUNTAS PARA LAS MUJERES

1. ¿Te gustan los quehaceres domésticos? ¿Por qué?

2. En tu opinión, ¿quién debe hacerlos—el hombre o la mujer? ¿Por qué?

3. ¿Cómo te sientes cuando tienes que lavar los platos y preparar la comida?

4. ¿Cómo te sientes cuando ves a un hombre que se rehusa a ayudar a limpiar la casa?

5. ¿Qué dicen las madres cuando ven a sus yernos limpiando la casa y lavando los platos? ¿Por qué crees que reaccionan así?

6. ¿Está cambiando la actitud de los hombres con respecto a los quehaceres domésticos? En tu opinión, ¿por qué es o no es así?

Ayudar a tu bebé a ser fuerte y sano . . .

No tomes bebidas alcoholicas. No tomes ni cerveza, ni vino, ni licor. Cuando tomas un trago alcoholico, tu bebé tambien toma lo mismo. El alcohol puede hacerle daño a tu bebé por toda su vida. Tu bebé puede tener problemas tales como los siguientes:

- No funciona bien en la escuela
- Le falta agilidad física
- No crece como los otros niños de su edad
- Es diferente que otros niños
- Tiene muchos problemas de salud

Source: National Clearinghouse for Alcohol and Drug Information

7. ¿Qué adjetivo usarías para describir los quehaceres domésticos?

8. ¿Qué prefieres hacer—quedarte en casa cuidando a los niños o tener una profesión fuera de la casa? ¿Por qué?

9. De lo que has visto, ¿comó reacciona una mujer cuando un hombre llora? ¿Por qué crees que ella reacciona así?

10. ¿Hay mucho entendimiento entre el hombre y la mujer hoy?

11. ¿Con qué ideas del artículo no estás de acuerdo? ¿Por qué?

12. ¿Es peligroso hacer generalizaciones sobre como son los hombres y las mujeres? ¿Por qué?

13. ¿Cuál será el futuro de la relación entre el hombre y la mujer?

B. Haga el papel.   Con un compañero de clase, haga Ud. los papeles siguientes.

1. You are in a supermarket buying the week's groceries. An attractive person asks you which cut of meat is the best. You help him (or her) decide which one is best. The conversation then turns to more personal matters such as where you live, etc. The encounter ends up by him (or her) asking you to go out for a drink. Do you accept? That's up to you to decide!

2. Your wife has just announced she is tired of changing diapers and cleaning house and wants to go back to work. You both discuss the pros and cons of the move, such as child care costs, impact on the children, etc. You are a little reluctant to see this happen because you know you will have to help with the housework. Discuss this with each other in a mature, nonthreatening way.

3. You have just gotten a new boss in your corporation (a woman). You are not wildly enthusiastic about having to take orders from a woman but must make a living and besides, you are a liberal, open-minded person. When conversing with you, the boss sends off signals that she is interested in you personally. Tell her tactfully that you are married with three children. Be diplomatic! Talk enthusiastically about what your children and wife are doing.

GRAMATICA

El imperfecto del subjunctivo

1. The imperfect subjunctive is used like the present subjunctive in dependent clauses when a main clause verb requires its use. It usually expresses a past action.

De niños, **era** necesario que **estudiáramos** mucho.
As children, it was necessary that we study a lot.

Mi papá **quería** que todos sus hijos **fuéramos** doctores.
My father wanted all of his children to be doctors.

Mi mamá **se alegró** de que no todos **estudiáramos** medicina.
My mother was glad that all of us did not study medicine.

2. The imperfect subjunctive is formed by removing the *-ron* ending of the third person plural of the preterite and adding the imperfect subjunctive endings:

-ra, -ras, -ra, -´ramos, -ráis, -ran

jugaron		**volvieron**		**salieron**	
juga**ra**	jug**áramos**	volvie**ra**	volvi**éramos**	salie**ra**	sali**éramos**
juga**ras**	juga**rais**	volvie**ras**	volvie**rais**	salie**ras**	salie**rais**
juga**ra**	juga**ran**	volvie**ra**	volvie**ran**	salie**ra**	salie**ran**

Note: The imperfect subjunctive has alternate endings that are seldom used in Latin America, but are often used in Spain:

-se, -ses, -se, -´semos, -seis, -sen

juga**se**	jug**ásemos**	volvie**se**	volvi**ésemos**	salie**se**	sali**ésemos**
juga**ses**	juga**seis**	volvie**ses**	volvie**seis**	salie**ses**	salie**seis**
juga**se**	juga**sen**	volvie**se**	volvie**sen**	salie**se**	salie**sen**

Note: Only the *nosotros* form of the verb has a written accent.

3. The following are often-used verbs that have the same irregular stems that they have in the preterite tense.

andar	anduvie-	competir	compitie-
conducir	conduje-	convertir	convirtie-
dar	die-	corregir	corrigie-
decir	dije-	divertir	divirtie-
estar	estuvie-	dormir	durmie-
hacer	hicie-	elegir	eligie-
ir, ser	fue-	mentir	mintie-
poder	pudie-	morir	murie-
querer	quisie-	pedir	pidie-
saber	supie-	preferir	prefirie-
tener	tuvie-	reír	rie-
traer	traje-	sentir	sintie-
venir	vinie-	servir	sirvie-
ver	vie-	vestir	vistie-

4. The imperfect subjunctive in Spanish follows main clause verbs (usually in a past tense) that express an emotion, the unknown, an uncertainty, doubt, or an implied command. By comparing the following sentences with those in Lección 7, "The Subjunctive with Verbs Expressing Implied Command," you will see that the same uses of the subjunctive still apply and that you are simply using a different tense (the imperfect) to express a past tense idea.

Sugerí que Uds. **estudiaran.**   *I suggested that you study.*

Exigí que Uds. **estudiaran.**   *I demanded that you study.*

Les rogué que Uds. **estudiaran.**   *I begged you to study.*

Quería que Uds. **estudiaran.**   *I wanted you to study.*

Insistí en que Uds. **estudiaran.**   *I insisted that you study.*

Les aconsejé que Uds. **estudiaran.**   *I advised you to study.*

5. The imperfect subjunctive is used in the following cases that you already learned when studying the present subjunctive but with an emphasis on past time.

Dudábamos que el presidente **viniera.** (doubt)
We doubted that the president would come (was coming).

Nos alegró que el presidente **viniera.** (emotion)
We were happy that the president came.

El nos mandó que **viniéramos.** (implied command)
He ordered us to come.

Buscábamos un reloj que **anduviera** bien. (adjective clause, indefinite antecedent)
We were looking for a watch that ran well.

No había nadie allí que **conociéramos.** (negative antecedent)
There wasn't anyone there that we knew.

Ibamos a esperar allí hasta que **llegara** José. (adverbial clause, uncertainty)
We were going to wait there until José arrived. (Was José going to arrive or not? The action is uncertain.)

6. The imperfect subjunctive may be used when the main verb is in the present tense but the dependent clause verb refers to a past action.

Tanto **me alegro** de que Uds. **llegaran** a tiempo para el bautismo.
*I am so happy you **arrived** on time for the baptism.*

práctica

A. Cambie las frases siguientes del presente al pasado. Tiene que cambiar los dos verbos, el primero al pretérito y el segundo al imperfecto del subjuntivo según el modelo.

> Juan _prefiere_ que _vayamos_ a un juego de béisbol.
> Juan _prefirió_ que _fuéramos_ a un juego de béisbol.

1. Ella _duda_ que _haya_ [hubiera] otra guerra mundial.
2. _Es_ [era] terrible que no _podamos_ [pudiéramos] hacer más ejercicios como éstos.
3. Ella _sugiere_ [sugirió] que Uds. _se vistan_ [vistieran] bien para la fiesta.
4. _Buscamos_ un libro que nos _dé_ [diera] las respuestas a estos ejercicios.
5. No _es_ [era] posible encontrar un libro que _tenga_ [tuviera] las respuestas.
6. Nos _gusta_ [gustaba] que _estés_ [estuvieras] satisfecho con tu comida.
7. El no _cree_ [creyó] que Dios _exista_ [existiera].
8. Ellos _niegan_ [negaban] [fueron] que sus hijos _sean_ culpables.
9. _Deseamos_ que Uds. _se diviertan_ [divirtieron].
10. Ella _siente_ [sintió] que su novio y ella no _tengan_ [tuvieron] más tiempo para verse.

B. José y Julia son esposos y hablan del pasado, de lo que cada uno quería que pasara durante su noviazgo. Complete el diálogo siguiente con el imperfecto del subjuntivo.

JOSÉ: Cuando éramos novios, quería que tú me _llamaras_ (llamar).

JULIA: Yo no sabía que tú preferías que yo _fuera_ (ser) más agresiva.

JOSÉ: Claro, mujer, pero siempre insistías en que yo _iniciara_ (iniciar) todo.

JULIA: Sí, hombre, pero en esos días era necesario que el hombre _tuviera_ (tener) el papel dominante.

JOSÉ: Es un estereotipo peligroso. Siempre esperaba que tú me _invitaras_ (invitar) a salir contigo. A mis amigos y a mí nos gustaba que una mujer _hiciera_ (hacer) algo diferente.

JULIA: ¿Buscaban tus amigos una mujer que _pudiera_ (poder) ser más dominante?

JOSÉ: ¡Qué no! Queríamos una mujer que no _tomara_ (tomar) control de nuestras vidas.

JULIA: ¡Ah sí! Ahora entiendo. Uds. esperaban que todo _sucediera_ (suceder) según su gran plan y que lo _tuvieran_ (tener) todo.

JOSÉ: ¡De ninguna manera! Pero, ¿no crees que era bueno que nosotros _viviéramos_ (vivir) nuéstras fantasías?

JULIA: Creo que era ridículo que Uds. _soñaran_ (soñar) con cosas tan tontas. ¿Por qué no vamos al cine esta noche?

JOSÉ: Buena idea. Prefiero más vivir ahora que en el pasado. Vamos.

—————————————————— *juntos* ——————————————————

Me gustaría saber. . . .   Hágale a un compañero las preguntas siguientes. *Cuidado:* No se olvide de la diferencia entre el presente y el pasado del subjuntivo.

Compañero 1:

1. ¿Era necesario que tomaras drogas en tu colegio para ser miembro de un grupo?

2. ¿Querías que el presidente interrumpiera tu programa favorito de televisión ayer con un discurso sobre la defensa?

3. ¿Dudas que yo tenga novio(a)?

4. ¿Te alegras de que yo sea tu compañero(a) para estas preguntas? ¿Prefieres tener otro compañero? ¿Por qué?

5. ¿Insistió tu doctor en que tú dejaras de fumar?

Compañero 2:

1. ¿Fue necesario que repitieras este curso?

2. De niño(a), ¿insistían tus padres en que durmieras mucho?, ¿en que bebieras vino?, ¿en que te portaras bien?, ¿en que siempre dijeras la verdad?, ¿en que no mintieras?

3. ¿Prefieres que practiquemos el subjuntivo o el indicativo? ¿Por qué?

4. ¿Te gustó que tu candidato favorito ganara en la última elección?

5. ¿Preferiste que el profesor (la profesora) no nos diera un examen la semana pasada? ¿Por qué?

SI SU ANUNCIO ESTUVIERA AQUI

USTED LO ESTARIA LEYENDO AHORA.

CONTRARY-TO-FACT CLAUSES

1. A contrary-to-fact clause makes a statement that is considered unreal or unlikely. Study the following sentences in which the *imperfect subjunctive* expresses the contrary-to-fact idea. Note that the conditional tense expresses what "would happen" if a certain thing were true. Review the conditional tense in Lección 5 before doing the exercises on contrary-to-fact clauses.

   Si **estuviéramos** allí, iríamos al Museo del Prado.
   *If we **were** there (but we are not), we would go to the Prado Museum.*

   Si ella **tuviera** mucho dinero, compraría una casa nueva.
   *If she **had** a lot of money (but she doesn't), she would buy a new house.*

2. The expression *como si* ("as if") always denotes a condition contrary to fact and *always* takes a past subjunctive.

   Ellos se portan como si **fueran** niños.
   *They act as if they **were** children.* (but they are not)

práctica

A. Complete las frases siguientes con la forma apropiada del imperfecto del subjuntivo.

1. Si nosotros _tuvieramos_ (tener) tiempo, iríamos a verlos.
2. Si _hubiera_ (haber) menos ruido, podríamos oír la película.
3. Si alguien nos _dijeran_ (decir) adónde ir, lo haríamos.
4. Si _supieras_ (saber) la combinación, ¿nos la dirías?

5. Ojalá yo _pudiera_ (poder) viajar a Hawai este año, pero es imposible.
6. El habla como si _fuera_ (ser) un experto en leyes.
7. El chico comería si le _gustara_ (gustar) la comida.
8. Nosotros nos desmayaríamos si ellos _hicieran_ (hacer) su trabajo.
9. Si hoy nosotros _fuéramos_ (ir) al parque de atracciones, ¿irías con nosotros?
10. Ellos hablan como si _tuvieran_ (tener) 60 años.

B. Complete las frases siguientes usando sus propias ideas.

1. El compraría un Rolls Royce si _tuviera dinero_
2. Un esposo estaría muy contento si su esposa _fuera simpática._
3. Una esposa estaría muy contenta si su esposo _cocinara bien._
4. No habría tantas guerras si la gente (viviera) _luchara para la paz._
5. Los jóvenes no beberían tanto alcohol si _vivieran en una fraternidad_
6. El chico diría la verdad si sus padres _fueran comprensivos._
7. Yo viajaría a Perú si _tuviera pasaporte_
8. Sacaríamos una "A" en este curso si _trabajáramos mucho._
9. Yo vendería mi coche si ~~alguien~~ _tú me comprara.lo._
10. Nos divertiríamos más en la vida si no _tuviéramos. que tomar este curso._

------------------------------ *juntos* ------------------------------

Me gustaría saber. . . .   Pregúntele a un compañero.

Compañero 1:

1. Si estuvieras en México, ¿hablarías en español o en inglés?
2. Si tuvieras mucha hambre, ¿qué harías?
3. ¿Me darías mil dólares si ganaras la lotería?
4. ¿Irías a España si tuvieras el dinero para el vuelo?
5. Si yo no estuviera aquí, ¿dónde estaría?, ¿en casa?, ¿en la biblioteca?
6. Si fueras el profesor (la profesora), ¿darías exámenes?
7. Si fueras un inmigrante ilegal, ¿cruzarías a nado el Río Grande?
8. Si estuvieras en mi lugar, ¿te gustaría mi vida? ¿Podemos cambiar?

Compañero 2:

1. Si yo fuera tu esposo(a), ¿me obedecerías? ¿Por qué?
2. Si pudieras ir a cualquier lugar del mundo, ¿adónde irías? ¿Me invitarías a acompañarte? ¿A quién invitarías?, ¿a tus amigos?, ¿a tus padres?

3. Si fueras el (la) jefe de tu compañía, ¿les pagarías a los empleados más dinero?
4. Si jugaras al básquetbol tan bien como Michael Jordan, ¿estarías aquí hablando conmigo? ¿Por qué?
5. ¿Cómo reaccionarías si alguien te dijera palabrotas (*obscenities*)?
6. Si yo te invitara a una fiesta, ¿saldrías conmigo?
7. Si yo vendiera mi coche viejo, ¿lo comprarías por tres mil dólares? ¿Por qué?

Los tiempos compuestos del subjuntivo

Spanish has two simple subjunctive tenses (the present and the imperfect) and two compound subjunctive tenses (the present perfect and the past perfect).

THE PRESENT PERFECT SUBJUNCTIVE (EL PRESENTE PERFECTO)

The present perfect tense is formed with the present subjunctive of the auxiliary verb *haber* and the past participle of the verb being used. It has the same meaning as the present perfect tense in English but is used in Spanish in *dependent clauses* after verbs that require the subjunctive.

Dudan que:

yo haya ganado	nosostros hayamos ganado
tú hayas ganado	vosotros hayáis ganado
Ud. haya ganado	Uds. hayan ganado
ella haya ganado	ellas hayan ganado
él haya ganado	ellos hayan ganado

Note: None of the present perfect subjunctive verb forms can be used unless they follow a clause that takes the subjunctive such as "Es posible que . . .", "Dudamos que . . .", and "Espero que. . . .".

Esperamos que ellos hayan llegado.   *We hope that they have arrived.*

Compare the following sets of sentences to understand the difference between the present perfect indicative and subjunctive in Spanish.

Ha llegado. *She has arrived.*
Es posible que **haya llegado**. *It is possible that she has arrived.*

Han perdido. *They have lost.*
Dudo que **hayan perdido**. *I doubt that they have lost.*

práctica

A. Combine las frases siguientes según el modelo. Use el presente perfecto del *subjuntivo*.

> Los esposos han empezado a comunicarse. (Es bueno que . . .)
> Es bueno que los esposos *hayan empezado* a comunicarse.

1. Nuestro equipo ha ganado el campeonato. (Tanto nos alegra que . . .)
2. La pareja se ha divorciado. (Es una lástima que . . .)
3. Los hijos han decidido con qué padre vivir. (Dudo que . . .)
4. Los esposos han ido a hablar con un consejero. (Es un alivio (*relief*) que . . .)
5. Ellos se han casado. (No creo que . . .)
6. Carlos y Carmen se han enamorado. (Es posible que . . .)
7. No se han comunicado en su casamiento. (Siento que . . .)
8. He ganado un millón de dólares en la lotería. (No es verdad que . . .)

B. Complete este análisis que una mujer ha hecho de la relación que tiene con su novio, usando el presente perfecto del *indicativo* o del *subjuntivo*.

Yo estoy segura de que siempre _____ (tratar) de entender el punto de vista de mi novio. No creo que lo _____ (ofender) más de dos veces por día. Espero que él _____ (estar) contento porque puedo decir que yo _____ (estar) contenta con él. A veces le _____ (preguntar) si me quiere y él siempre me ha respondido (responder) que sí. Tengo miedo de que a veces él me haya mentido (mentir), pero él me ha jurado (jurar) que no. Es posible que a veces yo haya sido (ser) algo posesiva con él, pero yo sé que a él le ha gustado (gustar). Espero que hayamos pasado (pasar) por la parte más difícil de nuestra relación. Yo he gozado (gozar) mucho al salir con él. Ojalá él se haya divertido (divertirse) tanto como yo. ¿Qué cree Ud.?

C. Me gustaría saber. . . .   Pregúntele a un compañero.

Compañero 1:

1. ¿Dudas que yo haya aprendido este nuevo tiempo verbal? ¿Es posible que yo lo aprenda en el futuro?
2. ¿Es verdad que te hayas enamorado(a) de una persona famosa?
3. ¿Te gusta que ya casi hayamos aprendido todos los tiempos en español?
4. ¿Es una tristeza que todavía no hayamos podido visitar Venezuela?

Compañero 2:

1. ¿Dudas que yo haya salido recientemente con un príncipe (una princesa)?

2. ¿Hemos completado estas preguntas? ¿Es una lástima que no las hayamos completado?

3. ¿Debemos decirle al profesor (a la profesora) que las hemos completado? Le gustará a él (ella) que las hayamos completado? ¿Quieres celebrar cuando termine la clase?

THE PAST PERFECT SUBJUNCTIVE (EL PLUSCUAMPERFECTO DEL SUBJUNTIVO)

1. The past perfect subjunctive *(el pluscuamperfecto)* is formed with the imperfect subjunctive of the auxiliary verb *haber* and the past participle of the verb being used. It has the same meaning as the past perfect tense in English, but is used in Spanish in dependent clauses after verbs that require the subjunctive. Compare these two sentences:

    Había escalado el pico.   *He **had climbed** the peak.*

    Dudé que él **hubiera escalado** el pico.
    *I doubted that he **had climbed** the peak.*

Fue una lástima que:

yo hubiera renunciado	nosostros hubiéramos renunciado
tú hubieras renunciado	vosotros hubierais renunciado
Ud. hubiera renunciado	Uds. hubieran renunciado
ella hubiera renunciado	ellas hubieran renunciado
él hubiera renunciado	ellos hubieran renunciado

Note: None of the past perfect subjunctive verb forms can be used unless they follow clauses such as "Fue una lástima que", "Nos sorprendió que", and "Sentía que . . .".

Nos sorprendió que él **hubiera renunciado**.
It surprised us that he had resigned.

2. The past perfect subjunctive is also used in a contrary-to-fact clause, stating "if something had happened" (but it did not).

Si **hubiéramos tenido** el tiempo, habríamos visitado el Arco.
If we had had the time (but we did not), we would have visited the Arch.

Note: When the past perfect subjunctive is used to express a condition contrary to fact, the conditional perfect tense is used to express what "would have happened" if a certain thing had been true.

PAST PERF. SUBJ.   CONDITIONAL PERFECT

Si yo **hubiera sabido** del accidente, **habría llamado.**
If I had learned of the accident (but I did not), I would have called.

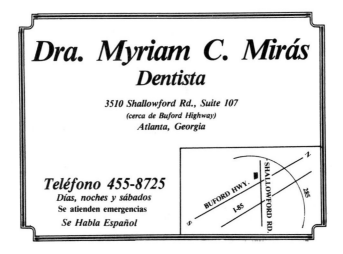

práctica

A. Combine las frases siguientes usando el pluscuamperfecto del subjunctivo según el modelo.

> Los esposos habían empezado a comunicarse. (Era bueno que . . .)
> Era bueno que los esposos *hubieran empezado* a comunicarse.

1. Nuestro equipo había perdido en el último minuto. (Era una lástima que . . .)
2. La pareja se había reconciliado. (Era maravilloso que . . .)
3. Los hijos habían rehusado aceptar el divorcio. (Era trágico que . . .)
4. Los esposos habían resuelto sus diferencias. (Era un alivio que . . .)
5. Ellos se habían casado. (No creía que . . .)
6. Paco y Alicia se habían enamorado. (Nos alegrábamos de que . . .)
7. No se habían comunicado en su casamiento. (Sentía que . . .)
8. Ella había heredado una fortuna de su abuela. (No era verdad que . . .)

B. Cambie las frases hipotéticas (*contrary-to-fact*) al pasado según el modelo.

> Si tuviéramos el dinero, lo compraríamos.
> Si hubiéramos tenido el dinero, lo habríamos comprado.

1. Si hiciera más calor, ellos nadarían.
2. Si estuviéramos en la playa, tomaríamos el sol.
3. Si yo tuviera sed, bebería agua.
4. Si hubiera más tiempo, yo te escribiría con más frecuencia.
5. Si los niños comieran su espinaca, serían tan fuertes como Popeye.
6. Si los esposos se comunicaran, no se divorciarían.
7. Si Ramón perdiera veinte libras, se sentiría mejor.
8. ¡Ay! Si solo pudiera dejar de comer chocolate, no pesaría tanto.

C. Me gustaría saber. . . .　　Pregúntele a un compañero.

Compañero 1:

1. Si no hubieras venido a la clase hoy, ¿adónde habrías ido? ¿Te habrías quedado en casa?
2. Si no hubieras estudiado español, ¿qué lengua habrías estudiado? ¿Por qué?
3. Si el presidente no hubiera ganado la elección, ¿quién habría ganado?
4. ¿Habrías estado más contento(a) si el otro candidato hubiera ganado?
5. Si hubieras estado en un accidente serio esta mañana, ¿habrías podido venir a la clase?

Compañero 2:

1. Si no hubieras nacido, ¿cómo habríamos sobrevivido sin ti? Habría sido difícil, ¿verdad?

2. Si tú no hubieras asistido a esta universidad, ¿a qué universidad habrías asistido?

3. Si yo hubiera nacido con tres ojos, ¿habría asustado a los niños?

4. Si el profesor (la profesora) te hubiera insultado, ¿cómo habrías reaccionado? ¿Te habrías enojado?

5. Si hubieras oído que no hay exámenes en las clases de francés, ¿habrías tomado francés?

> **NOTE TO THE STUDENT:** *¡Hay que celebrar! You have just completed all tenses in Spanish. Hopefully, you feel a real sense of accomplishment. ¡Felicitaciones!*

La concordancia de tiempos

In order to get an overall view of the subjunctive mood, we must look at the tense combinations possible in the main clause and the dependent clause. Remember that the tense of the verb in the main clause usually determines which tense of the subjunctive must be used in the dependent clause. Study the following chart of the most often used combinations.

INDICATIVE TENSE	MAIN CLAUSE	DEPENDENT CLAUSE	SUBJUNCTIVE TENSE
PRESENT PRES. PERF. FUTURE COMMAND	Pido He pedido Pediré Pida Ud.	que llamen	Present
PRESENT	No creo	que hayan llamado	Present Perfect
PRETERITE IMPERFECT CONDITIONAL PAST PERFECT	Pedí Pedía Pediría Había pedido	que llamaran	Imperfect
PRETERITE IMPERFECT	No creí No creía	que hubieran llamado	Past Perfect

NO DEJE QUE
SE LE INUNDE
LA CASA;
BUSQUE
UN PLOMERO
EN LAS
PAGINAS
AMARILLAS

NYNEX
Yellow Pages

Copyright, NYNEX Information Resources Company, 1988.
Printed by permission of NYNEX Information Resources Company.

práctica

Complete las frases siguientes usando el tiempo correcto del subjuntivo. *Cuidado:*
En algunos casos es posible usar dos tiempos. Use la lógica.

1. Queremos un apartamento que _esté_ (estar) cerca del centro.
2. Vamos a la fiesta con tal que él _vaya_ (ir) también.
3. No íbamos a asistir a la clase a menos que él _asistiera_ (asistir) también. (hubiera asistido) could also use
4. Ellos se fueron sin que sus padres lo _supieran_ (saber).
5. Sería imposible que yo te lo _devolviera_ (devolver). (devolver also)
6. Hágalo tan pronto como Ud. _pueda_ (poder). ← better choice
7. Dudábamos que el niño _hiciera_ (hacer) su tarea.
8. Será necesario que el hombre y la mujer _____ (comunicarse) mejor en el futuro. hubiera hecho / se comuniquen

9. No había nadie que _____ (poder) mantenerse en contacto con nosotros.
    (handwritten: hubiera podido / pudiera)

10. Es posible que ellos _____ (mandar) el cheque.
    (handwritten: hayan mandado / mandén)

11. Era lamentable que nadie _____ (ver) el accidente.
    (handwritten: hubiera visto)

12. Le jefa ha sugerido que nosotros _____ (trabajar) más.
    (handwritten: trabajemos)

13. El profesor había dicho que el estudiante _____ (estudiar) mucho para el examen.
    (handwritten: hubiera estudiado)

14. Díles que _____ (dejar) de hablar.
    (handwritten: dejen)

15. Mis padres siempre nos habían prohibido que _____ (fumar).
    (handwritten: fumáramos)

La mujer ambivalente

Ya que hemos discutido la ambivalencia en el hombre de esta época, tenemos que examinar el punto de vista del otro sexo. Si el hombre está confuso con respecto a su papel, la mujer tiene el mismo problema con su identidad. Ella no está segura si quiere ser ama de casa y madre, o si quiere tener una profesión sin tener niños, o si quiere desempeñar los dos papeles a la vez. La "mujer liberada" tiene más oportunidades ahora, pero si está casada y tiene hijos, es necesario que tome decisiones muy difíciles que afectarán a su esposo y a sus hijos. Hay que examinar el desarrollo histórico en el cambio del papel de la mujer, para entender mejor los conflictos en su vida.

Aparte de las muy pocas mujeres reformistas del siglo XIX, la mujer típica criaba a los niños, atendía las necesidades de su esposo y se ocupaba de la casa. Con la llegada de la Primera Guerra Mundial, las mujeres empezaron a trabajar fuera de la casa por necesidad. Este fenómeno aumentó aún más durante la Gran Depresión de 1929, cuando las mujeres tuvieron que ayudar a sus esposos a conseguir dinero para que la familia pudiera comer y sobrevivir. Muchas veces ellas podían conseguir trabajo más fácilmente porque los serviles trabajos disponibles se consideraban como demasiado bajos para los hombres. Al trabajar fuera de la casa, las mujeres obtuvieron su primera experiencia de independencia.

Durante la Segunda Guerra Mundial aún más mujeres tuvieron que encontrar trabajos fuera de casa por razones económicas y a causa de la guerra. Cuando sus esposos volvieron de la guerra, ellas volvieron a sus papeles de amas de casa, pero ya habían experimentado el placer de poder identificarse con algo más que "amas de casa". Con la invención de las máquinas automáticas para los quehaceres domésticos, que le ahorraban tiempo a las mujeres, muchas se empezaron a aburrir porque tenían tiempo libre. También, con el descubrimiento de los anticonceptivos, que podían ayudarles a planear el número de hijos que tendrían, las mujeres se encontraban más libres que nunca. Ellas querían encontrar otra manera de poder contribuir sus talentos a la sociedad, usando la educación que ya

habían ganado y que nunca habían podido utilizar. Las mujeres empezaron a decir que tenían el derecho a alcanzar su potencial. Ellas veían que tenían oportunidades más allá de criar a una familia, apoyar al esposo en su carrera y quedarse en casa aburridas de los quehaceres domésticos. En el pasado, si había un conflicto entre su trabajo y la casa, entre sus obligaciones consigo misma y sus obligaciones con su familia y su esposo, ellas naturalmente abandonaban su carrera. Hoy, las mujeres demandan que la estructura política les haga caso y que les dé las mismas oportunidades que tienen los hombres.

La reacción de los hombres al movimiento revolucionario de las mujeres ha pasado por todas las emociones posibles. Algunos hombres se dan cuenta de las necesidades de las mujeres y las aceptan. Otros se sienten abandonados por sus esposas. Se sienten amenazados por los cambios y se rehusan a tener en cuenta los sentimientos de sus mujeres. Quieren volver a los viejos días felices libres de conflictos. Al principio, muchos hombres creían que los cambios eran una amenaza a su virilidad, porque la gente creería que no podrían mantener a sus familias. Algunos tenían miedo de perder el control sobre sus mujeres. El papel tradicional del hombre había cambiado tan rápido, que muchos hombres se encontraban confusos y perdidos, no sabiendo cómo reaccionar ante sus esposas y otras mujeres. Hoy día, muchos todavía dicen que no saben lo que las mujeres quieren de ellos.

Las mujeres entienden los sentimientos confusos de los hombres y tienen miedo de destruir las buenas relaciones con los hombres cuando compiten con ellos en la oficina. Ellas tienen sentimientos ambivalentes, porque experimentan mucho conflicto emocional al tratar de mantener un equilibrio entre la devoción a sus esposos, a sus hijos y también a su carrera. Una parte de la mujer quiere estar en casa con los hijos y otra parte quiere tener gran éxito profesional. ¿Puede la mujer continuar haciendo los dos papeles, en casa y en la oficina, sin que su esposo le preste más ayuda que antes? ¿Siempre va a sentirse culpable si no es la mujer perfecta como esposa, madre, ama de casa y empleada? ¿Puede el hombre sentirse cómodo estando en un nivel igual al de su mujer? Esto depende de cuánto se quiera cada pareja. De lo que sí podemos estar seguros es de que ya no hay posibilidad de volver atrás, a las costumbres viejas del pasado.

VOCABULARIO

VERBOS

apoyar   to support
cuidar a   to take care of
darse cuenta de   to realize (a fact)
experimentar   to experience
hacer caso de   to pay attention to
mantener   to support (financially)
volverse atrás   to turn back

SUSTANTIVOS

el ama de casa   housewife

la **amenaza**   threat
el **derecho**   right (legal)
el **descubrimiento**   discovery
la **guardería infantil**   day-care center

ADJETIVOS

amenazado   threatened
culpable   guilty
disponible   available

vocabulario y comprensión

A. Encuentre la palabra correcta para la definición de la izquierda.

1. _____ acusado de una falta más o menos grave
2. _____ que puede usarse
3. _____ dar a entender que se quiere hacer daño
4. _____ conservar, sostener
5. _____ notar, observar, sufrir
6. _____ tomar una resolución
7. _____ luchar por una misma cosa
8. _____ separación judicial de dos casados
9. _____ situación de desgracia y de difícil salida
10. _____ bien que se hace o recibe

a. resolver
b. conflicto
c. culpable
d. beneficio
e. disponible
f. divorcio
g. amenazar
h. experimentar
i. competir
j. mantener

B. Conteste Ud. las preguntas siguientes.

1.   ¿Está segura la mujer de su identidad? ¿Por qué?

2.   ¿Qué oportunidades tiene ella?

3.   ¿A quiénes afecta su decisión cuando decide seguir una carrera fuera de la casa?

4.   ¿Cuándo empezó la mujer a ganar más independencia y por qué?

5.   ¿Qué papel hacía la mujer durante la Segunda Guerra Mundial?

6.   ¿Estaba ella en competencia con los hombres cuando volvieron de la guerra? ¿Por qué?

7.   ¿Sentía la mujer mucha satisfacción cuando trabajaba fuera de la casa? ¿Por qué?

8.   ¿Qué cosas liberaron a la mujer de su papel tradicional?

9.   ¿Cómo reaccionaron los hombres cuando estos cambios se hicieron realidad?

10.   ¿Por qué siente la mujer típica tantos conflictos cuando tiene un esposo e hijos?

11.   ¿Cómo pueden los esposos resolver esta situación?

12.   ¿Es posible volver al pasado? ¿Por qué?

juntos

A. Me gustaría saber. . . .   Pregúntele a un compañero.

Compañero 1:

1.   ¿Qué piensas de la liberación de las mujeres?

2.   ¿Te gustaría ser ama de casa o tener una carrera? ¿Por qué?

3.   ¿Qué efecto ha tenido en los niños el regreso de las mujeres al trabajo?

4.   En tu opinión, ¿por qué hay tantos divorcios hoy en día?

5.   ¿Cómo han afectado estos cambios tu vida? ¿Te gustan los cambios? ¿Por qué?

6.   ¿Cuáles son algunos beneficios de estos cambios? ¿Cuáles son algunos resultados negativos?

Compañero 2:

1.   ¿Crees que los hombres y las mujeres se entienden entre sí? ¿Por qué?

2.   ¿Crees que es bueno dejar a los hijos en una guardería infantil? ¿Por qué?

3.   ¿Trabajaban tu papá y tu mamá cuando eras niño(a)?

4.   ¿Es mejor que la mujer se quede en casa con los niños o que realice sus ambiciones de hacer una carrera? ¿Por qué?

5.   ¿Cómo es una típica mujer liberada? ¿Te gusta ella? ¿Eres una de ellas? ¿Por qué?

6.   ¿Crees que las cosas están normalizándose con los hombres y las mujeres? ¿Cómo?

B. Haga el papel.   Con un compañero de clase, haga Ud. los papeles siguientes.

1. You and a woman friend discuss the impact "women's lib" has had on each of you as career women. You discuss your boyfriends, husbands, children, and their attitudes. You discuss society's prejudices *(prejuicios)* against what you are doing and how you are coping with all the pressures of working and running a household. (If you and your partner are men, play the roles as you feel women would play them. You can do it!)

2. You and a male friend discuss the impact "women's lib" has had on each of you as husbands of career women. You discuss your wives and their attitudes. You also discuss your feelings about having to help clean the house, cook dinners, and change diapers *(pañales)*. You give your opinion on all the changes that

have been both good and bad for you. (If you and your partner are women, play the roles as you feel men would play them. You also can do it!)

3. You and your partner have a son who has married a career woman. They have three children. Two are in school, and one is in a day-care center. Discuss your feelings about your son having to do dishes, run the vacuum cleaner, etc. Make a decision not to interfere in your son's life and try to see the benefits to how they are living.

C. Composición guiada.   Escriba una composición sobre el tema siguiente. Siga el esquema dado aquí.

<table>
<tr><td>**Tema:**</td><td colspan="2">**Los cambios de papel entre el hombre y la mujer (no) han sido beneficiosos.**</td></tr>
<tr><td>*Introducción:*</td><td>A.</td><td>El hombre y la mujer han experimentado cambios revolucionarios en un tiempo muy breve. ¿Cuáles son estos cambios?</td></tr>
<tr><td></td><td>B.</td><td>Los cambios han puesto a prueba (*taxed*) la relación entre ellos.</td></tr>
<tr><td>*Desarrollo:*</td><td>A.</td><td>el papel del hombre en el pasado</td></tr>
<tr><td></td><td>B.</td><td>el papel de la mujer en el pasado</td></tr>
<tr><td></td><td>C.</td><td>los principios históricos de los cambios de estos papeles</td></tr>
<tr><td></td><td>D.</td><td>el efecto de los cambios en los hombres</td></tr>
<tr><td></td><td>E.</td><td>el efecto de los cambios en las mujeres</td></tr>
<tr><td></td><td>F.</td><td>el efecto de los cambios en los niños</td></tr>
<tr><td></td><td>G.</td><td>el estado de la relación entre el hombre y la mujer</td></tr>
<tr><td>*Conclusión:*</td><td colspan="2">Dé su opinión personal sobre los efectos de la "liberación de la mujer," incluyendo ejemplos específicos de su propia experiencia. Dé una predicción para el futuro del hombre y la mujer.</td></tr>
</table>

D. Composición libre.   En una composición escrita, compare al hombre o la mujer de hoy con el hombre o la mujer del pasado. Compare sus vidas respectivas y las penas y placeres de cada uno(a).

Personal letters

Since personal letters are less formal, salutations and complimentary closes can reflect an individual's personal preferences and personality.

SALUTATIONS (SALUDOS)

Querido José:	*Dear Joe,*
Querida María:	*Dear Mary,*
Querido hijo mío:	*My dear son,*
Queridos abuelitos:	*Dear Grandparents,*

COMPLIMENTARY CLOSES (DESPEDIDAS)

Con cariño,	*With love,*
Con mucho cariño,	*With much love,*
Un abrazo fuerte de . . .	*A big hug from . . .*

ADDRESSING A LETTER

In Spanish the house number follows the street name.

Sr. Antonio Belmonte Gutiérrez
Calle Cava Alta 10
Apto. B
Baza, Granada
España

USEFUL EXPRESSIONS FOR LETTER WRITING

a/c (a cargo de)	*c/o (in care of)*
Apartado Postal (Apdo.)	*Post Office Box*
Apto. (apartamento)	*Apt. (apartment)*
Certificada	*Registered letter*
Correo urgente	*Express mail*
Lista de Correos	*General Delivery*

A. Escríbale una carta a un buen amigo en España usando la información que Ud. acaba de estudiar. Puede ser una carta breve.

B. Refranes.   Estudie los refranes siguientes y piense en sus equivalentes en inglés.

Manos a la obra.

No hay mal que por bien no venga.

El amor con amor se paga.

A. Corrija las frases siguientes, si es necesario. Los mandatos pueden ser correctos o incorrectos. Preste atención a la persona que recibe el mandato. Si dice "Sr. Montero", debe ser un mandato de *Ud.* Si dice "Juanito", debe ser un mandato de *tú.* Escriba *C* si el mandato es correcto.

1. _____ Juanito, *pónete* tu chaqueta.

2. _____ Sr. Montero, *hable Ud.* con este cliente.

3. _____ Sr. Montero, *no salgas* tan temprano.

4. _____ Juanito, *pensa* antes de hablar.

5. _____ Juanito, *sale* con nosotros.

6. _____ Sr. Montero, *díganos* cómo se llama ese hombre.

7. _____ Juanito, no *juges* al fútbol con esos chicos.

8. _____ Sr. Montero, *pasa* por aquí.

9. _____ Juanito, *dice* la verdad.

10. _____ Sr. Montero, no *trae* su periódico.

B. Corrija los mandatos de *nosotros* y *Uds.*, si es necesario. Escriba *C* si el mandato es correcto.

1. _____ *Acostémosnos.*

2. _____ *Siéntense* Uds.

3. _____ *Denme* Uds. más tiempo.

4. _____ *Comemos.*

5. _____ *Pagen* Uds. la cuenta.

6. _____ *Divertámonos* en la fiesta.

7. _____ No *díganme* los secretos de María.

8. _____ *Dormamos* aquí.

9. _____ Estudiantes, *tocen Uds.* sus instrumentos.

10. _____ Sres., *prestan* atención a estos mandatos.

C. Corrija las frases siguientes, si es necesario. Las palabras afirmativas o negativas pueden ser incorrectas. Escriba *C* si son correctas.

1. _____ No hay *nadie* en este saco.

2. _____ No tiene *alguna* idea de lo que estamos hablando.

3. _____ La familia *todavía no* está aquí.

4. _____ Miramos *nunca* ese programa.

5. _____ No hemos visto a *alguien* de esa descripción.

6. _____ *Ya* has visto esa película, ¿verdad?

7. _____ ¿Tienes algo en la boca? *No, tengo nada* en la boca.

8. _____ El ni hace sus tareas *o* presta atención en clase.

9. _____ No tenemos *ninguno* amigo en esta ciudad.

10. _____ —No me gusta el fútbol americano.
    —*Ni yo tampoco.*

11. _____ —Toco la flauta.
    —*Yo también.*

12. _____ *No* ha llegado *nadie*.

D. Corrija las frases siguientes, si es necesario. Puede haber errores en el uso del indicativo o del subjuntivo. Mire con cuidado las cláusulas adjetivales. También preste atención al tiempo usado en la cláusula dependiente. Escriba *C* si la frase es correcta.

1. ___C___ ¿Conoces a una persona que le *guste* esquiar?

2. ___Sabe___ ¿Dónde está la persona que *sepa* usar esta máquina?

3. ___tuviera___ Buscábamos a alguien que *tenía* interés en cocinar.

4. ___Conozca___ No conocemos a nadie que la *conoce*.

5. ___C___ ¿Dónde has puesto las llaves que *estaban* aquí?

6. ___quisiera___ No había ninguna persona que *quiera* ayudarnos.

7. ___Sea___ Quiero casarme con un hombre que *es* muy simpático.

8. ___fuera___ Juan quería casarse con una mujer que *sea* simpática.

9. ___es___ Tengo un amigo que *sea* muy cariñoso.

10. ___C___ Ayer conocimos a alguien que *es* de Chicago.

E. Corrija las frases siguientes, si es necesario. Puede haber errores en el uso del indicativo o del subjuntivo. Preste atención a las cláusulas adverbiales y al tiempo usado en la cláusula dependiente.

1. ___C___ Vamos a la universidad *para que podamos* conseguir un buen trabajo.

2. ___C___ Te daremos el dinero con tal que *firmes* un pagaré (I.O.U.).

3. ___tiene___ El papá siempre viaja en avión cuando *tenga* negocios en Nueva York.

4. ___este___ En caso de que yo no *estoy* aquí cuando *llegas*, llámame en la
   ___llegues___ oficina.

5. ___C___ Salimos *sin que le dijéramos* "Adiós" a la familia.

6. _____C_____ Ana se viste bien para que su novio la *quiera*.

7. _____es_____ Aunque hoy *sea* domingo, tenemos que ir al trabajo.

8. __te cases__ Antes que *te casas*, mira lo que haces. (*tienes* — you have)

9. _____C_____ Aunque él *tuviera* el tiempo, no nos escribiría.

10. _____C_____ Aunque su novio *esté* aquí mañana, no le prestará atención.

F. Corrija las frases siguientes, si es necesario. Puede haber errores en el uso del indicativo o del subjuntivo. Preste mucha atención a las ideas de cada frase. Escriba *C* si la frase es correcta.

1. ___dea___ ¿Es posible que él nos *dará* un examen mañana?

2. _prometas_ No saldré contigo a menos que *prometes* llevarme al cine.

3. _____C_____ Es cierto que mañana *es* viernes.

4. ___haya___ Dudamos que *habrá* una guerra nuclear en este siglo.

5. ___sepa___ ¿Conoces a alguien que *sabe* francés, ruso e inglés?

6. __vienen__ No dudamos que *vengan* muchos turistas este verano.

7. _____C_____ Los chicos se alegraron de que no *tomemos* el examen ayer.

8. _pudiéramos_ Si *podemos*, escribiríamos con más frecuencia.

9. _____C_____ Los estudiantes estudian *para que puedan* ganar mucho dinero en el futuro.

10. __ha ganado__ Es verdad que nuestro equipo *haya ganado*.

11. _____C_____ Si *supiéramos* las noticias, te habríamos llamado.

12. _____C_____ Si yo *fuera* tú, no haría eso.

G. Me gustaría saber. . . . Hágale a un compañero las preguntas siguientes.

Compañero 1:

1. ¿Te gustaría que yo te invitara a cenar en mi casa?
2. ¿Tienes algo en las manos?
3. ¿Por qué es necesario que hagamos estas preguntas?
4. ¿Es necesario que aprendamos más tiempos verbales?
5. ¿Sería posible que yo te llamara por teléfono?
6. ¿Qué te gusta hacer más que cualquier otra cosa?

Compañero 2:

1. ¿Cantamos "Cielito lindo" durante esta clase?
2. ¿Quieres que yo deje de hacerte estas preguntas?
3. Si fueras millonario(a), ¿adónde irías para tus vacaciones?

4. Si John Lennon no hubiera sido asesinado, ¿habría seguido cantando?

5. Si hubieras sabido que esta clase iba a ser difícil, ¿la habrías tomado?

H. Refranes. Encuentre el equivalente en inglés al refrán en español.

_____ 1. No dejes para mañana lo que puedas hacer hoy.

_____ 2. Aunque la mona se vista de seda, mona se queda.

_____ 3. Manos a la obra.

_____ 4. Gran calma, señal de agua.

_____ 5. Antes que te cases, mira lo que haces.

_____ 6. El amor con amor se paga.

_____ 7. Quien mal anda, mal acaba.

_____ 8. Antes que acabes, no te alabes.

_____ 9. No hay mal que por bien no venga.

a. Live by the sword, die by the sword.

b. Every cloud has a silver lining.

c. Don't put off for tomorrow what you can do today.

d. Look before you leap.

e. Don't count your chickens before they're hatched.

f. You can't make a silk purse out of a sow's ear.

g. To work, everyone.

h. Love begets love.

i. The calm before the storm.

10

La minoría hispana
en los Estados Unidos

La demografía de la gente hispana en los Estados Unidos

Según el Censo de 1980 se estima que la población hispana ha alcanzado casi 15 millones, haciendo de los Estados Unidos el quinto país de población hispana en el mundo. Los expertos dicen que esta minoría estadounidense va a crecer con una tasa más rápida que la de la población general, porque más del 40% de la gente hispana tiene menos de 18 años. Se predice que los hispanos van a sobrepasar a los negros como la minoría más grande de los Estados Unidos dentro de diez años. De los 15 millones de hispanos en el país, 8.9 millones (59%) son de origen mexicano. Viven principalmente en el Suroeste, en los estados de California, Texas, Nuevo México, Arizona y Colorado (en orden decreciente de población). Nuevo México es el estado que cuenta con el mayor porcentaje (45%) de población hispana. Texas y Arizona tienen más de 20% de habitantes de origen hispano.

La mayoría de los hispanos (86.5%) vive en las zonas metropolitanas de todas las partes de los Estados Unidos, como Los Angeles, Chicago, Miami, Nueva York, y Kansas City; en contraste con el 66% de la población no-hispana de los Estados Unidos. Se estima que hay entre 3 y 12 millones de hispanos ilegales en el país. Según la Agencia del Censo, entre los años 1970 a 1980, la población hispana creció 6.5 veces más que la de la población general. De hecho, el impacto de este grupo tendrá grandes consecuencias en la sociedad americana del futuro. A continuación estudiaremos tres grupos de población hispana: los mexicanoamericanos, los cubanoamericanos y los puertorriqueños; examinaremos su historia, sus problemas de integrarse a la sociedad norteamericana y sus contribuciones al país adoptivo.

La influencia de España en el Suroeste

Los españoles, a través de la historia, ejercieron un papel dominante en la formación del carácter e idiosincracia de la población hispana en los Estados Unidos. Cuando los exploradores españoles vinieron al Nuevo Mundo, trajeron su lengua y un profundo deseo de extender la religión católica a los territorios poblados por gente indígena. Los frailes establecieron misiones en el Suroeste, especialmente en los actuales estados de California y Nuevo México, convirtiendo a muchos nativos al catolicismo. Como resultado del proceso de dominio, asimilación y aculturación, los españoles se casaron con los indios y crearon una nueva raza llamada "mestiza".

En el plano económico, introdujeron a la región albaricoques, melocotones, ciruelas, uvas, olivas, manzanas, peras, cerezas, limones y naranjas, que hoy son industrias muy importantes, especialmente en California. Los frailes volvieron a España, llevando al Viejo Mundo productos del Nuevo Mundo—tomates, aguacates, chocolate, vainilla, maíz y patatas. Aún hoy en día, se puede ver la gran influencia de España en el Suroeste de los Estados Unidos: al visitar el área, con sus misiones viejas y sus casas de arquitectura típicamente española; así como al estudiar los nombres españoles de los estados y las ciudades. Todavía existen gentes, expecialmente en Nuevo México, que son descendientes puros de los españoles y que cuentan con el español como su lengua principal, aunque sepan el inglés.

Estados con Mayor Población Hispana: 1980 y 1970

Estado State	Rango Rank	1980 Total
California	1	4,544,331
Texas	2	2,985,824
New York	3	1,659,300
Florida	4	858,158
Illinois	5	635,602
New Jersey	6	491,883
New Mexico	7	477,222
Arizona	8	440,701
Colorado	9	339,717
Michigan	10	162,440
Pennsylvania	11	153,961
Massachusetts	12	141,043
Connecticut	13	124,499
Washington	14	120,016
Ohio	15	119,883
Total (Estados seleccionados) Total (Selected states)		13,254,580

Ciudades cuya Población Hispana Sobrepasó los 50,000: Censo de 1980

Ciudades Cities	Total
1. New York, NY	1,406,024
2. Los Angeles, CA	816,076
3. Chicago, IL	422,063
4. San Antonio, TX	421,954
5. Houston, TX	281,331
6. El Paso, TX	265,819
7. Miami, FL	194,037
8. San Jose, CA	140,529
9. San Diego, CA	130,613
10. Phoenix, AZ	116,736
11. Albuquerque, NM	112,084
12. Dallas, TX	111,083
13. Corpus Christi, TX	108,175

Los antecedentes de los mexicanoamericanos

La historia de la minoría mexicanoamericana es única. Ellos no vinieron a ser una minoría por ser inmigrantes, como los italianos, alemanes y otras nacionalidades, o por ser traídos a este país como esclavos, en el caso de los negros, sino por ser conquistados.

Los españoles, bajo el mando de Hernán Cortés, empezaron a colonizar lo que hoy llamamos México. En 1536, Alvar Núñez Cabeza de Vaca exploró el noroeste de México, lo que hoy es el suroeste de los Estados Unidos. Poco a poco los españoles extendieron su dominio hacia el norte, hasta que, a fines del siglo XVII, ya había poblados coloniales establecidos por toda la región del norte de México, incluyendo los estados actuales de Texas, Arizona, Nuevo México y California. De hecho, cuando los ingleses establecieron la primera colonia inglesa en Jamestown, Virginia, hacía más de 70 años que se hablaba español en estos territorios.

En 1821, México declaró su independencia de España y anexó todas sus colonias en el norte. México fomentó colonizaciones norteamericanas en el suroeste, esperando que los nuevos colonizadores norteamericanos fueran leales a México y que actuaran en defensa de los intereses mexicanos ante las tendencias expansionistas de los Estados Unidos hacia el Oeste. El plan fracasó en 1846, cuando las tropas militares de los Estados Unidos invadieron y ocuparon el norte de México, desde California hasta la Ciudad de México, al sur. Los Estados Unidos lograron, con el Tratado de Guadalupe Hidalgo, en 1848, anexar la tercera parte de todo el territorio de México (Arizona, California, Nuevo México, Texas y partes de Colorado, Nevada y Utah), por la suma de $15 millones. Los norteamericanos establecieron, con la compra de la Mesilla (Gadsen) en 1853, la frontera actual con México.

Después de que los norteamericanos ganaron control del territorio mexicano, los inmigrantes no-hispanos se convirtieron en la mayoría de la población, convirtiendo a los mexicanos en la minoría. Los mexicanos perdieron muchas tierras durante la expansión de los pioneros hacia el oeste. Las diferencias culturales y lingüísticas, y los prejuicios sociales, los convirtieron en ciudadanos de segunda clase. Mientras tanto, estos primeros "mexicanoamericanos" mantenían contacto con México, y guardaban los valores sociales y culturales de su país de origen.

La migración de los mexicanos a los Estados Unidos empezó en 1848, cuando las compañías ferroviarias necesitaban obreros para tender las vías de sus líneas intercostales. Otras industrias empezaron a florecer y, cuando necesitaban mano de obra barata y migratoria, contrataron a muchos mexicanos, que vinieron a los Estados Unidos para mejorar sus oportunidades económicas. Durante la Gran Depresión Económica de los años '30, el gobierno estadounidense inició un programa de repatriación, forzando a emigrar a México aproximadamente a medio millón de personas. De esta manera, los norteamericanos podían ocupar los trabajos que los mexicanoamericanos dejaban vacantes. Sin embargo, durante la Segunda Guerra Mundial había tanta escasez de trabajadores, que el gobierno estadounidense suspendió las restricciones a la importación de mano de obra extranjera. En 1942, México y los Estados Unidos firmaron el Acuerdo de Bracero. Entre 1942 y 1947, más de 200.000 obreros mexicanos fueron empleados en 24 estados. En 1964, los dos gobiernos terminaron el Acuerdo de Bracero, que había traído legalmente a más de 4.5 millones a trabajar en las granjas norteamericanas.

Se cree que actualmente, más de un millón de extranjeros ilegales entran cada año a los Estados Unidos a través de su frontera con México. (Esta cifra no tiene en cuenta los inmigrantes ilegales, como los escandinavos, que entran por Canadá.) Para asegurarse la entrada al país, muchas veces pagan a un "coyote", un intermediario que supuestamente puede ayudarlos a evadir a los oficiales del gobierno norteamericano, la "migra". Estos coyotes muchas veces son gente baja, que explotan a los pobres mexicanos, e, incluso, les roban sus cosas después de ayudarlos a cruzar la frontera. Los trabajadores ilegales tienen miedo de denunciarlos a la policía norteamericana y tienen que sufrir la injuria en silencio.

Para el gobierno de México, la migración ilegal es una válvula de escape para los obreros mexicanos, que no tienen oportunidades para obtener un nivel de vida decente en su país. Para los Estados Unidos es una fuente de labor barata, que de buena gana acepta los trabajos bajos y socialmente poco atractivos para los norteamericanos, como la recolección de frutas y verduras. Pero, durante una recesión económica, el trabajador anglo ve a los "indocumentados" (inmigrantes ilegales) como demasiada competencia para los trabajos existentes.

Recientemente, el Congreso de los Estados Unidos aprobó una ley de inmigración que da amnistía a los inmigrantes que han vivido ilegalmente en los Estados Unidos desde antes del primero de enero de 1982. Los inmigrantes afectados tienen que comprobar que han vivido en el país desde antes de ese período. Desgraciadamente, debido a que muchos tenían que esconderse de la policía, no tienen documentos para verificar su residencia en los Estados Unidos. La nueva ley de inmigración también impone sanciones contra las personas que contratan a los inmigrantes ilegales.

La migración ilegal continuará hasta que los dos países puedan resolver el problema de la diferencia tan grande entre las dos economías, una rica y la otra pobre. Es de desearse que en el futuro se remedie esta situación en favor de ambos países.

VOCABULARIO

VERBOS

alcanzar   to reach
anexar   to annex, to attach
contratar   to hire
contar con   to count on
crecer   to grow
fracasar   to fail
predecir   to predict
recoger, recolectar   to gather, pick

SUSTANTIVOS

el **acuerdo**   agreement
el **aguacate**   avocado
el **albaricoque**   apricot
la **cereza**   cherry
la **ciruela**   plum
el **ciudadano**   citizen
la **competencia**   competition
la **escasez**   scarcity
el **esclavo**   slave
el **este**   east
la **granja**   farm
la **migra**   immigration authorities
el **melocotón** (el **durazno** in Mexico)
     peach
el **norte**   north
el **oeste**   west
la **sanción**   sanction

el **sur**   south
la **tasa**   rate
la **uva**   grape
el **valor**   value
la **válvula de escape**   escape valve

ADJETIVOS

estadounidense   American
ferroviario   railroad
indígena   indigenous
inesperado   unexpected
migratorio   migrant
occidental   Western
poblado   populated

EXPRESIONES UTILES

así como   as well as
de hecho   as a matter of fact
principalmente   mainly

PALABRAS CONFUSAS

bajo   under
debajo de   underneath (in a physical sense)

porque (conj.)   because + clause
a causa de (prep.)   because of + noun or
     pronoun

_____ vocabulario y comprensión _____

A. Encuentre la palabra correcta para la definición de la izquierda.

1. _____ anunciar algo que va a suceder   **a.** porcentaje
2. _____ llegar a un sitio para establecerse   **b.** hondo
3. _____ negociar un acuerdo de trabajo   **c.** móvil
4. _____ humedecer con algún líquido   **d.** inmigrar

5.	_____ poner en acción	**e.**	barrio
6.	_____ originario del país	**f.**	mojar
7.	_____ que puede moverse	**g.**	contratar
8.	_____ que tiene profundidad; intenso	**h.**	actuar
9.	_____ tanto por ciento	**i.**	indígena
10.	_____ diferentes áreas residenciales	**j.**	predecir

B. Conteste Ud. las preguntas siguientes.

LA DEMOGRAFIA DE LA GENTE HISPANA EN LOS ESTADOS UNIDOS

1. ¿Cuántos habitantes hispanos hay en los Estados Unidos?

2. ¿Dónde vive la mayoría de ellos? ¿De qué país han emigrado?

3. ¿Cuál es la tasa de crecimiento en la población hispana entre los años 1970 y 1980?

4. ¿Cuál de los estados norteamericanos cuenta con el porcentaje más alto de población hispana? Nombre algunas ciudades conocidas que fueron establecidas por los españoles en el Suroeste de los Estados Unidos.

5. ¿Qué porcentaje de la población hispana vive en las ciudades? ¿Es más o menos alto que el del resto de la población norteamericana?

6. ¿Por qué cree Ud. que tanta gente prefiere vivir en las ciudades?

7. ¿En qué estados están concentrados los mexicanoamericanos?

8. ¿Qué estado tiene el mayor número de habitantes hispanos?

9. ¿Hay mucha gente hispana en su ciudad? ¿Dónde viven?

LA INFLUENCIA DE ESPANA EN EL SUROESTE

1. ¿Qué cosas legaron los españoles a la gente del Nuevo Mundo que cambiarían sus vidas para siempre?

2. ¿Qué productos agrícolas de las Américas llevaron los españoles a España?

3. ¿Qué productos trajeron de España?

4. ¿Qué evidencia de las colonias españolas todavía se puede ver hoy?

5. ¿Habla inglés toda la población hispana?

6. ¿Cuál es el significado de la palabra "mestizo"?

LOS ANTECEDENTES DE LOS MEXICANOAMERICANOS

1. ¿Por qué es tan curiosa la historia de los mexicanoamericanos como una minoría en las tierras en el Suroeste de los Estados Unidos?

2. ¿Quién era Núñez Cabeza de Vaca? ¿Qué descubrió? ¿Cuándo?

3. ¿Cómo le ganaron los Estados Unidos tanto territorio a México?

4. ¿Cuánto dinero tuvieron que pagar por tanto territorio?

5. ¿Qué les pasó a los mexicanoamericanos durante la expansión territorial hacia el Oeste? ¿Han recobrado el *status quo* del pasado?

6. ¿Por qué querían algunas compañías norteamericanas que los mexicanos vinieran a trabajar en los Estados Unidos? ¿En qué año empezó la inmigración?

7. ¿Qué les pasó a muchos mexicanos durante la Gran Depresión Económica de los '30?

8. ¿Por qué retornaron los inmigrantes mexicanos durante la Segunda Guerra Mundial?

9. Explique el Acuerdo de Bracero.

10. ¿Cuántos trabajadores mexicanos han entrado legalmente a los Estados Unidos?

11. Según los expertos, ¿cuántos entran ilegalmente cada año?

12. Explique el papel del "coyote" en la entrada ilegal de los trabajadores mexicanos.

juntos

A. Para discutir:

1. En su opinión, ¿ha sido justo el tratamiento que los mexicanos han recibido de los Estados Unidos? ¿Por qué?

2. ¿Cuál es la actitud del gobierno mexicano con respecto al problema de tantos inmigrantes mexicanos en los Estados Unidos? ¿Está Ud. de acuerdo con esto? ¿Por qué?

3. ¿Cómo resolvería Ud. esta situación tan seria?

B. Me gustaría saber. . . .   Pregúntele a un compañero.

Compañero 1:

1. ¿Cuál es tu imagen de un mexicanoamericano típico?
2. ¿Crees que el gobierno norteamericano debe dejar entrar a tanta gente ilegal?
3. ¿Cómo pueden los dos gobiernos remediar esta situación en tu opinión?
4. ¿Vienes de una familia de inmigrantes? ¿Quiénes inmigraron?, ¿de qué país?, ¿cuándo?
5. ¿Tienes compasión por los mexicanos pobres que vienen "al norte"? ¿Por qué?

Compañero 2:

1. ¿Has visitado el Suroeste norteamericano? ¿Qué evidencia has visto de la influencia de los españoles en estados como Nuevo México?
2. ¿Has oído a algunos hispanohablantes hablar español en los Estados Unidos? ¿Dónde?

3. ¿En qué ciudades grandes está concentrada la mayoría de la gente hispana? ¿Has visitado las ciudades?

4. ¿Crees que sea bueno que mucha gente hispana mantenga su lengua materna? ¿Por qué?

5. En tu opinión, ¿deben ellos aprender inglés? ¿Por qué?

C. Haga el papel.   Con un compañero de clase, haga Ud. los papeles siguientes.

1. Your car has run out of gas in Mexico near the American border. A policeman stops and offers to help. You explain that your only problem is that you have no gas. The officer volunteers to take you to a gas station. You and he talk about special problems while driving in Mexico, such as very few gas stations in the north and no stations that sell unleaded gas (*gasolina sin plomo*). You thank him profusely for helping you.

2. At the gas station, the attendant does not understand that you need only gas and starts to examine the car, suggesting you need an oil change and new tires. You explain that you ran out of gas and that since you are driving a rental car, you only want gas.

3. You are a border guard who has just caught an illegal alien who swam across the Río Grande to get to the United States. You tell the alien that he (or she) will have to return. The alien tells you about his (her) family situation—five children who have nothing to eat, etc. Treat the alien with compassion and respect but explain the country's laws.

GRAMATICA

«Por» y «para»

Special study is needed to learn the difference between the prepositions *por* and *para*. Study the following examples to understand how to use them.

Por is used to express:

1. in exchange for;

    Le dimos sesenta pesetas **por** las tarjetas postales.
    *We gave him 60 pesetas **for** the post cards.*

2. cause or motive of an action (because of, on account of, on behalf of);

No pudimos votar **por** la ausencia de tantas personas.
*We were not able to vote **because of** the absence of so many people.*

Estoy demasiado cansado para ir **por** mi cheque. Ve **por** mí.
*I'm too tired to go get my check. Go **for** me (in my place).*

3. duration of time;

Estaremos en el vuelo internacional **por** siete horas.
*We will be on the international flight **for** seven hours.*

4. with the passive voice to express the agent "by";

Aquel edificio fue diseñado **por** el famoso arquitecto Gaudí.
*That building was designed **by** the famous architect Gaudí.*

5. means or measure (by, for, per);

Ellos hablaron anoche **por** teléfono.   *They talked last night **by** phone.*

Estos huevos valen 150 pesetas **por** docena.
*These eggs cost 150 pesetas **per** dozen.*

6. through, by, along;

Anduvimos **por** el parque.   *We walked **through** the park.*

Vengan Uds. **por** aquí.   *Come **along** this way.*

Fui **por** la casa de Ramón pero no estaba.
*I went **by** Ramón's house but he wasn't there.*

7. in search of, to get.

Fueron **por** los niños a las tres.   *They went **to get** the children at three.*

Para is used to express:

1. destination toward;

Salimos **para** Miami esta noche.
*We leave **for** Miami tonight.* (our destination)

2. a recipient;

Este regalo es **para** Margarita.   *This present is **for** Margarita.*

3. by a certain time;

> Este proyecto tiene que ser completado **para** pasado mañana.
> *This project has to be completed **by** the day after tomorrow.*

4. "in order to," followed by the infinitive or a clause introduced by "que";

> Estudiamos **para** sacar buenas notas.
> *We study **in order to** get good grades.*

> Escribimos la carta **para que** entendieran nuestro punto de vista.
> *We wrote the letter **so that** they would understand our point of view.*

5. an implied comparison;

> **Para** ser un chico de dos años, habla muy bien.
> ***For** a child of two years of age, he speaks very well.* (compared with other two-year-old children)

6. the use of something.

> Es una taza **para** café.   *It is a coffee cup.* (a cup used for coffee)

☑ **Sí, Yo Quisiera Trabajar En El Censo**

Por favor, diríjase a la dirección siguiente . . .

Nombre			
Dirección — *Número de la casa, calle, ruta rural y número de caja o de Caja Postal*			
Ciudad		Condado	
Estado			Número de ZIP
Teléfono	Número de area	Número	
Mejor hora de llamar	Día de la semana		Hora a.m. p.m.

FORMA DX-3202-W(S) (8-31-87)

Separe por la perforación antes de mandar NO SE NECESITA SELLO.

UN PATRON EQUITATIVO

práctica

A. Complete Ud. las frases siguientes con la preposición *por* o *para*.

1. ¿_____ quién es? ¿Es _____ mí?
2. El tren viajaba _____ el túnel cuando hubo un derrumbe de tierra (*landslide*).
3. Estaremos aquí _____ tres horas más.
4. ¿_____ qué estudias? ¿_____ ser profesora?
5. Le voy a dar diez dólares _____ su radio.
6. Viajamos _____ avión.
7. Mandamos la carta _____ correo.
8. Es necesario comer _____ vivir.
9. _____ ser un chico tan bajo, juega al básquetbol muy bien.
10. María, hemos venido _____ ti. ¿Estás lista?
11. ¿José? Lo vi pasar _____ aquí hace una hora.
12. ¿Cuánto vale la gasolina _____ litro?
13. Niños, tengan su tarea completa _____ el lunes.
14. Votamos _____ ti porque no estabas.
15. Este vaso es _____ cerveza.

B. Complete la carta siguiente con *por* o *para*.

Querido Mike:

Llegamos aquí ayer _____ la mañana. _____ haber hecho un viaje tan largo, estamos bien. Tuvimos que cambiar nuestros billetes _____ otros porque el vuelo estaba lleno. Ibamos a salir _____ Madrid el viernes _____ la tarde, pero nos dijeron que tendríamos que tomar un vuelo el sábado _____ la noche. Tuvimos que quedarnos allí en Nueva York un día extra. Nos dijeron que estuviéramos listos _____ salir _____ eso de las cinco de la tarde. Nos dieron un descuento _____ haber sufrido la espera. Mientras tanto, allí en Nueva York, anduvimos _____ las calles. Andábamos _____ Wall Street, cuando decidimos que no estábamos preparados _____ ir tantas millas. Decidimos volver _____ Central Park _____ ver a la gente divirtiéndose. Estuvimos _____ allí casi el resto del día. Nueva York es verdaderamente una ciudad _____ gozar vistas extraordinarias.

Bueno, aquí viene el cartero. Tengo que echar esta carta al correo. Estoy mandándotela _____ avión _____ que puedas recibirla más rápido. Escríbeme cuando puedas. Me divertí mucho visitándote. Muchas gracias _____ todo.

Un abrazo,

Paco

C. Me gustaría saber. . . .   Pregúntele a un compañero.

Compañero 1:

1. ¿Para cuándo habremos terminado este curso?
2. ¿Entraste en esta clase por la ventana o por la puerta?
3. ¿Para quiénes son estas preguntas?
4. ¿Cuánto dinero me darías por mis zapatos?
5. ¿Cuánto cuestan los limones por docena?
6. ¿Te gustaría tomar el próximo examen en mi lugar? ¿Por qué?
7. ¿Para qué carrera estás estudiando?
8. ¿Votarías por mí si fuera el(la) candidato(a) para presidente?
9. ¿Para qué sirve ese reloj?
10. ¿Fuiste por helado anoche? ¿Te acordaste de comprar un helado para mí?

Compañero 2:

1. ¿Quién vino por aquí hace un momento?
2. ¿Qué tenemos que hacer para sobrevivir (*to survive*) esta clase?
3. ¿Tienes que beber cerveza para sentirte bien?
4. Para ser un estudiante de tres semestres, ¿hablo bien el español?
5. ¿Por quién fue escrito este libro?
6. ¿Me darías un beso por un dólar?
7. ¿Por qué estados viajaste cuando fuiste al Oeste?
8. ¿Harás todo tu trabajo para mañana?
9. ¿Mandaste dinero para una suscripción a *El Tiempo*?
10. ¿Compraste un regalo para tus padres?, ¿para tu novio(a)?

Los pronombres relativos

A relative pronoun is a pronoun which introduces a subordinate adjective clause: *who, whose, that, which,* and *what.*

1. *Que* (that, which, who, or whom) is the most commonly used relative pronoun. It can refer to a person or thing.

    El hombre **que** está sentado allí es mi hermano.
    *The man **who** is sitting there is my brother.*

    El deporte **que** preferimos es el fútbol.
    *The sport **which (that)** we prefer is soccer.*

    Note: Either of the two sentences above can be translated *without* the relative pronoun but it must be used in Spanish. The English speaker often leaves it out in Spanish. ¡CUIDADO!

2. *Quien* and *quienes* (who, whom) are used to refer only to persons. They are often used after *a* and other prepositions.

    Los hombres **a quienes** vimos anoche son bomberos.
    *The men **whom** we saw last night are firemen.*

    Yo soy **quien** prepara las comidas en casa.
    *I'm the one **who** prepares the meals at home.*

3. *El que (cual), la que (cual), los que (cuales),* and *las que (cuales)* are used instead of *que* or *quien* after prepositions (especially after *por, para,* and *sin* to avoid confusion with *porque, sin que,* and *para que*).

    La puerta **por la cual** entramos estaba pintada de negro.
    *The door **through which** we entered was painted black.*

    (*Que* used with *por* could be confused with the conjunction *porque.*)

    Note: When there are two antecedents, they are also used to clarify to whom the sentence refers.

    Quiero conocer a la compañera de cuarto de María, **la que (cual)** toca la guitarra.
    *I want to meet María's roommate **who** plays the guitar.*

4. *Cuyo* (whose) must agree in gender and number with the noun it modifies.

Ese chico, **cuyas** notas son terribles, no va a salir bien.
*That boy, **whose** grades are bad, is not going to pass.*

Cuidado: Do not get *cuyo* confused with the interrogative "whose?," expressed in Spanish by *de quién(es)*.

¿**De quién** es esta chaqueta?   ***Whose jacket is this?***

5. *El que, la que, los que,* and *las que* are used to translate "he who," "those who," etc.

Los que dejaron entrar a los insectos van a sentirlo.
***Those who** let the bugs in are going to be sorry.*

El que mucho duerme poco vive.   ***He who** sleeps a lot lives little.*

In many Spanish proverbs, *quien* is often used instead of *el que*.

***Quien** mucho duerme poco vive.*

6. *Lo cual* and *lo que* are neuter relative pronouns that always refer to ideas and never to specific persons or things.

Lo que me molesta es que no tenemos más tiempo.
***What** bothers me is that we don't have more time.*

Ellos lloraban **lo cual** nos entristeció mucho.
*They were crying, **which** saddened us a lot.*

práctica

A. Escoja la respuesta correcta a cada frase.

1. No tengo la menor idea (que, de lo que, del que) hablas.
2. ¿(Cuyos, De quiénes) son estos libros?
3. (Lo que, lo cual, el que) esperar puede, alcanza lo que quiere.
4. Las mujeres, (de las cuales, quienes, que) hablamos anoche, están aquí.
5. ¿Viste la llave (la cual, que, cual) dejé aquí?
6. Ellos son los hombres (quienes, de quienes, a quienes) conocimos.
7. ¿Te gustan los deportes (que, en los cuales) hay mucha violencia?
8. Es la compañía para (la cual, que, cual) conseguimos la información.

9. Ese mexicanoamericano, (cuyo, cuyos, cuyas) padres son de México, trabaja de camarero.

10. ¿Sabes (que, el cual, lo que) me dijo él?

B. Construya una oración con las dos frases siguientes, usando los pronombres relativos *que, quien* o *el cual* en su forma correcta según el modelo. Cuidado, a veces hay más de una respuesta posible.

> Ella es la mujer. La visitamos el año pasado.
> Ella es la mujer *a quien* visitamos el año pasado.

1. Tenemos un libro. Sin él no podemos estudiar.

2. Ella es trabajadora social. La vimos en el supermercado.

3. Ayer conocimos al dentista. El es muy amigo de la familia Suárez.

4. Juan es el hombre. Te hablaba de él ayer.

5. El doctor nos llamó. Operó a la abuela.

6. Era posible que el poeta chicano ganara el Premio Nobel. Eso causó unos momentos muy tensos, esperando las noticias.

7. La compañía frutera no ofrece prestaciones extras a los obreros. Ellos trabajan para ella.

8. Ese es el hombre. Se escapó de la migra.

Las conjunciones

Review the use of adverbial conjunctions followed by the indicative or subjunctive moods in Lección 8.

Conjunctions connect words or groups of words.

15 de agosto de 1986/Mundo Hispánico

Mundo Hispánico, la publicación de la comunidad hispana de Atlanta metropolitana, publica anuncios comerciales, clasificados y un calendario de la comunidad. Además de publicar información sobre actividades de la comunidad hispana y entretenimiento latino, se publica información en forma breve relacionada con los hispanos en Atlanta y la región circundante.

1. **y > e.** *Y* (and) joins two words or clauses. If the word begins with *i* or *hi*, the conjunction *y* is changed to *e* for phonetic reasons.

Alfonso **y** Guzmán   Fernando **e** Isabel
acero **y** estaño   uvas **e** hígados

2. **o > u.** *O* (or) is changed to *u* when the following word begins with *o* or *ho*.

Manuel **o** Paco   siete **u** ocho
villano **o** héroe   mujer **u** hombre

3. **pero versus sino.** *Pero* (but) joins two clauses.

El coyote trató de robar al pobre inmigrante, **pero** alguien lo detuvo.

*The "coyote" tried to rob the poor immigrant, **but** someone stopped him.*

El hombre no iba a entrar al país, **pero** su situación familiar lo hizò necesario.

*The man was not going to enter the country, **but** his family situation made it necessary.*

Sino also joins two clauses and means "but" in the sense of *but instead*. It contradicts the first part of the sentence, which is always negative. Study the following examples. *Sino que* is used to introduce a clause with a conjugated verb.

No está enfermo **sino** borracho.   *He is not sick **but***
No está enfermo **sino que** está borracho.   ***instead** drunk.*

práctica

A. Combine las palabras siguientes con *y* o *e*.

1. tacos _____ enchiladas
2. canciones _____ himnos
3. pacientes _____ hipnosis
4. ver _____ oír
5. aguja _____ hilo
6. drogar _____ hipnotizar
7. manzanas _____ uvas

1. RESPONDA A TODAS LAS PREGUNTAS DEL CENSO '88

2. USE EL SOBRE CON FRANQUEO YA PAGADO Y ENVIELO EN SEGUIDA

3. SI USTED NO HA RECIBIDO EL SOBRE CON FRANQUEO YA PAGADO MANTENGA EL FORMULARIO COMPLETADO HASTA QUE LE VISITE EL EMPADRONADOR

B. Combine las palabras siguientes con *o* o *u*.

1. extraordinario _____ ordinario

2. recordar _____ olvidar

3. melocotones _____ uvas

4. vertical _____ horizontal

5. terremoto _____ huracán

6. acuerdo _____ oposición

7. desaparecer _____ evaporar

C. Complete las frases siguientes con *pero*, *sino*, or *sino que*.

1. El Suroeste de los Estados Unidos no era norteamericano _____ mexicano.

2. Queríamos invitarte _____ no teníamos tu número de teléfono.

3. Muchos mexicanoamericanos no son ricos _____ pobres.

4. Los españoles querían encontrar la fuente de juventud _____ desgraciadamente no pudieron.

5. Muchas escuelas tienen programas bilingües _____ otras no.

6. El inmigrante no ganó su fortuna en América _____ tuvo que volver a México.

7. El gobierno no controla bien la entrada de los indocumentados _____ hay mucha gente que lo exige.

8. A ellos no les importa la política _____ les importa el sobrevivir.

9. No es listo _____ tonto.

10. Quiere sobresalir _____ no puede.

«Gustar» y verbos parecidos

Several Spanish verbs use a different construction to say such things as "I like." The word order is reversed and what is liked becomes the subject of the verb. Study the following examples.

Me gusta el español.   *I like Spanish.* (lit: *Spanish is pleasing to me.*)

Me gustan los deportes.   *I like sports.* (lit: *Sports are pleasing to me.*)

Note that the subject in English becomes an indirect object in Spanish.

Me gusta bailar.	*I like to dance.* (lit: *To dance is pleasing to me.*)
Te gusta bailar.	*You (fam.) like to dance.*
A él, a ella, a Ud. le gusta bailar.	*He, she, you like to dance.*
Nos gusta bailar.	*We like to dance.*
Os gusta bailar.	*You (fam.) like to dance.*
A ellos, a Uds. les gusta bailar.	*They, you like to dance.*

The verb is usually used in the third person singular or plural (*gusta, gustan*) but is sometimes used in other persons.

Me gustas **tú.**   *I like you. (You are pleasing to me.)*

Note other verbs like *gustar*:

1. *faltar*   to be lacking, to need

Le falta un lápiz.   *He needs a pencil. (A pencil is lacking to him.)*

2. *importar*   to be important, to matter

No nos importa nada quién gane la Serie Mundial.
*We don't care who wins the World Series. (Who wins the World Series is not
    important to us.)*

3. *quedar*   to be remaining, to have left

¿Te quedan unos pesos?
Do you have some pesos left? (Are some pesos remaining to you?)

4. *interesar*   to interest

Os interesan los chicos, ¿verdad?
You are interested in boys, right? (Boys are interesting to you.)

5. *encantar*   to love, to like very much, to take delight in

Me encantan las novelas de Vargas Llosa.
I love Vargas Llosa's novels. (The novels of Vargas Llosa delight me.)

A. Cambie los pronombres indirectos para denotar otro sujeto según el modelo.

> Me encantan los pasteles. (a nosotros)
> *Nos* encantan los pasteles.

1. Me gustan las películas de Saura. (a nosotros, a ti, a ellos)
2. ¿Te importa la política? (a ella, a vosotros, a mí)
3. Nos quedan dos dólares. (a Uds., a ti, a ellas)
4. Me interesa la política. (a ella, a nosotros, a ti)
5. Te encanta bailar. (a nosotros, a él, a Uds.)
6. Me faltan dos libros. (a vosotros, a Ud., a nosotros)

B. Me gustaría saber. . . .   Pregúntele a un compañero.

Ben Ortega, artista de Santa Fe, Nuevo México, está orgulloso de sus obras de arte.

Compañero 1:

1. ¿Te gustaría bailar conmigo? ¿Crees que me gustaría bailar contigo? ¿Por qué?
2. ¿Cuánto dinero te queda después de pagar tus cuentas?
3. ¿Te importan los conflictos políticos en todo el mundo?
4. ¿Nos hace falta estudiar para salir bien en este curso?
5. ¿Al profesor (a la profesora) le quedan muchos años de vida?
6. ¿Te encantan mis ojos?
7. ¿Te gusta que te pregunte cosas tan personales?

Compañero 2:

1. ¿Nos falta dinero para hacer lo que queremos?
2. ¿Quiénes me interesan más, los hombres o las mujeres? ¿Quiénes te interesan más?
3. ¿Qué te encanta hacer en tu tiempo libre? ¿Crees que me encanta estudiar?
4. ¿Te gustaría viajar a la luna conmigo? ¿Adónde te gustaría viajar conmigo?
5. ¿Al profesor (a la profesora) le gusta hablar mucho?
6. ¿Me interesan tus problemas personales? ¿Te interesan los míos?
7. ¿Qué te falta en la vida? ¿la paz? ¿el amor? ¿el dinero?

La Raza

"La Raza" es un nombre que algunos mexicanoamericanos se han dado para distinguirse del resto de la población. Otros prefieren ser llamados "chicanos".

Debido a que no hay un solo nombre que se puede usar para referirse a ellos, se usarán los nombres "chicano", "mexicanoamericano", y "la Raza", intercambiablemente. "La Raza" está constituida por un grupo de mucha variedad que es difícil de definir. Hay chicanos que nacieron en los Estados Unidos (algunos que no hablan español) que se consideran como norteamericanos puros, porque se han mezclado completamente con los angloamericanos por medio de casamiento o trabajo. Ellos tienen una variedad de carreras, como la medicina, leyes, educación, veterinaria, odontología, en el senado, las alcaldías de grandes ciudades y muchas otras. Otros tienen una "Tarjeta Verde" para poder trabajar aquí, pero viven en México y mantienen su identidad mexicana.

El grupo creciente, que está causando tanta controversia y que recibe tanta publicidad, está constituido por los extranjeros ilegales sin documentos, los "indocumentados" (peyorativamente conocidos como "mojados"). Su mayor crimen es tener hambre. Hacen todo lo posible para poder entrar a los Estados Unidos con el fin de ganarse el pan diario. El peor obstáculo que se les presenta es lo que se llama popularmente la "migra", los Oficiales de Inmigración, que tal vez los pueden arrestar y devolver a México. Los chicanos legales, que tienen la documentación necesaria para trabajar en el país, quisieran ayudar a los pobres mexicanos ilegales, pero se les presenta el conflicto de tener que competir con ellos cada vez más por trabajos que ofrecen muy bajos salarios.

Muchos miembros de la minoría mexicanoamericana son pobres y tienen problemas con la lengua inglesa. Aunque ellos no pueden sobrevivir económicamente sin aprender inglés, pueden vivir en los grandes barrios hispanos sin jamás aprender esta lengua. Muchos niños de los barrios son bilingües. Hablan español en casa e inglés en la escuela, pero un alto porcentaje de ellos tienen dificultades con su educación porque no se sienten cómodos aprendiendo matemáticas y otras asignaturas en inglés. Las escuelas que tienen programas de educación bilingüe han encontrado que los estudiantes hispanos pueden aprender bien tanto el inglés como el español, y tienen una actitud más positiva porque no están negando su cultura materna: pueden estar orgullosos de sus antepasados mexicanos. Como consecuencia, pueden adaptarse mejor social y personalmente a la sociedad norteamericana.

Muchos chicanos viven en barrios, vecindades de hispanohablantes. Les encanta la música, y pueden escuchar y mirar muchas estaciones de radio y televisión de habla hispana, cuya transmisión cubre todo el Suroeste. Hay muchos artistas aficionados en escultura, pintura, alfarería, teatro, cine y literatura. Aunque tengan trabajos de bajo salario durante el día, pueden expresarse creando una obra de arte durante su tiempo libre. Son muy alegres y expresivos, aún en los colores brillantes que usan para pintar sus casas. Son muy sociables y amistosos, especialmente durante sus fiestas. El 5 de mayo, ellos conmemoran la derrota de los invasores franceses en la batalla de Puebla, en 1862. También celebran el Día de la Independencia de México, el 16 de septiembre.

Los chicanos valoran el respeto, el orgullo, la compasión y la honra. La familia chicana es muy unida y, si un miembro se enferma, los tíos, primos o abuelos siempre aparecen para ayudarlo. Los chicanos tienen organizaciones sociales que ayudan a la gente que ha sufrido pérdidas en un fuego u otra catástrofe. Cuando un locutor de radio anuncia que algo terrible le ha pasado a una familia chicana, muchos voluntarios hispanos ofrecen toda la ayuda que pueden.

Con ayuda de la educación bilingüe, y la ayuda y paciencia de los angloamericanos, los mexicanoamericanos pueden mejorar nuestra sociedad pluralista con su sentido artístico y compasivo. Pueden enseñarnos que, sin tener tanta prisa, uno puede gozar del momento actual y vivir más tranquilamente. Pueden enseñarnos que el éxito financiero como meta más importante en la vida, no necesariamente nos lleva a la felicidad. Muchos aspectos de la cultura mexicanoamericana pueden incorporarse a la norteamericana, en beneficio de ésta. Del mismo modo, la cultura norteamericana puede beneficiar a los mexicanoamericanos. Los dos grupos tienen mucho que compartir. Ojalá los dos grupos vean los beneficios mutuos.

VOCABULARIO

SUSTANTIVOS

la **alfarería**   pottery
el **angloamericano**   white American
la **asignatura,** la **materia** (Mex.)   subject
el **locutor**   announcer
la **meta**   goal
el **orgullo**   pride
la **raza**   race
el **suelo**   soil
la **tarjeta**   card
el **valor**   value

ADJETIVOS

creciente   increasing
peyorativo   pejorative (with a negative image)

EXPRESIONES UTILES

ganar el pan diario   to earn a living
intercambiablemente   interchangeably

vocabulario y comprensión

A. Escriba la palabra correcta para la definición de la izquierda.

1. _____ superficie de la Tierra   a. invasor
2. _____ exceso de autoestimo   b. ilegal
3. _____ precio de alguna cosa; importancia   c. orgullo

4. _____ contrario a la ley   **d.** pacífico

5. _____ materia que se enseña en una clase   **e.** asignatura

6. _____ que cultiva una especialidad sin   **f.** antepasados
   hacerlo profesionalmente   **g.** compasivo

7. _____ abuelos o ascendientes   **h.** valor

8. _____ que siente compasión   **i.** aficionado

9. _____ quieto, amigo de la paz   **j.** suelo

10. _____ que invade

B. Conteste Ud. las preguntas siguientes.

1. ¿Qué nombres populares usamos para referirnos a los mexicanoamericanos?

2. ¿Por qué llaman a los inmigrantes ilegales, "mojados"?

3. ¿Qué necesita un mexicano para entrar al país a trabajar legalmente?

4. ¿Por qué quiere tanta gente trabajar en los Estados Unidos?

5. ¿De qué tiene miedo el indocumentado?

6. ¿Qué conflictos hay entre los mexicanoamericanos y los extranjeros ilegales?

7. ¿Por qué tienen los chicanos dificultades en aprender las asignaturas en inglés?

8. ¿Qué han hecho algunas escuelas en el Suroeste de los Estados Unidos para mejorar la educación de los chicanos?

9. ¿Cómo se ha transformado la salud emocional de los chicanos con estos cambios en su educación?

10. ¿Qué pasatiempos tienen interés para los chicanos?

11. ¿Cuáles son las características de los chicanos en general? ¿Cree Ud. que estos estereotipos tienen valor? ¿Por qué?

12. Dé un ejemplo de una típica familia unida.

13. ¿Qué pueden enseñarnos los mexicanoamericanos?

_____ *juntos* _____

A. Para discutir:

1. ¿Por qué cree Ud. que los chicanos que viven en los Estados Unidos celebran dos fechas de importancia particular en la historia de México?

2. ¿Conoce Ud. a algún mexicanoamericano? ¿Está de acuerdo con los adjetivos usados para describir al típico mexicanoamericano? ¿Por qué?

B. Haga el papel.   Con un compañero de clase, haga Ud. los papeles siguientes.

1. You are a Mexican immigrant crossing the border with a *coyote* who asks you for more money when you get to the other side. You refuse to give it to him and he then tries to rob you. Reason with him, telling him he can get in trouble with the police. You have a hard time convincing him you are going to report him. He laughs at you and robs you anyway. (No violence, please.)

2. You are a social worker visiting a pregnant woman. She does not speak any English and does not trust you because of your businesslike "anglo" manner. Gain her trust by talking to her about her children, her family, etc. Do not rush through the visit, or you will offend her. Get her to promise she will start seeing a doctor right away.

C. Composición guiada.   Escriba una composición sobre el siguiente tema. Siga el esquema dado aquí. Debe dar su opinión como conclusión.

Tema:	**Los Estados Unidos (no) deben ayudar a México a resolver sus problemas económicos.**
Introducción:	A. El problema es serio.
	B. Las condiciones económicas en México.
Desarrollo:	A. Imagínese una reunión entre los presidentes de ambos países.
	B. ¿Qué discutirían los dos?
	C. Plan específico para resolver la situación.
	1. ayuda financiera
	2. educación sexual, p. ej., el control de la natalidad
	3. un cambio en la actitud de los dos países
	D. Resolución para empezar a resolver el problema.
	E. La posibilidad real de realizar esta meta *(goal)*.
	F. Las limitaciones de tiempo para empezar a actuar.
Conclusión:	Dé su opinión, como conclusión, acerca del impacto posible que los Estados Unidos pudieran tener en esta situación que empeora cada día, y si el resultado ayudaría a México.

D. Composición libre.   Escriba una composición sobre el siguiente tema:

Una experiencia personal que alguien ha tenido al emigrar a este país, empezando con sus planes para venir a los Estados Unidos y terminando con la forma en que pudo establecerse en una ciudad. Puede ser un pariente o un amigo de cualquier país del mundo.

Como usar el teléfono

In Hispanic countries, it is often necessary to make long-distance calls at the telephone company offices, where you pay for the call immediately after finishing your conversation. In some countries, the caller must deposit *fichas* in order to operate public telephones.

Study the following vocabulary before attempting a phone call in Spanish-speaking countries. It is also a good idea to review numbers in Spanish before making any calls, in case you have to write down telephone numbers.

VERBOS

colgar   to hang up
descolgar   to pick up the receiver
hacer una llamada; llamar   to call
marcar un número   to dial a phone number
sonar (**el teléfono**)   to ring

SUSTANTIVOS

el **auricular**   receiver
la **cabina telefónica**   phone booth
la **llamada de cobro revertido**   collect call
la **llamada de larga distancia** (la **conferencia** in Spain)   long-distance call

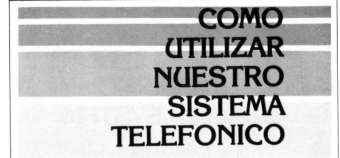

COMO UTILIZAR NUESTRO SISTEMA TELEFONICO

Para llamar a otra habitación:

En número de cuartos de 3 dígitos marque 1 y el número de habitación. En habitaciones de 4 dígitos marque 9 (operadora) y se le informará el número de extensión.

LLAMADAS LOCALES

Marque 0 para obtener línea, marque el número deseado.

LARGAS DISTANCIAS

Marque 9 (operadora) quien le tramitará su llamada.

la **llamada de persona a persona**   person-to-person call
el **número equivocado**   wrong number
la **zona telefónica**   area code

EXPRESIONES UTILES

Aló   Hello (parts of South America)
Bueno   Hello (Mexico)

Diga (Dígame)   Hello (Spain)
Hola   Hello
Al habla; Soy yo   Speaking
¿De parte de quién?   Who is calling?
¿Está el Sr. Belmonte?   Is Mr. Belmonte there?
Habla el Sr. Ortiz.   This is Mr. Ortiz.
¿Puedo dejar un recado?   May I leave a message?

práctica

A. After learning so much Spanish, you have begun to plan a vacation to a Spanish-speaking country. Call up and make hotel reservations.

B. You and a friend practice different kinds of phone calls of a business and personal nature.

C. Refranes.   Estudie los refranes siguientes y piense en sus equivalentes en inglés.

A lo hecho, pecho.

A buena hambre no hay pan duro.

No hay rosas sin espinas.

11

Los cubanoamericanos

Cuba libre

Los cubanoamericanos constituyen el tercer grupo hispano más grande de los Estados Unidos después de los mexicanoamericanos y los puertorriqueños. La mayoría de ellos (65-70%) viven en el sur de Florida. Este grupo de inmigrantes hispanos difiere de los otros grupos hispanos porque, empezando en el año 1959, buscaron refugio en los Estados Unidos para escapar la persecución política del gobierno comunista de Fidel Castro.

Cuba vivía bajo la dictadura corrupta de Fulgencio Batista, y aún la clase adinerada creía que debía haber un cambio radical en el gobierno del país. Cuando Castro prometió traer prosperidad económica y unir a toda la gente cubana, casi todos le dieron la bienvenida a este hombre carismático como si fuera el Mesías que habían esperado. Asumían que el gobierno iba a ser democrático, pero, poco a poco, Castro fue llevando a Cuba hacia el comunismo con planes como la Reforma Agraria, con la cual el gobierno se apoderó de tierras privadas. Con cada nuevo plan que Castro iniciaba, más cubanos de clase alta y media querían salir del país. El régimen prohibió que los desterrados se llevaran sus objetos de valor consigo. Cuando dejaban Cuba, el Estado se adueñaba de todas sus propiedades.

La inmigración de los cubanos a los Estados Unidos tomó formas diversas, dependiendo de las condiciones políticas en Cuba al momento de salida. Entre enero de 1959 y octubre de 1962, la gente podía salir de Cuba en vuelos comerciales. Esta primera oleada consistía predominantemente de empresarios y personas profesionales con los recursos económicos necesarios para sobrevivir hasta poder establecerse dentro de la sociedad norteamericana. Entre octubre de 1962 y diciembre de 1965, menos gente podía salir porque tenían que recurrir a métodos poco convencionales para escaparse—barcos pequeños o balsas, o vuelos a través de países intermediarios como España o México.

En septiembre de 1965, a causa de las malas condiciones económicas en Cuba, Castro declaró que todos los cubanos estaban libres para salir si querían. El Presidente Johnson autorizó, entre 1965 y 1973, "vuelos de libertad", que trajeron bajo la ley, a casi 300.000 cubanos a Miami. Después de los primeros años, cuando el éxodo ocurrió por razones políticas, los refugiados empezaron a querer salir de Cuba también por razones económicas debido a la política represiva de Castro. Con la llegada de estas gentes, los inmigrantes reflejaban una muestra representativa de todas las clases sociales de la población cubana.

En 1980, Castro de nuevo permitió una emigración en masiva desde el puerto cubano de Mariel. Esta vez, mezclados con los refugiados de carácter ejemplar, soltó a los criminales de las cárceles, a los homosexuales, a los pacientes de manicomios, a prostitutas y aún a leprosos. Estas personas indeseables, popularmente llamados "marielitos", han causado muchos problemas sociales en los Estados Unidos. Castro, muy astutamente, no sólo se deshizo de todas estas personas que constituían una carga social, moral y financiera, sino que logró dañar algo la reputación de los cubanoamericanos que, hasta esta última emigración, habían gozado del cariño y del respeto de la gente norteamericana. Además, creó sospechas contra la buena gente que emigró por Mariel.

Algunos cubanoamericanos sacrificaron mucho para dejar de buena gana su madre patria. La revolución creó una división en las familias cubanas, causando desacuerdos amargos entre familiares que la apoyaban y los que la oponían. El trastorno afectó a todos los ciudadanos cubanos sin importar su estado social en los sectores religiosos, políticos, sociales y económicos. Los emigrantes dejaron su querido país a causa de lo que ellos percibían como una amenaza personal a sí mismos y a sus familias. Al dejar parte de la familia en Cuba, se rompió la poderosa unidad familiar cubana, lamentada hasta la fecha por los cubanoamericanos. Haber perdido todas sus propiedades, por las cuales ellos habían trabajado toda una vida, requirió una convicción absoluta acerca de la necesidad de conseguir libertad en un país extranjero, donde tendrían que aprender otra lengua, sujetarse a costumbres ajenas, y adaptarse económica y emocionalmente a un futuro incierto en otra cultura.

Al principio, los cubanos salieron de su país con la idea de poder volver algún día, cuando se debilitara el gobierno comunista de Fidel Castro. Con el paso de los años, sin cambio alguno en el gobierno cubano, la mayoría sabe que será imposible volver y se ha convertido a la ciudadanía estadounidense, haciendo aquí una vida permanente con sus familias. Están muy agradecidos a los Estados Unidos por ofrecerles asilo, y ahora están muy orgullosos de su ciudadanía norteamericana y de su libertad política.

Miami, llamada la "capital cubana de Norteamérica", ha sido un refugio agradable para ellos, porque cuenta con una población considerable de sus compatriotas, y así pueden adaptarse más fácilmente y más despacio a la cultura norteamericana. Los comerciantes cubanoamericanos han desarrollado un papel importante en la transformación de la estructura económica de Miami, de una posición de importancia regional a una de prestigio nacional e internacional. Aun hoy en día, Miami es un lugar turístico, pero, más importante que eso, es el centro banquero de las Américas, manteniendo conexiones con el Caribe y Sur América.

VOCABULARIO

VERBOS

apoderarse   to take control of
debilitarse   to weaken

deshacerse de   to get rid of
diferir   to differ
gozar de   to enjoy
percibir   to perceive

requerir   to require
sujetarse   to subject oneself

SUSTANTIVOS

el **asilo**   asylum
la **balsa**   raft
el **cariño**   affection
la **ciudadanía**   citizenship
el **desacuerdo**   disagreement
el **desterrado**   exile
el **empresario**   business leader
el **éxodo**   exodus
el **leproso**   leper
el **Mesías**   Messiah
el **manicomio**   insane asylum
la **muestra**   sample
la **oleada**   big wave
la **propiedad**   property
el **recurso**   resource
el **régimen**   regime
el **trastorno**   upheaval, disturbance

ADJETIVOS

amargo   bitter
ejemplar   exemplary

EXPRESIONES UTILES

cambiar de idea   to change one's mind
dar la bienvenida   to welcome
de buena gana   willingly
    de mala gana   unwillingly
tomar forma   to take shape

PALABRAS CONFUSAS

gastar   to spend (money)
pasar el tiempo   to spend time

derecho (adj.)   straight
el **derecho**   right (law)
a la derecha   to the right (direction)
tener razón   to be right

el **campo**   country (vs. the city)
el **país**   country (e.g., Mexico)
la **patria**   country (fatherland)

---

vocabulario y comprensión

A. Encuentre la palabra correcta para la definición de la izquierda.

1. _____ someter al dominio de alguien   **a.** cariño
2. _____ amor, sentimiento amistoso   **b.** patria
3. _____ dejar su país para establecerse en otro   **c.** desacuerdo
4. _____ lugar de refugio   **d.** sujetar
5. _____ falta de conformidad   **e.** manicomio
6. _____ tierra en que uno ha nacido   **f.** desterrar
7. _____ espacio de tierra laborable   **g.** amargo
8. _____ de gusto desagradable   **h.** campo
9. _____ hospital de enfermos mentales   **i.** asilo
10. _____ echar de un territorio por medio de la ley   **j.** emigrar

B. Conteste Ud. las preguntas siguientes.

1. ¿Constituyen los cubanos el grupo más grande de hispanos en los Estados Unidos? ¿Qué lugar ocupan ellos?

2. ¿Dónde vive la mayoría de ellos? En su opinión, ¿por qué viven allí?

3. ¿Por qué han querido los cubanos emigrar de Cuba? Dé Ud. las razones políticas y económicas.

4. Al principio, ¿qué opinión tenía el cubano típico de Fidel Castro y sus promesas? ¿Por qué cambiaron muchos de idea?

5. ¿Qué tuvieron que dejar en Cuba los desterrados?

6. ¿Quiénes estuvieron en el primer grupo que salió de Cuba? ¿Por qué no tuvieron muchas dificultades cuando llegaron a los Estados Unidos?

7. Hable de las diferentes maneras de transporte que los cubanos usaron para llegar a Florida.

8. ¿Por qué permitió Castro, de vez en cuando, que los cubanos salieran de Cuba?

9. ¿Cuántos cubanos llegaron a Miami en los "vuelos de libertad"?

10. ¿Quiénes son los marielitos? ¿Cuándo vinieron ellos?

11. ¿Por qué hay muchos prejuicios contra ellos?

12. ¿Cuáles eran las desventajas para los cubanoamericanos cuando dejaron su patria?

13. ¿Están muy contentos ellos en su nuevo país? ¿Tienen ganas de volver a Cuba? ¿Por qué no será posible eso?

14. Mencione algunas dificultades que el típico emigrante cubano ha tenido que sobrevivir en los Estados Unidos. ¿Son estas dificultades típicas de los inmigrantes de otros países?

15. ¿Por qué son la mayoría de los cubanoamericanos anticomunistas?

16. ¿Qué ideas tenía Ud. de los cubanoamericanos antes de leer este artículo?

17. ¿Qué han contribuido los cubanoamericanos a la ciudad de Miami?

18. ¿Por qué tiene un grupo de inmigrantes dificultades para adaptarse a la cultura americana si vive en barrios donde sólo hablan la lengua de su madre patria?

juntos

A. Para discutir:

1. ¿Cree Ud. que el gobierno norteamericano debe dar la bienvenida a más cubanos en el futuro? ¿Por qué?

2. Dé su opinión de las políticas de inmigración de Fidel Castro.

B. Haga el papel.   Con un compañero de clase, haga Ud. los papeles siguientes.

1. You are a police officer working in a big American city. You encounter an obviously lost Cuban refugee at a busy intersection. Since he/she obviously does not know English, use your knowledge of Spanish to help the refugee find a way back home. Get as much information as you can on such topics as family background, why he/she left Cuba, whether he/she has relatives in the United States, etc.

2. You are a lawyer who was assigned to defend a Marielito refugee accused of robbing a liquor store. Interview the refugee and find out his/her version of the incident. Since you are the attorney for the defendant, you must find out all the pertinent facts of the case.

GRAMATICA

El infinitivo

The infinitive is the basic form of the verb and has no person, number, tense, or mood.

levantarse   *to get up*   preferir   *to prefer*

The infinitive is used

1. as a noun, either as the subject or object of the verb. The definite article (el) may be used, but it is not necessary.

    (El) **hacer** ejercicios calma los nervios.
    Doing exercises calms the nerves.

    Preferiríamos **esperar** hasta el viernes.
    We would prefer to wait until Friday.

2. after prepositions when a verb follows. Note the translations in English. Be careful to always use the infinitive after prepositions; the native English speaker always wants to use the present participle.

    Después de levantarnos, fuimos a la oficina.
    After getting up, we went to the office.

    Ella puede sacar buenas notas **sin estudiar**.
    She can get good grades without studying.

3. after verbs of perception (seeing, hearing, feeling). *Do not use the present participle.*

    Todas las noches lo oímos **roncar**.
    Every night we hear him snoring.

    Siempre lo veo **hablar** con Anita.
    I always see him talking to Anita.

4. with *al* + infinitive.

    Al oír las buenas noticias, todos aplaudimos.
    Upon hearing the good news, we all applauded.

5. with the verbs *hacer* and *mandar* to denote a passive construction.

    Ella mandó **hacer** un vestido.
    She ordered a dress made.

    El presidente hizo **mandar** medicinas a las víctimas del terremoto.
    The president had medicines sent to the victims of the earthquake.

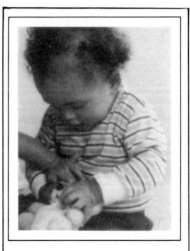

Puedes hacer muchas cosas por ti misma y por tu bebé mientras estes embarazada . . .

A veces preocupaciones, soledad, o cansancio son parte de estar embarazada. Hacer estas cosas tal vez puede ayudarte a sentir mejor.

- Conversar con tus amigos y familiares
- Visitar la biblioteca para aprender mas sobre tu embarazo y los bebés
- Caminar regularmente por la vecindad
- Comer bien — incluyendo bastante leche, pez, carne, frutas y legumbres frescas, pan y cereales integrales
- Visitar la clínica de salud regularmente

Source: National Clearinghouse for Alcohol and Drug Information

6. with verbs such as *mandar, permitir, prohibir,* and *impedir* instead of a subjunctive form in a noun clause. Note that either construction may be used.

> El nos permitió **dar** nuestras opiniones.
>
> > *or*
>
> El permitió **que diéramos** nuestras opiniones.
> *He allowed us **to give** our opinions.*
>
> Ella siempre le manda **callarse**.
>
> > *or*
>
> Ella siempre le manda **que él se calle**.
> *She always tells him **to be quiet**.*

7. instead of a noun clause if the subjects are identical.

> Siento mucho no **poder venir**.
> *I am very sorry **that I cannot come**.*

8. instead of the command form, especially in signs.

> No pisar el césped. *Don't walk on the grass.*
> No fumar. *No smoking.*

9. with the preposition *a* as a command (as in a short form of *Vamos a . . .*)

> A trabajar. *Let's get to work.*
> A callarse todos. *Everyone be quiet.*

PREPOSITIONS USED WITH CERTAIN VERBS

Certain verbs require a preposition when used before an infinitive, noun, or pronoun. Study the following lists of verbs and the prepositions that follow them.

a

acostumbrarse a	*to become accustomed to*
aprender a	*to learn how to*
asistir a	*to attend (e.g., a class)*
asomarse a	*to look out of (a window)*
ayudar a	*to help to*

comenzar a	to begin to
cuidar a	to take care of
echarse a	to begin to
empezar a	to begin to
enseñar a	to teach to
invitar a	to invite to
jugar a	to play (sports, cards)
llegar a	to reach, to arrive at
oler a	to smell like
parecerse a	to look like
ponerse a	to begin to
volver a	to . . . again

Su aliento **huele a** cebollas.

*His breath **smells like** onions.*

de

acabar de	to have just
acordarse de	to remember
alegrarse de	to be happy about
aprovecharse de	to take advantage of
burlarse de	to make fun of
cansarse de	to get tired of
dejar de	to stop
despedirse de	to say goodbye to
enamorarse de	to fall in love with
gozar de	to enjoy
olvidarse de	to forget
preocuparse de	to worry about
quejarse de	to complain about
reírse de	to laugh about
tratar de	to try to

José **se enamoró de** María.

*José **fell in love with** María.*

con

acabar con	to put an end to
casarse con	to marry
contar con	to count on
soñar con	to dream about
tropezar con	to run into, to bump into

El profesor **acabó con** las tonterías.

*The teacher **put an end to** the nonsense.*

en

consistir en	*to consist of*
convenir en	*to agree to*
empeñarse en	*to insist on*
entrar en (a)	*to enter*
fijarse en	*to notice*
insistir en	*to insist on*
pensar en	*to think about*
quedar en	*to agree on*
tardar en	*to delay in*

Entonces, **quedamos en** $2.000 por el coche, ¿verdad?

*Okay then, **we agree on** $2,000 for the car, right?*

Deja de **pensar en** tu novia durante la clase.

*Stop **thinking about** your girlfriend during class.*

VERBS WITHOUT PREPOSITIONS BEFORE INFINITIVES

deber	*ought to, must*
desear	*to want, desire*
pensar	*to intend*
poder	*to be able*
preferir	*to prefer*
prometer	*to promise*
querer	*to want*
saber	*to know (how)*
soler	*to be accustomed to*

¿Por qué no **puedes venir** mañana?	*Why can't you come tomorrow?*
Ese **suele morderse** las uñas.	*That guy usually bites his nails.*
No **sé bailar** tan bien como tú.	*I don't know how to dance as well as you.*

**TODOS LOS SERVICIOS
BANCARIOS INTERNACIONALES**

*"SU PUENTE BANCARIO HACIA
EL RESTO DEL MUNDO"*

(B-4115)

**OFICINA PRINCIPAL
1000 Brickell Av**

**Departamento de
Divisa Extranjera
Aeropuerto Internacional
de Miami**

377-6600   **526-5677**

práctica

A. Traduzca las palabras inglesas al español. No se olvide del uso del infinitivo.

1. *Upon seeing* a Juan, Ana corrió a saludarlo con un beso.
2. *Before leaving,* tenemos que despedirnos de la abuela.
3. Dicen que *swimming* es bueno para la salud física.
4. *Without studying* no puedes salir bien en este curso.
5. *After getting up,* ¿qué hacen Uds.?
6. *Upon paying* la cuenta, nos fuimos.
7. Esperamos *to be able to receive* una "A" en esta asignatura.
8. *After buying* el traje, Paco buscó una corbata que hacía juego con él.
9. Vimos al hombre *approach.*   (acercarse)
10. El policía no nos permitió *to enter.*   (two ways)
11. *Don't walk on* el césped.
12. *Get to work*!

B. Juan es un hombre muy ocupado. Decide hacer una cosa, pero hay muchas interrupciones. Complete el párrafo siguiente con la preposición apropiada, *si es necesario.*

Juan va _____ llamar a su novia Elena porque quiere _____ hablar con ella. Piensa _____ invitarla _____ ir con él _____ la playa. El puede _____ imaginarse divirtiéndose mucho, pero tarda _____ invitarla porque trata _____ completar su trabajo. El empieza _____ enredarse en un problema laboral con uno de sus empleados y se olvida _____ llamarla.

Por fin la recuerda y empieza _____ marcar su número, cuando su secretaria lo interrumpe diciéndole que un empleado está contando _____ su ayuda. El deja _____ marcar el número y promete _____ ayudarlo. El suele _____ tener un día con muchas interrupciones, pero comienza _____ enojarse. El quiere _____ hablar con Elena porque cree que está enamorándose _____ ella. Desea _____ estar con ella y está frustrado con su trabajo que requiere tanto tiempo. Por fin acaba _____ su trabajo y sale _____ la oficina. Cuando regresa a casa, vuelve _____ marcar el número. Esta vez él puede _____ hablar con ella y se alegra _____ poder oír su voz. Ellos se ríen _____ su día tan ocupado y Juan comienza _____ relajarse. Planean su viaje a la playa y quedan _____ salir en dos días. Juan se despide _____ Elena, mandándole un beso por teléfono.

C. Complete cada frase siguiente con la preposición apropiada, *si es necesario.*

1. ¿Cuándo van _____ empezar _____ hacer sus tareas?

2. Preferimos _____ esquiar que hacer los quehaceres domésticos.

3. Jorge se enamoró _____ Estela a primera vista.

4. El chico siempre sueña _____ fantasmas.

5. No podremos _____ ayudaros.

6. El doctor acaba _____ completar la operación.

7. Insistimos _____ acompañarlo en la ambulancia.

8. Nunca dejas _____ hablar.

9. Solemos _____ merendar a las cuatro de la tarde.

10. Va a casarse _____ el hombre de sus sueños.

D. Me gustaría saber. . . .   Pregúntele a un compañero.

Compañero 1:

1. ¿Preferirías enamorarte de un hombre rico (de una mujer rica)? ¿Por qué?
2. ¿Qué acabamos de aprender?
3. ¿Quieres invitarme a visitarte en tu apartamento?
4. ¿Vas a invitarme?
5. ¿Siempre podemos contar con un salario constante?
6. ¿Cuándo te pusiste a estudiar español?
7. De niño(a), ¿sabías patinar y esquiar?
8. ¿Dónde aprendiste a hacerlo?

Compañero 2:

1. ¿Con quién o con qué sueñas? ¿Estoy yo en tus sueños?
2. ¿Qué piensas de la situación política actual en Miami?
3. ¿Dónde piensas pasar tus próximas vacaciones?
4. ¿Qué gozas hacer más que nada?
5. ¿Con quién prefieres pasar tu tiempo libre?, ¿con tu familia?, ¿con tu jefe?, ¿con los profesores?, ¿con tu novio(a)? ¿Por qué?
6. ¿Debías votar en la elección pasada?
7. ¿Qué candidato va a ganar la próxima elección?
8. ¿Siempre insistes en fumar y soplar humo *(blow smoke)* en la cara de los demás?

El gerundio

The present participle, although called the *gerundio*, is not the equivalent of the English gerund. The *gerundio* may not be used as a noun in Spanish.

> **NOTE:** *The English gerund is normally translated into Spanish with an* infinitive.

FORMS OF THE PRESENT PARTICIPLE

1. To form the present participle add -*ando* to the stems of -*ar* verbs and -*iendo* to the stems of -*er* and -*ir* verbs.

   tomando   sabiendo   saliendo

2. If the *-er* or *-ir* verb stem ends in a vowel, add *-yendo* instead of *-iendo*.

creer   creyendo   oír   oyendo   caer   cayendo

3. For stem-changing *-ir* verbs, the stem vowel changes from *e* to *i* or *o* to *u* (as in the third persons singular and plural of the preterite).

INFINITIVE	PRETERITE	PRESENT PARTICIPLE
decir	dijo	diciendo
dormir	durmió	durmiendo
morir	murió	muriendo
pedir	pidió	pidiendo
servir	sirvió	sirviendo
venir	vino	viniendo

Note also the verb *poder*:   pudo   pudiendo

4. The present participle of *ir* is *yendo*.

The present participle is used:

1. with the verb *estar* to express an action that is in progress;

Ojalá **estuviera tomando** el sol en Hawai ahora mismo.
*I wish **I were sunbathing** in Hawaii right now.*

2. to express how something is done;

Estudiando mucho, sacarás una buena nota en este examen.
***By studying** a lot, you will get a good grade on this exam.*

3. as an adverb;

Los niños entraron en casa **sonriendo y cantando**.
*The children entered the house **smiling and singing**.*

4. with verbs of motion such as *andar* and *ir* to describe an action in progress;

Ese chico **anda presumiendo** de su destreza como futbolista.
*That boy **goes around bragging** about his skill as a soccer player.*

5. with the verbs *seguir* and *continuar* to express a continuous action;

El representante **seguía hablando** aunque le señalamos para que dejara de hablar.
*The representative **kept on talking** although we signalled him to stop talking.*

práctica

A. Dé las formas del gerundio *(present participle)* de los verbos siguientes.

dormir, pedir, creer, vender, elegir, morir, sentir, decir,

poder, preferir, escribir, jugar, pensar, ir

B. Su mamá siempre le dice qué hacer. Dígale que Ud. está haciéndolo, según el modelo.

> MAMÁ: Debes estudiar más.
> HIJO: Estoy estudiando.

1. Debes dormir más.
2. Debes divertirte más.
3. Debes escribirles una carta a tus abuelos.
4. Debes repetir los verbos españoles muchas veces más.
5. Debes comer más.
6. Debes leer tu libro para la clase de inglés.
7. Debes decirnos cómo pasas tu tiempo libre.

C. Complete las frases siguientes con sus propias ideas, usando el gerundio según el modelo.

Quejándonos menos, disfrutaremos de la vida.

1. _____ , podré comprar un coche nuevo.
2. _____ , el chico enojará al profesor.
3. _____ , vivirás más años.
4. _____ , Uds. llegarán a la clase a tiempo.
5. _____ , completaremos el trabajo.
6. _____ , te sentirás culpable *(guilty)*.
7. _____ , los niños recibirán más regalos.
8. _____ , nunca te mejorarás.

D. Me gustaría saber. . . .   Pregúntele a un compañero de clase.

Compañero 1:

1. ¿Entras a esta clase corriendo o andando? ¿Por qué?
2. ¿Estabas durmiendo esta medianoche?
3. ¿Prefieres vivir tu vida cantando o quejándote?
4. Estudiando mucho tu español, ¿crees que puedes sacar una "A"?
5. ¿Andan los jóvenes hablando de sus últimas conquistas sexuales?
6. Cuando el teléfono suena, ¿vas corriendo para ver quién es?
7. ¿Sigues hablando cuando alguien te interrumpe?
8. ¿Es difícil seguir hablando cuando la banda empieza a tocar?

Compañero 2:

1. ¿Estoy mirándote en este momento? ¿A quién estás mirando?
2. ¿Pasas tu tiempo libre esquiando?, ¿escribiendo poesías?, ¿mirando la televisión? ¿Cómo lo pasas?
3. Cuando tu novio(a) llama, ¿vienes corriendo? ¿Por qué?
4. ¿Seguirás estudiando español después de este curso? ¿Por qué?
5. ¿Continuará el profesor (la profesora) dándonos más preguntas como éstas?
6. ¿Estaremos aquí haciendo estas preguntas a la medianoche?
7. ¿Qué estoy leyendo?

Una entrevista con dos exiliados cubanos

Manuel Barrueco, un virtuoso de la guitarra clásica, nació en Santiago, Cuba, en 1952. Ahora vive en New Jersey con su esposa y dos hijas. Es artista en residencia en el Conservatorio de Peabody y miembro del profesorado en la Escuela de Música de Manhattan. Ha dado conciertos por todo el mundo, incluso en el Japón, Europa, Centroamérica, Suramérica y los Estados Unidos.

J.D.:   ¿Cuántos años tenía Ud. cuando salió de Cuba?

M.B.:   Tenía casi quince años. Nosotros salimos en septiembre del sesenta y siete y en diciembre, pues, cumplí los quince.

J.D.   ¿Por qué creían que era necesario salir?

M.B.:   Bueno, eso es una decisión que tomaron mis padres. Yo me acuerdo oír a mi padre quejarse de como, por ejemplo, el gobierno podía llegar el domingo por la mañana y decir, "hoy trabajo voluntario para todo el mundo—a cortar caña". Mis padres pensaban que viniendo a un país como los Estados Unidos, uno podía escoger que hacer. En Cuba, no. Pienso que salimos por libertad más que nada.

J.D.: ¿Pudieron salir fácilmente?

M.B.: Fue difícil porque no era una situación donde estuviéramos mal económicamente. Según yo entiendo, mis padres habían tratado de salir de allá desde el sesenta y dos. Entonces, en el sesenta y siete nos dieron permiso. Salimos en septiembre, porque en diciembre no hubiéramos podido salir.

J.D.: ¿Por qué no?

M.B.: Porque yo habría cumplido quince años. Entonces, ya en esa época, los hombres entre quince y veinte y siete años no podían salir del país porque tenían que hacer el servicio militar. En un sistema comunista, si no estaba uno con el gobierno, esto creó muchos problemas. Después de algún tiempo antes de salir, al anunciar uno que salía del país, pues entonces, mi papá ya no podía trabajar. Yo no sé lo que él hacía para sobrevivir.

J.D.: ¿Salieron Uds. con toda la familia?

M.B.: No, fue la familia inmediata, pero menos una hermana que se quedó allá, porque entre esos años que se hacía el trámite para salir, ella se casó. Entonces se quedó allá con su esposo.

J.D.: ¿Cómo fue la vida en los Estados Unidos cuando Ud. llegó?

M.B.: Primero que nada, yo tenía miedo venir a los Estados Unidos, personalmente, porque yendo a la escuela en Cuba y toda la propaganda, yo pensaba que al bajarse del avión, iban a haber los americanos para matarnos a todos. Es la idea que yo tenía de los Estados Unidos. No nos decían eso específicamente, pero me acuerdo que en esa época estaban los problemas aquí con los "riots". Entonces yo pensé que iba a ser un país que tira a todo el mundo.

J.D.: ¿Cuál fue su reacción al bajarse del avión?

M.B.: Después que bajamos del avión y no me tiró nadie, fue como un período de euforia. Esa libertad, hasta yo lo sentía en ese momento también.

J.D.: ¿Tiene Ud. ganas de volver a Cuba?

M.B.: A mí me gustaría visitar. Vivir allá ahora, pues no. En la situación actual, no. Hubo una época cuando Castro se abrió las puertas y los cubanos podían ir allá, y yo quise ir. Sin embargo, para ir, el gobierno sólo aceptaba que fueran los cubanos como cubanos. Yo ya me había convertido en un ciudadano americano, y la esposa mía que es americana, hubiera tenido que ir por otro país como americana. Aparte de eso, nosotros salimos de allá como refugiados, perdimos la ciudadanía cubana. Ahora soy ciudadano americano—o voy como americano o no voy. Es parte de orgullo y parte también de no querer ir a Cuba y estar bajo las autoridades cubanas como cubano.

J.D.   Dé su reacción a los marielitos y su efecto en la opinión pública en los Estados Unidos.

M.B.:   Yo creo que, hasta esa época, el cubano tenía buena reputación, pero, de momento, creo que con los marielitos ha cambiado. Creo que mucha gente asocia a los cubanos con esos problemas. Ha contribuido a un empeoramiento de la imagen del cubano, y eso no es justo, porque muchas veces la prensa se vale de esas cosas exagerándolas para vender noticias. Muchas veces, desde entonces, la gente me pregunta cuándo he venido de Cuba para saber si soy marielito.

J.D.:   ¿Cree Ud. que Cuba está mejor ahora que antes?

M.B.:   Yo pienso que sí en algunos sentidos. La gente de la revolución allá dice que, para todo el mundo, la educación es gratis. El servicio médico también. Todo el mundo lo tiene. Yo pienso que nada es gratis y que la gente está trabajando para estos servicios. Están mejor repartidos, quizás. El problema que yo tengo con la situación en Cuba es el aceptar la dictadura de un hombre de izquierda o de derecha—eso es intolerable.

La otra exiliada, Antonia Suárez de Palomo, salió de Cuba cuando tenía mayor edad. Ahora es ama de casa con cuatro hijos. Vive con su familia en St. Louis, Missouri, donde su esposo trabaja como veterinario.

J.D.:   ¿A qué edad salió Ud. de Cuba?

A.S.:   Tenía 30 años, y estaba casada con tres hijos.

J.D.:   ¿Por qué creían que era necesario salir de Cuba?

A.S.:   Porque la vida en un país comunista es imposible, porque no hay libertad. Porque roban todo lo que le ha costado tanto trabajo toda su vida y lo que es suyo, se lo han quitado. Ud. no tiene la libertad de decir que voy a trabajar en este lugar y me voy si no me gusta. Tiene que trabajar aquí, tiene que vivir en esta casa, tiene que comprar la comida en esta tienda. Es una vida completamente dirigida por el gobierno.

J.D.:   ¿Cuántos años hacía que estas cosas pasaban cuando Uds. salieron de Cuba?

A.S.:   Ya desde el año '59. La familia de mi esposo fue afectada por la ley revolucionaria. A mi suegro le quitaron la mitad de lo que tenía—plantaciones de azúcar. Los colegios fueron intervenidos. Los colegios privados en Cuba eran muy buenos. Ya empezaban la indoctrinación, la propaganda a los niños, de preguntarles "¿De qué hablaron Uds. anoche en su casa?"

J.D.:   ¿En qué año salieron?

A.S.:   Nosotros salimos en el '66. Vinimos por los Vuelos de la Libertad que se empezaron cuando Fidel dijo un año que el que quería salir de Cuba, que el que tuviera familiares aquí, era libre para hacerlo. Tuvimos la suerte de que un primo, hermano de mi esposo, estaba aquí hace muchos años antes de Fidel. Entonces les dijo a las autoridades: "Yo quiero reclamar a mi primo, el Dr. Palomo, a su señora, a los tres niños"—y la suegra mía, la mamá de mi esposo vino con nosotros. Y a mi hermana mayor, que está casada con el hermano de mi esposo, los reclamó con dos niños. Desde el momento que nos reclamó hasta que salimos de Cuba, tuvimos diez meses.

J.D.:   Cuando el primo de su esposo los reclamó, ¿tuvieron Uds. dificultades con el gobierno?

A.S.:   La policía vino a la casa. Chequearon todo lo que Ud. tenía. Lo contaron todo, hasta los alfileres. Esto es inconcebible para la mentalidad americana. Todo lo cuentan. Entonces, en aquel momento cuando nosotros salimos de Cuba, dijeron, "Uds., las mujeres pueden sacar cinco vestidos, dos cambios de ropa interior, los hombres solamente uno", lo poco que pudimos llevar. Todo lo demás, al momento que Uds. salieron, la policía vuelve a su casa y vuelve a contar todo lo que Ud. declaró. Si se le rompió un vaso, tiene que guardar los pedacitos para mostrárselos.

J.D.:   ¿Adónde se mudaron cuando vinieron a los Estados Unidos?

A.S.:   Estuvimos una semana en Miami y después estuvimos en Louisville tres meses con la familia del hermano de mi esposo. Mi esposo estaba loco por trabajar. El cuñado lo mantenía. En Miami, muchos amigos, en cuanto llegamos, empezaron a regalarnos dinero. Nos dieron trescientos dó-

lares, ropa. Cuando llegamos aquí, mi esposo trabajó con un
veterinario, limpiando los pisos de la clínica y las jaulas de
los perros, porque no tenía el "Board".

J.D.:   De qué consiste? ¿Es un examen?

A.S.:   Sí, los extranjeros tienen que pasar un examen de inglés y
de su carrera. Porque mi esposo, Héctor, no podía
trabajar como veterinario, tomó trabajos fuera de su campo. Nos mudamos en una casa muy chiquitilla. No
teníamos muebles, excepto lo que nos regalaron. Fue terrible, una época muy dura para nosotros. Yo lloraba todos los días porque era muy deprimente—uno no podía
ver a su familia.

J.D.:   Al principio, ¿creían que sería mejor la vida bajo Castro?

A.S.:   Al principio todos nosotros ayudamos la revolución. Yo
recogí ropa para la revolución. Yo vendí bonos de la revolución. Tenía la venda en los ojos. A mi papá nunca le gustó
Fidel. No era un hombre rico. La revolución ni afectó a mi
papá ni a mi mamá. Mi papá era un vendedor. No tenía
nada que perder. El primer año nos dijo, "Ese hombre es
comunista."

J.D.:   ¿Qué recuerdos tiene Ud. de Cuba antes de la revolución?

A.S.:   Bellos, porque los recuerdos de mi infancia son muy felices.
Yo tuve dos magníficos padres, una infancia divina. Yo viví
en un pueblecito muy pequeño de 8.000 personas. Se llama
Gibara. Desde el fondo de la casa de mi abuela, Ud. ve el
mar y la playa. La juventud de nosotros fue muy alegre. En
aquel tiempo no se sabía nada de drogas. No pasa un día en
que no pienso en mi patria.

Las dos personas entrevistadas han dado la perspectiva política de los exiliados
políticos cubanos. Es probable que la gente que vive en Cuba prefiera el régimen
de Fidel Castro al exilio o no se quedarían allí. Una cosa es segura: los cubanoamericanos consisten en personas que apasionadamente defienden su derecho a
la libertad. A causa de haber venido a los Estados Unidos, tuvieron que sacrificar
todo lo que tenían en Cuba. Por lo consiguiente, para ellos no hay duda de que
era necesario dejar su patria por la libertad.

VOCABULARIO

VERBOS

dirigir   to manage
quedarse   to remain
quejarse   to complain
reclamar   to claim
tirar, disparar   to shoot

SUSTANTIVOS

el **alfiler**   pin

el **bono**   bond
la **caña**   sugar cane
la **jaula**   cage
el **pedazo**; el **pedacito**   piece; little piece
el **primo hermano**   first cousin

ADJETIVOS

deprimente   depressing

—————————— *vocabulario y comprensión* ——————————

A. Encuentre a la derecha la palabra correcta para la definición de la izquierda.

1. _____ forma de gobierno
2. _____ caja para encerrar animales
3. _____ que debilita o entristece
4. _____ gobernar, administrar
5. _____ disparar un arma de fuego
6. _____ manifestar resentimiento contra uno
7. _____ parte de una cosa
8. _____ permanecer
9. _____ de apariencia hermosa
10. _____ extraordinario, que no se puede creer

a. jaula
b. régimen
c. bello
d. deprimente
e. quedarse
f. pedazo
g. quejarse
h. dirigir
i. tirar
j. inconcebible

B. Conteste Ud. las preguntas siguientes.

1. ¿Por qué necesitaban los jóvenes salir de Cuba antes de cumplir quince años?
2. ¿Pudieron salir Manuel y Antonia inmediatamente de Cuba, al decidir que querían irse?
3. ¿Por qué salieron ellos de Cuba?
4. ¿Qué estereotipo tenía Manuel de los Estados Unidos antes de venir?
5. ¿Quién fue afectado más por el exilio de Cuba—Manuel o Antonia? ¿Por qué?
6. ¿Cómo sobrevivió la familia de Antonia cuando llegó a los Estados Unidos?
7. Según los dos, ¿cuáles son las ventajas y las desventajas del régimen de Fidel Castro?

—————————— *juntos* ——————————

Para discutir:

1. ¿Cree Ud. que los cubanos de Fidel tienen otro punto de vista? ¿Por qué?
2. ¿Tiene Ud. simpatía por los exiliados? ¿Por qué?
3. ¿Son los cubanos las víctimas de los países grandes? ¿Cómo?
4. ¿Tiene Ud. miedo del comunismo de Castro? ¿Por qué?
5. ¿Cree Ud. que el comunismo es una amenaza al mundo libre? ¿Por qué?

La expresión literaria de un desterrado cubano

Una expresión artística contribuye a la cultura de una gente, pues refleja su actitud hacia el mundo en que vive. El artista al pintar, esculpir, escribir, sacar fotos o componer música, da su perspectiva personal de la realidad que él vive. El artista inmigrante muchas veces representa a todo el grupo al que pertenece, ya que recoge la conciencia de su gente que está experimentando dificultades para adaptarse a una cultura nueva. Al expresarse en su arte, le da la mano al inmigrante que se siente aislado en un ambiente ajeno. El artista expresa los mismos sentimientos contradictorios de un anhelo de volver a su patria y de querer adaptarse a su patria nueva. El crea una comunidad confortable en que todos los inmigrantes pueden examinar sus sentimientos sin sentirse avergonzados de ser diferentes.

A continuación, incluimos un poema de un cubanoamericano, José Sánchez-Boudy, que expresa la dificultad de vivir en una cultura tan diferente a la cubana. Sánchez-Boudy nació en Cuba, buscó asilo en los Estados Unidos, y ahora es profesor en la Universidad de Carolina del Norte en Greensboro.

Recuerdos

¿Por qué volvéis a la memoria mía
tristes recuerdos del placer perdido?
Espronceda

¿Por qué volvéis crepúsculos° purpúreos°	*twilight; purple*
Paisajes mauros°, olor de enredaderas°	*purple; trellises*
Montañas azulosas, primaveras	
fragancia de picualas° y de rosales	*a flower*
Valses° de cañas°, sonoridad de palmas	*waltzes; sugar cane*
placidez° religiosa de las almas	*placidity*
Cirios° en incienso de capilla°	*candles; chapel*
Caritas risueñas° de los niños	*full of laughter*
Amores antañosos°; besos de escapadas	*old, from the past*
Perfume tenue° de la primera amada	*delicate*
Ruido de juegos, voces de colegio	
Claustros tranquilos	
Luna desgranada° en hilos°	*separated; threads*
Cielo empedrado° de blancos medallones	*dappled (cobbled)*
Consejos de mi madre y mis mayores	
¿Por qué volvéis en esta noche fría?	

cuando la nieve forma remolinos°   *swirls*
sobre el negro sudario° de esta alma mía.   *shroud*
¿Por qué volvéis?

juntos

A. Conteste Ud. las preguntas siguientes.

1. ¿Por qué cita Sánchez-Boudy al poeta romántico español Espronceda?

2. ¿Qué echa mucho de menos el poeta Sánchez-Boudy?

3. ¿Qué imágenes usa para reforzar sus ideas?

4. ¿Por qué cree Ud. que el poeta piensa en el pasado durante una noche fría de Carolina del Norte?

5. ¿Cómo muestra este poema el tormento psicológico de un inmigrante típico?

B. Haga el papel.   Con un compañero de clase, haga Ud. los papeles siguientes.

1. You are a Spanish-speaking reporter working for the Miami *Herald*. You interview a Cuban who has recently emigrated to the United States. Find out everything you can about the immigrant.

2. You are a Cuban American who has been living in the United States for twenty years. You help a recently arrived Cuban get adjusted to his new country. Tell him about American customs and laws. Ask the immigrant how much money he has, if he has relatives in the United States, etc.

C. Composición guiada.   Escriba una composición sobre el siguiente tema. Siga el esquema dado aquí. Debe dar su opinión como conclusión.

Tema:		**Las artes enriquecen la vida de cada ser humano.**
Introducción:	A.	Las artes son un espejo de la cultura de una sociedad, mostrando sus buenos y malos puntos.
	B.	La evidencia de las artes se encuentra en todas partes. Dé ejemplos.
Desarrollo:	A.	la fotografía como un vehículo de expresión artística para muchos fotógrafos aficionados
	B.	la música popular como expresión artística y reflejo de la sociedad en que vivimos
	C.	la televisión como un arte que ha cambiado mucho a la sociedad moderna y la manera en que esto sucede

D.   ¿Por qué hay más espectadores que participantes en la creación de obras de arte?

E.   ¿Cómo sería el mundo sin las artes?

Conclusión: El hombre necesita las artes para mejorar su existencia. Sin ellas, su vida sería muy estéril.

E. Composición libre.   Escriba una composición sobre su obra de arte favorita, ya sea una pintura, un poema, una novela, una escultura, una foto o una canción. Explique qué representa la obra para usted, y por qué le gusta tanto. Describa cómo ha añadido algo a su vida, ya sea bueno o malo. Explique.

Cortesía

Hispanic men and women normally shake hands when meeting and when parting. When meeting a close acquaintance, it is customary for the men to embrace and for the women to kiss each other on the cheek. It is common for women to walk arm in arm down the street. Hispanic people generally stand much closer to friends while talking and often touch the other person or his clothing. It is considered polite and important to maintain eye contact with the other person to show interest and sincerity.

Be careful of the gestures you use while in Hispanic countries. The American "Okay" sign, with the thumb and index finger forming a circle, has an obscene meaning in many countries and should be avoided.

When buying bus tickets, asking directions, or seeking information from strangers on the street, it is considered good manners to greet the person first before asking your question. A person is considered "mal educado" (bad-mannered) if he does not observe this courtesy. He will also be treated better (given correct directions, receive the tickets he wants, etc.) if he treats the other person courteously.

práctica

A. Haga los papeles siguientes con un amigo—en español, claro.

1. Greet an acquaintance on the street. Talk about your families. Ask how each other's parents and family are, etc. Say goodbye.
2. Stop a stranger on the street and ask him or her directions to the Museo de Antropología. Ask him or her what bus to take, how much the fare (*tarifa*) is, how often the buses run, etc.

B. Refranes. Estudie los refranes siguientes y piense en sus equivalentes en inglés.

Más vale pájaro en mano que cien volando.

Ver es creer.

El dar es honor, y el pedir, dolor.

12

Los puertorriqueños

El Puerto Rico de ayer y de hoy

La mañana del 19 de noviembre de 1493 le mostró una vista muy bella a la tripulación de una flota de 17 barcos de vela. En la distancia, los tripulantes podían ver las playas doradas, las aguas de azul oscuro, y las colinas verdes delante de altas montañas iluminadas por un cielo brillante. El comandante de la flota, el Almirante Cristóbal Colón, mandó a unos de sus hombres a desembarcar en busca de agua y comida. Cuando llegaron, vieron un pueblecito de pequeñas casuchas redondas, totalmente deshabitado. Sus habitantes, los indios taínos, habían huido a las montañas porque tenían miedo de los hombres tan extrañamente vestidos.

Puesto que los taínos los veían como dioses, los españoles pudieron forzarlos a cultivar sus cosechas y a trabajar largas horas en las minas de oro. Después de algunos años de trabajar como esclavos, decidieron averiguar si los españoles de verdad eran inmortales. Un buen día, el Capitán Diego Salcedo y sus guías indios, cuando se encaminaban a una mina de oro, tropezaron con un río. Los indios ofrecieron cargarlo a través del río para que no se mojara. En la mitad del río, se les "cayó" el Capitán y lo sumergieron por unos minutos. El Capitán naturalmente se ahogó, y los indios empezaron a planear una rebelión contra aquellos mortales.

Después de una lucha, los españoles subyugaron a los taínos, que se escaparon a islas cercanas o huyeron a las montañas. A mediados del siglo XVI, debido a la escasez de indios en Puerto Rico, los comerciantes ingleses y holandeses se vieron forzados a traer esclavos africanos a la isla, bajo un acuerdo con el rey español. Los necesitaban para sus cultivos de tabaco, algodón, y especialmente caña de azúcar, que ellos llamaban "oro verde".

La colonia española de Puerto Rico pasó dificultades de diversos tipos a través de los siglos. Fue atacada varias veces por los indios caribes y los taínos. Así mismo, los ingleses y los holandeses atacaron la Isla porque querían apoderarse de las riquezas que España sacaba de allí. Además de estas luchas, la Isla sufrió desastres naturales como huracanes, sequías, inundaciones, y epidemias. La economía siempre estuvo en crisis, ya que se basaba casi exclusivamente en el cultivo de caña de azúcar y los trabajadores estaban sin empleo por muchos meses cada año, excepto durante la zafra. Se necesitaba más diversidad de cultivo para resucitar la economía y hacerla más estable financieramente, así como para mantener un nivel laboral adecuado el año entero.

España perdió Puerto Rico en la Guerra Hispanoamericana de 1898. Desde ese año, Puerto Rico ha pasado por diferentes relaciones con los Estados Unidos, y ahora es un Estado Libre Asociado. Los puertorriqueños tienen ciudadanía norteamericana. No tienen que pagar impuestos federales, pero tienen que servir en el ejército, sin poder votar en las elecciones presidenciales o tener sus propios representantes en el Congreso. A causa de éstas y otras desventajas, hay un debate continuo acerca de cuál debería ser el sistema político más adecuado para Puerto Rico. Un grupo quiere mantener la presente relación con los Estados

Unidos, otro quiere que se convierta en un estado norteamericano y otro sólo estará contento con la independencia completa de los Estados Unidos. Por ahora, el *status quo* va ganando.

VOCABULARIO

VERBOS

adelantar   to advance, improve
ahogarse   to drown
aprovecharse de   to take advantage of
averiguar   to find out
encaminarse a   to head towards
resucitar   to revive
suministrar   to provide
tropezar con   to come across, to run into

SUSTANTIVOS

los **altibajos**   ups and downs
el **barco de vela**   sailboat
la **casucha**   hut
la **colina**   hill
Estado Libre Asociado   Commonwealth

el **impuesto**   tax
la **inundación**   flood
la **lealtad**   loyalty
la **sequía**   drought
la **tripulación**   crew
la **zafra**   sugar cane harvest

ADJETIVOS

dorado   golden

PALABRAS CONFUSAS

salir   to leave, go out
dejar   to leave behind; to let, allow

parecer   to seem, appear
aparecer   to appear (from somewhere)

vocabulario y comprensión

A. Encuentre a la derecha la palabra correcta para la definición de la izquierda.

1. _____ de color de oro
2. _____ descubrir cierta información
3. _____ proveer
4. _____ membrana exterior del cuerpo humano
5. _____ alternar entre lo mejor y lo peor
6. _____ tributo al gobierno
7. _____ ajustarse
8. _____ diferenciar, separar
9. _____ contacto violento entre dos cosas o personas
10. _____ equivalente

a. igual
b. discriminar
c. impuesto
d. suministrar
e. dorado
f. choque
g. piel
h. altibajos
i. adaptarse
j. averiguar

B. Conteste Ud. las preguntas siguientes.

1. ¿Cuándo descubrieron los españoles la Isla de Puerto Rico?
2. ¿Los saludaron los indios con mucha amistad? ¿Por qué?
3. ¿Qué creían los indios de los españoles?
4. ¿Cómo supieron que esto no era verdad?
5. ¿Qué grupo ganó la lucha—los taínos o los españoles?
6. ¿Qué hicieron los españoles para encontrar obreros para las minas? ¿Cuándo los introdujeron al país? ¿Por qué fue esto muy importante en la historia de la Isla?
7. ¿Cómo perdió España su colonia de Puerto Rico? ¿En qué año? ¿Qué país se apoderó de la Isla?
8. ¿Cuál es el estado político de Puerto Rico hoy? ¿Están todos los puertorriqueños satisfechos con esto? ¿Qué preferirían algunos?

C. Haga el papel.   Con un compañero de clase, haga Ud. los papeles siguientes. Varíen el papel como quieran.

1. You are a Puerto Rican immigrant in New York City looking for work. You go to an employment agency and are interviewed by an employment counselor. Discuss your qualifications, work experience, etc. Talk the counselor into sending you out on job interviews.
2. You are in New York City and would like to visit the Metropolitan Museum of Art. Ask someone on the street how to get to the museum. You will have to take the subway (*metro*) and walk north five blocks from the subway station. Your informant tells you the hours the museum is open and how much it costs to get in.
3. You invite a friend to your house for a party. You discuss what to bring, whom else to invite, etc. You give directions to your house. You caution your friend not to tell his (or her) uninvited friends about the party because you are afraid too many people will show up.

GRAMATICA

La voz pasiva

The active voice (*la voz activa*) indicates that the subject performs the action.

Cristóbal Colón descubrió la isla de Puerto Rico.
Christopher Columbus discovered the island of Puerto Rico.

In the passive voice, however, the subject does not perform the action but is acted upon.

La **isla** de Puerto Rico **fue descubierta** por Cristóbal Colón.

*The **island** of Puerto Rico **was discovered** by Christopher Columbus.*

FORMATION OF THE PASSIVE VOICE

In the Spanish passive voice, the verb *ser* is used to translate "to be." The past participle functions as an adjective, agreeing in gender and number with the subject. Generally an agent is either expressed or strongly implied and is normally introduced by the preposition *por*.

SUBJECT	+	SER	+ PAST PARTICPLE	+	POR	+	AGENT

El acueducto	**fue**	**construído**	por los romanos.
The aqueduct	*was*	*constructed*	*by the Romans.*
Una cura	**habrá sido**	**descubierta**	por un científico.
A cure	*will have been*	*discovered*	*by a scientist.*

Note: Sometimes *de* is used instead of *por* to indicate the agent with verbs that express emotional or mental action. Do not be surprised if you see this usage when you read literature in Spanish.

Ella es amada de todos.

She is loved by everyone.

Cuidado: The use of *ser* to express the passive voice always describes an *action. Estar* must be used to express the *result of an action.* Compare the following sentences.

La revista **es escrita** en español. (action)

*The magazine **is written** in Spanish.* (by someone)

La revista **está escrita** en español. (result of an action)

*The magazine **is written** in Spanish.* (It is published in Spanish.)

práctica

A. Sustituya la palabra subrayada por las palabras entre paréntesis. Haga todos los cambios necesarios.

1. Los *actores* fueron aplaudidos por el público. (actriz, niño, bailarinas)
2. La *novela* ha sido completada por el autor. (poema, ensayos, biografías)
3. La isla de Puerto Rico fue *nombrada* por los españoles. (descubrir, ver, explorar)
4. El examen será *dado* por el profesor. (devolver, escribir, corregir)

B. Cambie las frases siguientes a la voz pasiva según el modelo.

> El aduanero revisó las maletas.
> *Las maletas fueron revisadas por el aduanero.*

1. Cervantes escribió una obra muy importante.
2. Algunos padres maltratan a sus hijos.
3. Los líderes enfatizaron el analfabetismo de la gente.
4. El distrito escolar mejorará la educación de los puertorriqueños.
5. Los puertorriqueños han mantenido muchas costumbres de la Isla.

C. Complete las frases siguientes con la forma adecuada de *ser* (la voz pasiva) o de *estar* (el resultado de una acción).

1. La puerta siempre __es__ abierta por el portero.
2. Cuando llegamos, la puerta siempre __está__ abierta.
3. ¿Dónde puse mi bolso? ¡Ay! Creo que __se está~~pone~~__ perdido.
4. El público siempre __es__ sentado por los acomodadores (*ushers*).
5. Es la hora del concierto y el público __está__ sentado.
6. El papel va a __ser__ desempeñado por la mejor actriz.
7. Manolito, ¿~~está~~ __está__ hecha tu tarea?
   Sí, mamá.

IMPERSONAL "SE" AND "SE" FOR PASSIVE VOICE

1. The impersonal *se* is often used with a third person singular verb to express the impersonal English subjects "one," "they," "we," "people (in general)," or "you" plus an active voice verb. Note that no specific person is identified as doing the action. The construction can be translated into English either actively or passively.

   Eso no **se debe hacer**.

   *That **should** not **be done**.* or ***One (you) should** not **do** that.*

   Aquí **se habla** español.

   *Spanish **is spoken** here.* or ***We speak** Spanish here.*

   Se dice que va a llover.

   ***It is said** that it is going to rain.* or ***They say** it is going to rain.*

2. The passive *se* is often used in Spanish instead of the passive voice with *ser* when the performer of the action is not stated. The verb may be either in the third person singular or plural to agree with the subject. Study the following examples.

VERB   SUBJECT

Siempre **se traducen** las **novelas** de García Márquez al inglés.

*García Márquez's novels **are** always **translated** into English. (They always translate García Márquez's novels into English.)*

VERB   SUBJECT

Siempre **se traduce** la última **novela** de García Márquez.

García Márquez's latest novel is always translated. (They always translate García Márquez's latest novel.)

3. When the subject of a *se* construction is a person rather than a thing, the verb must be in the third person singular and the personal *a* is used.

Se **eligió a** Luis Campos y su gabinete.
Luis Campos and his cabinet were elected.

Note: This special construction avoids confusion, because the sentence "Se eligieron Luis Campos y su gabinete" means that they elected themselves or each other.

4. In Spanish a third person plural verb is often used *instead of* the passive *se* construction. "They" is an impersonal subject which gives a passive voice idea even though the verb is in the active voice.

Dicen que va a llover.
They say *it is going to rain.*

Siempre **traducen** las novelas de García Márquez.
They *always* ***translate*** *García Márquez's novels.*

Eligieron a Luis Campos y su gabinete.
They elected *Luis Campos and his cabinet.*

práctica

A. Cambie las frases siguientes usando el *se* pasivo. Siga el modelo.

> Las facturas *fueron mandadas* hace dos días.
> *Se mandaron* las facturas hace dos días.

1. Alfonso *fue suspendido* en los exámenes.
2. Los cheques de Seguridad Social *fueron robados*.
3. Un presidente nuevo *será elegido* en dos años.
4. El director *va a ser alabado* en los periódicos.
5. El banco *es abierto* a las nueve.
6. Un gran desfile *ha sido planeado*.
7. El Día de la Raza *es celebrado* en Nueva York.
8. El dinero *es ahorrado* poco a poco.

B. Cambie las frases siguientes a la tercera persona del plural, usando la expresión "they" impersonal según el modelo.

> El banco *se abre* a las nueve.
> *Abren* el banco a las nueve.

1. La ley *ha sido revisada.*
2. Los inmigrantes *han sido criticados.*
3. El Día de la Raza *se celebra* en Nueva York.
4. El nivel de vida de los puertorriqueños *ha sido examinado* en mucho detalle.
5. *Se dice* que habrá muchos problemas económicos en el Barrio.
6. *Se dan* premios de mucho dinero en la lotería.
7. Muchos edificios nuevos *han sido construidos.*
8. *Se usan* dos marcas diferentes de computadoras.
9. Muchos ríos *han sido contaminados.*
10. Su coche *será reparado* dentro de dos horas.

SE FOR UNPLANNED OCCURRENCES

The reflexive *se* is often used to indicate that an action is accidental or unplanned. The indirect object is used to show to whom this unforeseen event has occurred. The following combinations with *se* + indirect object are possible.

Se **me** olvidaron los documentos.	*I forgot the documents. (It slipped my mind.)*
Se **te** rompió el reloj.	*You broke your watch. (It got broken.)*
Se **le** perdieron los guantes.	*He (she, you) lost (his, her, your) gloves. (They got lost.)*
Se **nos** escapó el criminal.	*The criminal escaped from us. (He got away from us.)*
Se **os** acabó la energía.	*You ran out of energy.*
Se **les** ensuciaron las manos.	*They (you) got their (your) hands dirty.*

NUESTROS BARRIOS

práctica

A. Traduzca las frases siguientes al inglés.

1. Mamá, se me perdieron los guantes.
2. Sr. López, se me olvidó la composición.
3. A Juan se le rompió la pierna.
4. Se nos acabaron las excusas.
5. ¿Cómo se te escapó el canario?

B. Complete las frases siguientes lógicamente para expresar que la acción es inesperada *(unplanned)*.

1. Juanito está llorando porque . . . .
2. El profesor está furioso porque a Carlos . . . .
3. El jefe de policía está quejándose porque . . . .
4. Ana, ¿puedes prestarme tu libro porque . . . .
5. No puedo decirte la hora porque . . . .
6. Carlos no puede esquiar porque . . . .
7. La mamá está furiosa porque a su hijo . . . .
8. Los estudiantes se rieron porque a la profesora . . . .

C. Me gustaría saber. . . .   Pregúntele a un compañero de clase.

Compañero 1:

1. ¿En qué año fue descubierta la Isla de Puerto Rico? ¿Quién la descubrió?
2. ¿Cómo se dice "My name is" en español?
3. ¿Cómo se deletrea *(spell)* mi nombre en español?
4. ¿Se enseñan las asignaturas de esta universidad en español o inglés? ¿Por qué?
5. ¿Se te ha roto un hueso alguna vez?, ¿la pierna?, ¿el brazo? ¿Cuándo? ¿Cómo te pasó?
6. ¿Se me olvidó la fecha del último examen?
7. ¿Será descubierta una cura para el cáncer dentro de diez años?
8. ¿Cómo se sale de esta aula?
9. ¿Por quién fue ganada la elección presidencial en 1988?
10. ¿Por qué se te ocurrió tomar esta clase?

Compañero 2:

1. ¿Han sido aceptados los puertorriqueños por los neoyorquinos?

2. ¿Se pueden decir palabrotas en esta clase? ¿Por qué no?

3. ¿En qué restaurante de esta ciudad se come bien? ¿En qué restaurante no se come bien?

4. ¿Está cerrada la puerta ahora? ¿Quién la cerró?

5. ¿Dicen que vamos a tener un invierno severo?

6. ¿Dicen que nuestro equipo de básquetbol va a ganar el campeonato?

7. ¿Qué lenguas se hablan en nuestro país?, ¿en España?, ¿en Brasil?, ¿en Holanda?, ¿en Francia?, ¿en Alemania?

8. ¿A qué hora se abren las tiendas en el centro de compras? ¿A qué hora se cierran?

9. ¿Qué opinion se tiene de esta escuela? ¿Es extraordinaria, buena, mediocre o mala?

10. ¿Serán usadas estas preguntas por muchos estudiantes en el futuro?

«Haber» y «Tener»

HABER

Besides functioning as the auxiliary verb in compound tenses, *haber* is used in the following expressions.

1. *Haber* is used to mean "there is/are." In the present tense, the irregular form "hay" is used, but in all other tenses, the third person *singular* of *haber* is used.

Hay más de 18 millones de habitantes en Ciudad México.

There are more than 18 million people in Mexico City.

Ha habido problemas con la educación de los puertorriqueños.

There have been some problems with the Puerto Ricans' education.

¿Habrá una fiesta esta noche en casa de Antonio?

Will there be a party at Antonio's house tonight?

NOTE: **Haber** *expresses the existence of persons or things, while* **estar** *expresses the location of persons or things. Compare the following examples:*

Hay 26 personas en la clase.

Todos los estudiantes **están** aquí hoy.

---

2. *Haber de* expresses mild obligation and is translated into English by "to be supposed to."

Hemos de llegar a las ocho en punto.

We are supposed to arrive at eight o'clock sharp.

Ellos habían de notificarnos cuando llegaran.

They were supposed to notify us when they arrived.

3. *Hay que (habrá que, había que, etc.)* is an impersonal expression of obligation.

Habrá que educar a los niños sobre el peligro de la energía nuclear.

It will be necessary to educate the children about the dangers of nuclear energy.

_____ *práctica* _____

A. Complete lógicamente las frases siguientes.

1. Para evitar una guerra nuclear, habrá que . . . .
2. En mi juventud había . . . .
3. Hemos de . . . .
4. En este mundo loco hay que . . . .
5. Los estudiantes han de . . . .

B. Complete las frases siguientes con *hay* o la forma correcta de *estar*.

1. ¿Dónde _____ un restaurante bueno cerca de aquí?
2. ¿En qué calle _____ el restaurante?
3. No _____ nadie en casa.
4. ¿Dónde _____ mis llaves?
5. ¿ _____ más de veinte dólares en tu bolsillo?
6. ¿Dónde _____ los chicos?
7. Ellos _____ en el parque jugando al fútbol.
8. Mañana no _____ una reunión en la universidad.
9. ¿Dónde _____ mi bolígrafo?
10. _____ en la mesa.

TENER

Besides its regular meaning of "to have," *tener* is also used in the following expressions.

1. *Tener* means "to be" when used with certain nouns.

tener hambre	*to be hungry*
tener frío	*to be cold*
tener calor	*to be hot*
tener sed	*to be thirsty*
tener sueño	*to be sleepy*
tener razón	*to be right*
no tener razón	*to be wrong*
tener _____ años	*to be _____ years old*
tener cuidado	*to be careful*
tener miedo	*to be afraid*
tener prisa	*to be in a hurry*
tener vergüenza	*to be ashamed*

Nuestro papá **tiene** 52 **años**.

*Our father **is** 52 **years old**.*

Tenemos miedo de las películas de horror.

***We are afraid** of horror movies.*

¿Por qué siempre **tienes frío**?

***Why are you** always cold?*

Ten cuidado.

***Be careful**.*

2. *Tener que* + infinitive means "to have to."

Tenemos que levantarnos temprano mañana.

We have to get up early tomorrow.

Note: When *tener* is separated from *que* by other words, it loses its strong sense of obligation.

Tengo mucho **que decirte.**

I have a lot to tell you.

—————— *práctica* ——————

Me gustaría saber. . . .   Pregúntele a un compañero de clase.

Compañero 1:

1. ¿Hemos de completar todas estas preguntas en diez minutos?
2. ¿Qué tengo yo cuando me dan ganas de comer?
3. ¿Tienes hambre cuando quieres beber algo? ¿Qué tienes?
4. ¿Qué tienen los estudiantes cuando se duermen durante la clase?
5. ¿Hay que beber cerveza para vivir?

6. ¿Habrá que racionar gasolina en el futuro? ¿Por qué?

7. ¿Cuántas personas hay en la clase? ¿Incluiste al profesor (a la profesora)? ¿Hay que contarlo(la)? ¿Por qué?

8. Si digo que hoy es miércoles, ¿tengo razón o no?

9. ¿Tienes vergüenza después de hacer una cosa tonta? ¿Tienes miedo de la reacción de la gente cuando te pasa eso? ¿Por qué?

10. ¿Cuándo tienes la mayor prisa? ¿Cuándo no tienes prisa alguna?

Compañero 2:

1. ¿Quiénes en esta clase siempre tienen prisa? ¿Es bueno siempre tener prisa? ¿Por qué?

2. Después de comer una comida muy salada, ¿qué tienes? ¿Qué prefieres beber para aliviar la sed? ¿Qué bebida debe uno beber cuando tiene mucha sed?

3. ¿Debo tener mucho cuidado cuando tomo un examen de español? Cuando no tengo cuidado, ¿qué me pasa en el examen?

4. ¿Habrá un examen en esta clase mañana? ¿Cuándo? ¿Tendremos que estudiar mucho?

5. ¿Cuántos años tenían tus padres cuando naciste?

6. ¿Qué haces cuando tienes calor? ¿Qué haces cuando tienes frío?

7. ¿Cuántas guerras mundiales ha habido en el siglo XX? ¿Habrá otra?

8. ¿Tienes mucho trabajo que hacer esta noche?

9. ¿Tenemos mucha más gramática que hacer en esta clase?

10. ¿Acabamos de completar el estudio de la gramática? ¿Estás contento(a)?

El puertorriqueño en los Estados Unidos

Mientras los grupos debaten la situación política en Puerto Rico, la economía del país desgraciadamente no se mejora. Puerto Rico ha aprovechado su relación con los Estados Unidos al máximo, pero, debido a que hay una sobrepoblación en la Isla, no hay suficientes trabajos para toda la gente. Esto ha causado una migración masiva a los Estados Unidos, a partir de la Segunda Guerra Mundial. Tal migración es facilitada aun más por la ciudadanía norteamericana y los vuelos baratos. El hecho es que un alto porcentaje de los puertorriqueños—casi el 70 por ciento de los cuales viven en Nueva York— ha tenido dificultades para mejorar su situación financiera, encontrándose muchas veces en peores situaciones que las que dejaron debido a los altibajos de la economía en el continente.

Los puertorriqueños que vienen al continente han usado tres tácticas para enfrentarse a la nueva cultura. Muchos han tenido éxito asimilándose completamente a los valores y la conducta de la cultura dominante norteamericana. Otros permanecen en sitios donde viven otros puertorriqueños que hablan español exclusivamente. Este grupo está compuesto principalmente por personas mayores que tienen dificultades para aceptar y adaptarse a costumbres e ideas ajenas a las suyas. Un porcentaje de los puertorriqueños ha optado por un compromiso. Ellos tratan de conservar una dualidad cultural; es decir, aceptar los valores de la cultura dominante de los Estados Unidos cuando están entre norteamericanos y mantener sus propios valores cuando están con otros puertorriqueños. Pueden hacer esto mejor en Nueva York, donde vive la mayoría de ellos.

El puertorriqueño en Nueva York

La mano de obra que los puertorriqueños proveen en Nueva York es vital a la economía de la gran ciudad. Ha sido una fuente de mano de obra barata que

mantiene a flote la industria del vestido ante la intensa competencia de otras partes de los Estados Unidos y del extranjero. Nueva York ha podido mantener su primer lugar en la industria, gracias a los puertorriqueños y otros grupos de inmigrantes más recientes, como los vietnamitas que tienen que aceptar este tipo de trabajo para ganarse la vida. Ellos aceptan de buena voluntad los trabajos con salario mínimo, que antes hacían los judíos e italianos.

Poco a poco, un sector de los puertorriqueños está ascendiendo a una mejor posición económica en Nueva York, mientras la mayoría está aún proveyendo la mano de obra para trabajos bajos no especializados que otros norteamericanos no quieren hacer, como servir de mozos, lavaplatos y cocineros en restaurantes de autoservicio. El futuro parece prometedor, pues tendrán oportunidad de obtener una mejor educación, lo cual mejorará sus oportunidades de ganar trabajos altamente remunerados.

La organización ASPIRA fue fundada por la comunidad puertorriqueña en Nueva York, en 1961, para proveer dirección y entrenamiento a los estudiantes puertorriqueños en la escuela. Esta organización trabaja para mejorar las escuelas a las que asisten niños puertorriqueños. Ayuda a los jóvenes capacitados a continuar su educación en universidades o escuelas técnicas. Debido a que muchos jóvenes se sienten derrotados desde el principio por la mala publicidad que su gente recibe en la prensa y en la opinión pública, ASPIRA inculca a los estudiantes un sentido de orgullo con relación a su herencia puertorriqueña. Este programa es uno de los muchos que han sido formados por los puertorriqueños para ayudar a su gente.

Mientras aprenden inglés, los puertorriqueños en Nueva York pueden leer dos periódicos diarios en español, escuchar muchas estaciones de radio de habla hispana, o mirar un canal de televisión enteramente en español. Pueden hacer su compra en bodegas pequeñas que venden los ingredientes para sus platillos favoritos, tales como las habichuelas negras, el bacalao seco, y los plátanos fritos. También hay pequeñas agencias de viaje que ayudan a los inmigrantes a comprar los pasajes para viajar entre el continente y Puerto Rico. Además, muchos de los agentes sirven como notarios y ayudan a la gente con algunos de sus problemas, como los de inmigración, vivienda, asistencia pública, y otros servicios sociales. Para curar ciertas enfermedades, los puertorriqueños pueden ir a las botanicas de la vecindad donde se venden hierbas medicinales y plantas especiales. Todas estas instituciones hispanas en Nueva York ayudan al recién llegado a adaptarse más fácilmente y a disminuir el impacto del choque cultural.

Aunque la asimilación de los puertorriqueños por todo el continente ha progresado más lentamente que con otros grupos anteriores de inmigrantes, hay señales de un avance notorio en las áreas de educación, trabajo, sueldos, además de una disminución en la tasa de natalidad. Como en cualquier grupo de inmigrantes, la clase media va creciendo poco a poco. Con el tiempo y el esfuerzo de todos, los puertorriqueños podrán vivir como los otros grupos de inmigrantes ya adaptados.

VOCABULARIO

VERBOS

derrotar to defeat
empujar to push
inculcar to instill
prever to foresee

SUSTANTIVOS

los **altibajos** ups and downs

la **asistencia pública** welfare
el **bacalao** cod
la **bodega** grocery store
el **comestible** grocery
el **continente** mainland
la **habichuela** bean
la **herencia** heritage
la **tasa de natalidad** birthrate
las **prendas de vestir** clothing
la **prensa** press

ADJETIVOS

ajeno   foreign

EXPRESIONES UTILES

de buena voluntad   willingly

del extranjero   from abroad
enfrentarse a   to face
ganarse la vida   to earn a living
mantener a flote   to keep afloat
y pico   and a little bit more

vocabulario y comprensión

A. Encuentre a la derecha la palabra correcta para la definición de la izquierda.

1. _____ guardar una parte de lo que se gana   a. curar
2. _____ que se puede comer   b. entrenamiento
3. _____ proporción de nacimientos en una región   c. minoría
4. _____ elegir una cosa entre dos o más   d. ajeno
5. _____ ascender hasta la cima   e. ahorrar
6. _____ acción de prepararse para un deporte   f. diario
7. _____ parte menor de un grupo   g. optar
8. _____ remediar al enfermo   h. escalar
9. _____ de todos los días   i. natalidad
10. _____ que pertenece a otro; extraño   j. comestible

B. Conteste Ud. las preguntas siguientes.

1. ¿Por qué emigraron originalmente algunos puertorriqueños al continente?
2. ¿Han tenido más éxito en los Estados Unidos que en la Isla? ¿Por qué?
3. ¿Dónde pueden los puertorriqueños hablar español exclusivamente?
4. ¿Hay un grupo de puertorriqueños en su ciudad? ¿Viven en sus propios barrios o están en todas partes de la ciudad?
5. ¿En qué industria de Nueva York han tenido gran impacto los puertorriqueños? ¿Por qué?
6. ¿Cuáles son los otros puestos de trabajo típicamente ocupados por los puertorriqueños de Nueva York? ¿Cuánta educación necesitan para tales puestos?
7. ¿Qué organización ayuda a los jóvenes puertorriqueños a prepararse para la universidad? ¿Por qué tiene tanta importancia para este grupo?
8. ¿Qué cosas se venden en una bodega típica? En tu opinión, ¿por qué hay tantas en Nueva York?
9. ¿Qué papel tiene una típica agencia de viajes del Barrio?

juntos

A. Para discutir:

1. ¿Ha visitado Ud. Puerto Rico? ¿Le gustó? ¿Por qué?

2. De todas las minorías hispanas que hemos discutido en estos tres capítulos, en su opinión, ¿qué grupo tiene más ventajas? ¿Qué grupo tiene menos? ¿Por qué?

B. Haga el papel.   Con un compañero de clase, haga Ud. los papeles siguientes.

1. You are a Puerto Rican who has recently arrived in New York City. You attempt to make a phone call to a relative in the Barrio. You don't know how to use the telephone and ask someone for assistance. He (or she) is also Puerto Rican and helps you make the phone call and then talks for a while about how exciting life is in New York with all its cultural events, etc.

2. Speak with a friend about your birthplace. Explain what memories it evokes and why. Talk about the things you used to do there as a child (use the imperfect tense). Say why you would prefer to live there or why you prefer to live where you do now. Then let your friend talk about his (her) birthplace.

C. Composición guiada.   Escriba una composición sobre el siguiente tema. Siga el esquema dado aquí. Debe dar su opinión como conclusión.

Tema: **Los beneficios (o desventajas) de una educación bilingüe para los inmigrantes recién llegados.**

Introducción: A.   Los expertos no están de acuerdo si la educación bilingüe es necesaria.

Desarrollo: A.   las razones en favor de la educación bilingüe
B.   las razones en contra de ésta
C.   información sobre algunos programas de educación bilingüe en los Estados Unidos
D.   lo que dicen los oponentes a estos programas
E.   el futuro probable de estos programas

Conclusión: Dé su opinión sobre por qué la educación (no) es importante para los inmigrantes. Use hechos para probar su tesis.

D. Composición libre.   Escriba una composición sobre cómo sería su vida si fuera un(a) inmigrante en los Estados Unidos que no habla inglés. Incluya detalles sobre cómo podría satisfacer sus necesidades y cómo podría sobrevivir.

E. Refranes. Estudie los refranes siguientes y piense en sus equivalentes en inglés.

A mal tiempo, buena cara.

Quien canta, sus males espanta.

Ojos que no ven, corazón que no siente.

A. Corrija las frases siguientes, si es necesario. Puede haber un error en el uso de *por* o *para*. Escriba *C* si la frase es correcta.

1. _____ *Para* ser un chico tan bajo, puede jugar bien al básquetbol.

2. _____ Estaremos en esta reunión *para* quince minutos más.

3. _____ —¿Dónde están los niños?
    —Pasaron *por* aquí hace una hora.

4. _____ Saldremos *por* Buenos Aires a las ocho esta tarde.

5. _____ Hacemos estos ejercicios *por* ganar una buena nota.

6. _____ Mande Ud. esta carta *por* correo.

7. _____ Voté *para* el partido del presidente.

8. _____ ¿Cuánto te dieron *para* tu coche?

9. _____ Este anillo es *para* ti.

10. _____ El anillo fue envuelto (wrapped) *para* la tienda.

11. _____ José, ve *para* Alicia. Está en la calle.

12. _____ Carmen, estoy tan cansada. ¿Puedes ir al supermercado *por* mí?

13. _____ Este vaso sirve *para* café.

14. _____ ¿Es *por* mí el paquete? ¿De quién es?

15. _____ *Para* ser una persona de tal edad, es muy activa.

B. Corrija las frases siguientes, si es necesario. Puede haber errores en el uso del infinitivo. Preste atención también a las preposiciones que van antes o después del infinitivo. Escriba *C* si la frase es correcta.

1. _____ *Después de levantándonos*, fuimos al centro.

2. _____ *Queremos a ir* con Uds.

3. _____ *Preferimos esquiar.*

4. _____ *Dejen de hablando.*

5. _____ Los chicos siempre *tratan salir* bien.

6. _____ Siento mucho *que yo no pueda pagarte.*

7. _____ Nos gusta *jugar vólibol.*

8. _____ Paco *se enamoró con* Alicia.

9. _____ *Debo a ayudarlos.*

10. _____ *Antes de saliendo*, despídanse de la mamá.

11. _____ El salió *sin decir* palabra.

12. _____ El conferenciante *empezó hablar*.

13. _____ *Prometió a llamarme*.

14. _____ El doctor *insistió en pesarme*.

15. _____ El *huele de cerveza*.

C. Corrija las frases siguientes, si es necesario. Puede haber un error en el *gerundio*. Escriba *C* si la frase es correcta.

1. _____ *Practicando* el español, podremos hablarlo mejor.

2. _____ Los chicos están *divirtiéndose* en la fiesta.

3. _____ Juan entró en clase *silbando y cantando*.

4. _____ *Deciendo* el poema de memoria, los chicos podrán salir a jugar.

5. _____ Anita está *dormiendo* demasiado. Despiértala.

6. _____ *Estudiando* mucho, tendrás mucho éxito en el futuro.

7. _____ Miguel está *pisando* el césped.

8. _____ Carlos anda *pediendo* ayuda con su tarea.

D. Corrija las frases siguientes, si es necesario. Puede haber un error en el uso de la *voz pasiva*. Preste mucha atención a lo que la frase dice y cómo debe leerse. Escriba *C* si la frase es correcta.

1. _____ Esa novela *fue escrito* por Cervantes.

2. _____ *Se construye* esas casas de ladrillos y madera.

3. _____ Esos cuadros *estuvieron pintados* por Dalí.

4. _____ Las curas *han sido descubiertos* por nuestros colegas.

5. _____ *Se eligió Juan* el jefe de la compañía.

6. _____ Aquí *se hablan* español.

7. _____ ¡Ay de mí! *Se rompió* la pierna. ¿Cómo podré conducir?

8. _____ *Se les acabó* la energía cuando llegaron a la cumbre del pico.

E. Corrija las frases siguientes, si es necesario. Puede haber un error en el uso de *haber*, *ser*, o *estar*. Piense Ud. en lo que la frase debe decir. Escriba *C* si la frase es correcta.

1. _____ *Habrán* más de mil personas aquí.

2. _____ *Estamos* muy contentos con el público.

3. _____ *Son* treinta estudiantes en la clase.

4. _____ La puerta siempre *es* cerrada cuando llegamos.

5. _____ Ellos *son* sentados detrás de Carlos.

6. _____ América *estuvo descubierto* por Cristóbal Colón.

7. _____ ¿Qué *es* en la mesa?

8. _____ *Estamos* muy agradecidos por los resultados de la elección.

9. _____ ¿Dónde *será* Juan?

10. _____ ¿Cuántas personas *son* en tu familia?

11. _____ *Había* mucho ruido en el hotel.

12. _____ *Hay* que comer para sobrevivir.

F. Corrija las frases siguientes, si es necesario. Puede haber un error en el uso de los pronombres relativos. Escriba *C* si la frase es correcta.

1. _____ Ese hombre, *quienes libro* acaba de ser leído, es un amigo de mi papá.

2. _____ No tengo la menor idea *que* quieres decir.

3. _____ Los chicos, *de los cuales* te escribí, están en Nuevo México.

4. _____ No nos gusta *que* tú demandas.

5. _____ Este texto, sin *que* no podemos aprender, es útil.

6. _____ Esta es la pelota *quien* fue usada por Pelé.

7. _____ ¿Encontraste el libro *cual* puse aquí?

8. _____ Esos son los chicos *a quienes* te hablaba ayer.

G. Corrija las frases siguientes. Puede haber un error en el uso de *pero, sino,* or *sino que.*

1. _____ "Dr. J." no era jugador de béisbol *pero* jugador de básquetbol.

2. _____ Iba a invitarte a mi fiesta *pero* no pude recordar tu apellido.

3. _____ Muchos estudiantes no son ricos *pero* son pobres.

4. _____ No es inteligente *sino* tonto.

5. _____ Nuestro equipo no gana *sino que* mucha gente exige que ganen.

6. _____ Muchos estudiantes estudian *sino* otros no.

H. Me gustaría saber. . . . Hágale a un compañero las preguntas siguientes.

Compañero 1:

1. ¿Por quién fue descubierta una cura para polio?

2. ¿Qué te interesa más—los deportes o los libros?

3. ¿A qué edad empezaste a andar?

4. ¿Tenías hambre cuando entraste a la clase?

5. ¿Hay que escuchar con mucha atención para entender al profesor (a la profesora)?

6. ¿Hemos de estudiar para el examen final? ¿Cuántas horas vas a estudiar?

7. ¿Para qué estudias?

8. ¿Conoces al hombre que está sentado a mi derecha? ¿Cómo se llama?

Compañero 2:

1. ¿Cuántas personas hay en esta clase?

2. ¿Tienes que trabajar horas extras de vez en cuando? ¿Recibes un sobresueldo?

3. ¿Hemos de entender estas preguntas?

4. Estudiando, ¿podemos tener éxito en esta clase?

5. ¿A quién llamaste por teléfono anoche?

6. ¿Crees todo lo que el presidente dice?, ¿todo lo que se escribe en los periódicos?

7. Después de levantarte, ¿qué haces?

8. ¿Dónde hay una tienda de ropas de mujer cerca de aquí?

I. Refranes.   Encuentre la traducción en inglés que equivale al refrán en español.

1. _____ No hay rosas sin espinas.

2. _____ Más vale pájaro en mano que cien volando.

3. _____ A buena hambre no hay pan duro.

4. _____ A mal tiempo, buena cara.

5. _____ Ver es creer.

6. _____ El dar es honor, y el pedir, dolor.

7. _____ A lo hecho, pecho.

8. _____ Quien canta, sus males espanta.

9. _____ Ojos que no ven, corazón que no siente.

a. What's done is done.

b. Hunger is the best sauce.

c. Keep your chin up.

d. He who sings scares away his woes.

e. Out of sight, out of mind.

f. A bird in the hand is worth two in the bush.

g. 'Tis better to give than to receive.

h. Seeing is believing.

i. No pain, no gain.

apéndice 1

Los verbos

REGULAR VERBS

INFINITIVE

hablar, *to speak*   comer, *to eat*   vivir, *to live*

PRESENT PARTICIPLE

hablando, *speaking*   comiendo, *eating*   viviendo, *living*

PAST PARTICIPLE

hablado, *spoken*   comido, *eaten*   vivido, *lived*

SIMPLE TENSES

El indicativo

PRESENT

I speak, I do speak, etc.	I eat, I do eat, etc.	I live, I do live, etc.
hablo	como	vivo
hablas	comes	vives
habla	come	vive
hablamos	comemos	vivimos
habláis	coméis	vivís
hablan	comen	viven

IMPERFECT

I used to speak, **I was speaking, etc.**	**I used to eat,** **I was eating, etc.**	**I used to live,** **I was living, etc.**
hablaba	comía	vivía
hablabas	comías	vivías
hablaba	comía	vivía
hablábamos	comíamos	vivíamos
hablabais	comíais	vivíais
hablaban	comían	vivían

PRETERITE

I spoke, **I did speak, etc.**	**I ate,** **I did eat, etc.**	**I lived,** **I did live, etc.**
hablé	comí	viví
hablaste	comiste	viviste
habló	comió	vivió
hablamos	comimos	vivimos
hablasteis	comisteis	vivisteis
hablaron	comieron	vivieron

FUTURE

I will speak, etc.	**I will eat, etc.**	**I will live, etc.**
hablaré	comeré	viviré
hablarás	comerás	vivirás
hablará	comerá	vivirá
hablaremos	comeremos	viviremos
hablaréis	comeréis	viviréis
hablarán	comerán	vivirán

CONDITIONAL

I would speak, etc.	**I would eat, etc.**	**I would live, etc.**
hablaría	comería	viviría
hablarías	comerías	vivirías
hablaría	comería	viviría
hablaríamos	comeríamos	viviríamos
hablaríais	comeríais	viviríais
hablarían	comerían	vivirían

El subjuntivo

PRESENT

(that) I may speak, etc.	(that) I may eat, etc.	(that) I may live, etc.
hable	coma	viva
hables	comas	vivas
hable	coma	viva
hablemos	comamos	vivamos
habléis	comáis	viváis
hablen	coman	vivan

-RA IMPERFECT

(that) I might speak, etc.	(that) I might eat, etc.	(that) I might live, etc.
hablara	comiera	viviera
hablaras	comieras	vivieras
hablara	comiera	viviera
habláramos	comiéramos	viviéramos
hablarais	comierais	vivierais
hablaran	comieran	vivieran

-SE IMPERFECT

(that) I might speak, etc.	(that) I might eat, etc.	(that) I might live, etc.
hablase	comiese	viviese
hablases	comieses	vivieses
hablase	comiese	viviese
hablásemos	comiésemos	viviésemos
hablaseis	comieseis	vivieseis
hablasen	comiesen	viviesen

El imperativo

speak	**eat**	**live**
habla (tú)	come (tú)	vive (tú)
hable (Ud.)	coma (Ud.)	viva (Ud.)
hablemos (nosotros)	comamos (nosotros)	vivamos (nosotros)
hablad (vosotros)	comed (vosotros)	vivid (vosotros)
hablen (Uds.)	coman (Uds.)	vivan (Uds.)

LOS TIEMPOS COMPUESTOS

PERFECT INFINITIVE

to have spoken	**to have eaten**	**to have lived**
haber hablado	haber comido	haber vivido

PERFECT PARTICIPLE

having spoken	**having eaten**	**having lived**
habiendo hablado	habiendo comido	habiendo vivido

El indicativo

PRESENT PERFECT

I have spoken, etc.	**I have eaten, etc.**	**I have lived, etc.**
he hablado	he comido	he vivido
has hablado	has comido	has vivido
ha hablado	ha comido	ha vivido
hemos hablado	hemos comido	hemos vivido
habéis hablado	habéis comido	habéis vivido
han hablado	han comido	han vivido

PAST PERFECT (PLUPERFECT)

I had spoken, etc.	**I had eaten, etc.**	**I had lived, etc.**
había hablado	había comido	había vivido
habías hablado	habías comido	habías vivido
había hablado	había comido	había vivido
habíamos hablado	habíamos comido	habíamos vivido
habíais hablado	habíais comido	habíais vivido
habían hablado	habían comido	habían vivido

FUTURE PERFECT

I will have spoken, etc.	**I will have eaten, etc.**	**I will have lived, etc.**
habré hablado	habré comido	habré vivido
habrás hablado	habrás comido	habrás vivido
habrá hablado	habrá comido	habrá vivido
habremos hablado	habremos comido	habremos vivido
habréis hablado	habréis comido	habréis vivido
habrán hablado	habrán comido	habrán vivido

CONDITIONAL PERFECT

I would have spoken, etc.	**I would have eaten, etc.**	**I would have lived, etc.**
habría hablado	habría comido	habría vivido
habrías hablado	habrías comido	habrías vivido
habría hablado	habría comido	habría vivido
habríamos hablado	habríamos comido	habríamos vivido
habríais hablado	habríais comido	habríais vivido
habrían hablado	habrían comido	habrían vivido

El subjuntivo

PRESENT PERFECT

(that) I may have spoken, etc.	**(that) I may have eaten, etc.**	**(that) I may have lived, etc.**
haya hablado	haya comido	haya vivido
hayas hablado	hayas comido	hayas vivido
haya hablado	haya comido	haya vivido

hayamos hablado	hayamos comido	hayamos vivido
hayáis hablado	hayáis comido	hayáis vivido
hayan hablado	hayan comido	hayan vivido

PAST PERFECT (with *hubiera* or *hubiese*)

(that) I might have spoken, etc.	**(that) I might have eaten, etc.**	**(that) I might have lived, etc.**
hubiera hablado	hubiera comido	hubiera vivido
hubieras hablado	hubieras comido	hubieras vivido
hubiera hablado	hubiera comido	hubiera vivido
hubiéramos hablado	hubiéramos comido	hubiéramos vivido
hubierais hablado	hubierais comido	hubierais vivido
hubieran hablado	hubieran comido	hubieran vivido

STEM-CHANGING VERBS

1. Stem-changing verbs (Class I) that end in -*ar* and -*er* change the stressed vowel *e* to *ie*, and the stressed *o* to *ue*. The changes occur in all persons, except the first and second persons plural of the present indicative and present subjunctive forms.

INFINITIVE	**pensar**	**recordar**	**volver**
PRESENT INDICATIVE	pienso	recuerdo	vuelvo
	piensas	recuerdas	vuelves
	piensa	recuerda	vuelve
	pensamos	recordamos	volvemos
	pensáis	recordáis	volvéis
	piensan	recuerdan	vuelven
PRESENT SUBJUNCTIVE	piense	recuerde	vuelva
	pienses	recuerdes	vuelvas
	piense	recuerde	vuelva
	pensemos	recordemos	volvamos
	penséis	recordéis	volváis
	piensen	recuerden	vuelvan

2. Stem-changing verbs ending in -ir are of two different types.

Class II Verbs: $e > ie > i$ $o > ue > u$

Note the following changes in the different verb tenses.

sentir   *to feel*

	INDICATIVE		SUBJUNCTIVE	
PRESENT	PRETERITE	PRESENT	IMPERFECT
siento	sentí	sienta	sintiera
sientes	sentiste	sientas	sintieras
siente	sintió	sienta	sintiera
sentimos	sentimos	sintamos	sintiéramos
sentís	sentisteis	sintáis	sintierais
sienten	sintieron	sientan	sintieran

present participle   sintiendo

VERBS LIKE *SENTIR*

adquirir	*to acquire*	hervir	*to boil*
advertir	*to warn*	mentir	*to lie*
convertir	*to turn into*	preferir	*to prefer*
divertirse	*to have fun*	referir	*to refer*
herir	*to wound*	sugerir	*to suggest*

dormir   *to sleep*

	INDICATIVE		SUBJUNCTIVE	
PRESENT	PRETERITE	PRESENT	IMPERFECT
duermo	dormí	duerma	durmiera
duermes	dormiste	duermas	durmieras
duerme	durmió	duerma	durmiera
dormimos	dormimos	durmamos	durmiéramos
dormís	dormisteis	durmáis	durmierais
duermen	durmieron	duerman	durmieran

present participle   durmiendo

VERBS LIKE *DORMIR*

morir   *to die*

Class III Verbs: $e > i$

The *-ir* verbs in this category are irregular in the same tenses as those of the first type except that they have only one change: $e > i$ in all irregular persons.

pedir   *to ask for*

INDICATIVE		SUBJUNCTIVE	
PRESENT	PRETERITE	PRESENT	IMPERFECT
pido	pedí	pida	pidiera
pides	pediste	pidas	pidieras
pide	pidió	pida	pidiera
pedimos	pedimos	pidamos	pidiéramos
pedís	pedisteis	pidáis	pidierais
piden	pidieron	pidan	pidieran

present participle   pidiendo

VERBS LIKE *PEDIR*

competir	*to compete*	reír(se)	*to laugh*
corregir	*to correct*	reñir	*to fight, scold*
despedirse	*to say goodbye*	repetir	*to repeat*
elegir	*to elect*	seguir	*to follow*
impedir	*to prevent*	servir	*to serve*
medir	*to measure*	vestirse	*to get dressed*

[Miɒa]

VERBS THAT CHANGE SPELLING

Verbs sometimes require spelling changes when conjugated, in order to keep the sound of the infinitive. Study the following verb endings to understand better when you will have to change the spelling of a verb form. Then you should be able to deal with all verbs that have the same changes without having to memorize them.

1. Verbs ending in *-car* change *c* to *qu* before *e* in the first person of the preterite and in all persons of the present subjunctive.

   Preterite: toqué, tocaste, tocó, etc.

   Pres. Subj.:   toque, toques, toque, toquemos, toquéis, toquen

   OTHER VERBS ENDING IN *-CAR*

atacar	*to attack*	explicar	*to explain*
buscar	*to look for*	sacar	*to take out, to get*

2. Verbs ending in *-gar* change *g* to *gu* before *e* in the first person of the preterite and in all persons of the present subjunctive.

   Preterite: pagué, pagaste, pagó, etc.

   Pres. Subj.:   pague, pagues, pague, paguemos, paguéis, paguen

   OTHER VERBS ENDING IN *-GAR*

colgar	*to hang*	negar	*to deny*
jugar	*to play*	rogar	*to beg*
llegar	*to arrive*		

3. Verbs ending in *-ger* or *-gir* change *g* to *j* before *o* and *a* in the first person of the present indicative and in all persons of the present subjunctive.

   Pres. Ind.:   escojo, escoges, escoge, etc.

   Pres. Subj: escoja, escojas, escoja, escojamos, escojáis, escojan

   OTHER VERBS ENDING IN *-GER* OR *-GIR*

coger	*to catch, take hold of*	exigir	*to demand*
corregir	*to correct*	recoger	*to pick up*
dirigir	*to direct, manage*		

4. Verbs ending in *-guar* change *gu* to *gü* before *e* in the first person singular of the preterite and in all persons of the present subjunctive.

   Preterite: averigüé, averiguaste, averiguó, etc.

   Pres. Subj: averigüe, averigües, averigüe, averigüemos, averigüéis, averigüen

5. Verbs ending in *-guir* change *gu* to *g* before *a* and *o* in the first person of the present indicative and in all persons of the present subjunctive.

Pres. Ind.:	sigo, sigues, sigue, etc.
Pres. Subj.:	siga, sigas, siga, sigamos, sigáis, sigan

OTHER VERBS LIKE *SEGUIR*

conseguir	*to get*	perseguir	*to pursue*
distinguir	*to distinguish*		

6. Verbs ending in *-zar* change *z* to *c* before *e* in the first person singular of the preterite and in all persons of the present subjunctive.

Pret. Ind.:	empecé, empezaste, empezó, etc.
Pres. Subj.:	empiece, empieces, empiece, empecemos, empecéis, empiecen

VERBS LIKE *EMPEZAR*

abrazar	*to embrace*	comenzar	*to begin*
almorzar	*to eat lunch*	rezar	*to pray*

7. Verbs ending in *-cer* or *-cir* preceded by a vowel, change *c* to *zc* before *a* and *o* in the first person singular of the present indicative and in all persons of the present subjunctive.

Pres. Ind.:	conozco, conoces, conoce, etc.
Pres. Subj.:	conozca, conozcas, conozca, conozcamos, conozcáis, conozcan

VERBS LIKE *CONOCER*

agradecer	*to thank*	nacer	*to be born*
aparecer	*to appear*	obedecer	*to obey*
carecer	*to lack*	ofrecer	*to offer*
establecer	*to establish*	parecer	*to seem*
entristecer	*to make sad*	pertenecer	*to belong*
lucir	*to display (well)*	producir	*to produce*
merecer	*to deserve*		

8. Verbs ending in *-cer* or *-cir* preceded by a consonant change *c* to *z* before *o* and *a* in the first person singular of the present indicative and in all persons of the present subjunctive.

vencer   *to conquer*

Pres. Ind.:   venzo, vences, vence, etc.

Pres. Subj.:   venza, venzas, venza, venzamos, venzáis, venzan

VERBS LIKE *VENCER*

convencer	*to convince*
torcer (ue)	*to twist*

9. Verbs ending in *-eer* and *-aer* change the unstressed *i* to *y* between vowels in the third persons singular and plural of the preterite, in all persons of the imperfect subjunctive and in the present participle.

leer   *to read*

Pret. Ind.:   leí, leíste, leyó, leímos, leísteis, leyeron

Imperf. Subj.:   leyera, leyeras, leyera, leyéramos, leyerais, leyeran

Pres. Part.:   leyendo

OTHER VERBS LIKE *LEER*

caer	*to fall*	poseer	*to possess*
creer	*to believe*	proveer	*to provide*

10. Verbs ending in *-iar* add a written accent on the *i* except in the first and second persons plural of the present indicative and subjunctive.

Pres. Ind.:   envío, envías, envía, enviamos, enviáis, envían

Pres. Subj.:   envíe, envíes, envíe, enviemos, enviéis, envíen

VERBS LIKE *ENVIAR*

ampliar	*to enlarge*	guiar	*to guide*
criar	*to rear, bring up*	vaciar	*to empty*
desviar	*to deviate, take off course*	variar	*to vary*
enfriar	*to cool, chill*		

11. Verbs ending in *-eír* lose an *e* in the third person singular and plural of the preterite, in all persons of the imperfect subjunctive, and in the present participle.

Pret. Ind.:   reí, reíste, rio, reímos, reísteis, rieron

Imp. Subj.:   riera, rieras, riera, riéramos, rierais, rieran

Pres. Part.:   riendo

VERBS LIKE *REIR*

sonreír   *to smile*
freír   *to fry*

Note: These verbs are also stem-changing *-ir* verbs.

12. For most verbs ending in *-uir*, a *y* is added before an ending that does not begin with *i* in the following cases:

huir   *to flee*

Pres. Ind.:   huyo, huyes, huye, huimos, huís, huyen

Pret. Ind.:   huí, huiste, huyó, huimos, huisteis, huyeron

Pres. Subj.:   huya, huyas, huya, huyamos, huyáis, huyan

Imperf. Subj.:   huyera, huyeras, huyera, huyéramos, huyerais, huyeran

VERBS LIKE *HUIR*

construir	*to construct*	distribuir	*to distribute*
concluir	*to conclude, end*	excluir	*to exclude*
contribuir	*to contribute*	incluir	*to include*
destruir	*to destroy*	influir	*to influence*
disminuir	*to diminish*	sustituir	*to substitute*

13. Verbs ending in *-uar* (*not guar*) add a written accent to the *u*, except in the first and second persons plural of the present indicative and subjunctive.

Pres. Ind.:   continúo, continúas, continúa, continuamos, continuáis, continúan

Pres. Subj.:   continúe, continúes, continúe, continuemos, continuéis, continúen

OTHER VERBS LIKE *CONTINUAR*

acentuar	*to accentuate, emphasize*	graduarse	*to graduate*
actuar	*to act, perform*	situar	*to place*

COMMON IRREGULAR VERBS

Andar   *to walk, go, stroll*

Preterite:	anduve, anduviste, anduvo, anduvimos, anduvisteis, anduvieron
Imp. subj.	anduviera, anduvieras, anduviera, anduviéramos, anduvierais, anduvieran
	anduviese, anduvieses, anduviese, anduviésemos, anduvieseis, anduviesen

Caber   *to fit into, to be contained in*

Pres. ind.	quepo, cabes, cabe, cabemos, cabéis, caben
Pres. subj.	quepa, quepas, quepa, quepamos, quepáis, quepan
Future	cabré, cabrás, cabrá, cabremos, cabréis, cabrán
Conditional	cabría, cabrías, cabría, cabríamos, cabríais, cabrían
Preterite	cupe, cupiste, cupo, cupimos, cupisteis, cupieron
Imp. subj.	cupiera, cupieras, cupiera, cupiéramos, cupierais, cupieran
	cupiese, cupieses, cupiese, cupiésemos, cupieseis, cupiesen

Caer   *to fall*

Pres. ind.	caigo, caes, cae, caemos, caéis, caen
Pres. subj.	caiga, caigas, caiga, caigamos, caigáis, caigan
Preterite	caí, caíste, cayó, caímos, caísteis, cayeron
Imp. subj.	cayera, cayeras, cayera, cayéramos, cayerais, cayeran
	cayese, cayeses, cayese, cayésemos, cayeseis, cayesen
Pres. part	cayendo
Past part.	caído

Dar   *to give*

Pres. ind.	doy, das, da, damos, dais, dan
Pres. subj.	dé, des, dé, demos, deis, den
Preterite	di, diste, dio, dimos, disteis, dieron
Imp. subj.	diera, dieras, diera, diéramos, dierais, dieran
	diese, dieses, diese, diésemos, dieseis, diesen

Decir   *to say, tell*

Pres. ind.	digo, dices, dice, decimos, decís, dicen
Pres. subj.	diga, digas, diga, digamos, digáis, digan
Future	diré, dirás, dirá, diremos, diréis, dirán
Conditional	diría, dirías, diría, diríamos, diríais, dirían
Preterite	dije, dijiste, dijo, dijimos, dijisteis, dijeron
Imp. subj.	dijera, dijeras, dijera, dijéramos, dijerais, dijeran
	dijese, dijeses, dijese, dijésemos, dijeseis, dijesen
Imperative	di
Pres. part.	diciendo
Past part.	dicho

Estar   *to be*

Pres. ind.	estoy, estás, está, estamos, estáis, están
Pres. subj.	esté, estés, esté, estemos, estéis, estén
Preterite	estuve, estuviste, estuvo, estuvimos, estuvisteis, estuvieron
Imp. subj.	estuviera, estuvieras, estuviera, estuviéramos, estuvierais, estuvieran
	estuviese, estuvieses, estuviese, estuviésemos, estuvieseis, estuviesen

Haber   *to have*—used only as an auxiliary verb

Pres. ind.	he, has, ha, hemos, habéis, han
Pres. subj.	haya, hayas, haya, hayamos, hayáis, hayan
Future	habré, habrás, habrá, habremos, habréis, habrán
Conditional	habría, habrías, habría, habríamos, habríais, habrían
Preterite	hube, hubiste, hubo, hubimos, hubisteis, hubieron
Imp. subj.	hubiera, hubieras, hubiera, hubiéramos, hubierais, hubieran
	hubiese, hubieses, hubiese, hubiésemos, hubieseis, hubiesen

Hacer   *to make, do*

Pres. ind.	hago, haces, hace, hacemos, hacéis, hacen
Pres. subj.	haga, hagas, haga, hagamos, hagáis, hagan
Future	haré, harás, hará, haremos, haréis, harán
Conditional	haría, harías, haría, haríamos, haríais, harían
Preterite	hice, hiciste, hizo, hicimos, hicisteis, hicieron

Imp. subj.	hiciera, hicieras, hiciera, hiciéramos, hicierais, hicieran
	hiciese, hicieses, hiciese, hiciésemos, hicieseis, hiciesen
Imperative	haz
Past part.	hecho

Ir   *to go*

Pres. ind.	voy, vas, va, vamos, vais, van
Pres. subj.	vaya, vayas, vaya, vayamos, vayáis, vayan
Preterite	fui, fuiste, fue, fuimos, fuisteis, fueron
Imp. subj.	fuera, fueras, fuera, fuéramos, fuerais, fueran
	fuese, fueses, fuese, fuésemos, fueseis, fuesen
Imp. indic.	iba, ibas, iba, íbamos, ibais, iban
Imperative	ve
Pres. part.	yendo

Oír   *to hear*

Pres. ind.	oigo, oyes, oye, oímos, oís, oyen
Pres. subj.	oiga, oigas, oiga, oigamos, oigáis, oigan
Preterite	oí, oíste, oyó, oímos, oísteis, oyeron
Imp. subj.	oyera, oyeras, oyera, oyéramos, oyerais, oyeran
	oyese, oyeses, oyese, oyésemos, oyeseis, oyesen
Imperative	oye, oíd
Pres. part.	oyendo
Past part.	oído

Poder   *to be able, can*

Pres. ind.	puedo, puedes, puede, podemos, podéis, pueden
Pres. subj.	pueda, puedas, pueda, podamos, podáis, puedan
Future	podré, podrás, podrá, podremos, podréis, podrán
Conditional	podría, podrías, podría, podríamos, podríais, podrían
Preterite	pude, pudiste, pudo, pudimos, pudisteis, pudieron
Imp. subj.	pudiera, pudieras, pudiera, pudiéramos, pudierais, pudieran
	pudiese, pudieses, pudiese, pudiésemos, pudieseis, pudiesen
Pres. part.	pudiendo

Poner   *to put*

Pres. ind.	pongo, pones, pone, ponemos, ponéis, ponen
Pres. subj.	ponga, pongas, ponga, pongamos, pongáis, pongan
Future	pondré, pondrás, pondrá, pondremos, pondréis, pondrán
Conditional	pondría, pondrías, pondría, pondríamos, pondríais, pondrían
Preterite	puse, pusiste, puso, pusimos, pusisteis, pusieron
Imp. subj.	pusiera, pusieras, pusiera, pusiéramos, pusierais, pusieran
	pusiese, pusieses, pusiese, pusiésemos, pusieseis, pusiesen
Imperative	pon
Past part.	puesto

Querer   *to want, love*

Pres. ind.	quiero, quieres, quiere, queremos, queréis, quieren
Pres. subj.	quiera, quieras, quiera, queramos, queráis, quieran
Future	querré, querrás, querrá, querremos, querréis, querrán
Conditional	querría, querrías, querría, querríamos, querríais, querrían
Preterite	quise, quisiste, quiso, quisimos, quisisteis, quisieron
Imp. subj.	quisiera, quisieras, quisiera, quisiéramos, quisierais, quisieran
	quisiese, quisieses, quisiese, quisiésemos, quisieseis, quisiesen
Imperative	quiere

Saber   *to know*

Pres. ind.	sé, sabes, sabe, sabemos, sabéis, saben
Pres. subj.	sepa, sepas, sepa, sepamos, sepáis, sepan
Future	sabré, sabrás, sabrá, sabremos, sabréis, sabrán
Conditional	sabría, sabrías, sabría, sabríamos, sabríais, sabrían
Preterite	supe, supiste, supo, supimos, supisteis, supieron
Imp. subj.	supiera, supieras, supiera, supiéramos, supierais, supieran
	supiese, supieses, supiese, supiésemos, supieseis, supiesen

Salir   *to leave, go out*

Pres. ind.	salgo, sales, sale, salimos, salís, salen
Pres. subj.	salga, salgas, salga, salgamos, salgáis, salgan
Future	saldré, saldrás, saldrá, saldremos, saldréis, saldrán

Conditional   saldría, saldrías, saldría, saldríamos, saldríais, saldrían
Imperative   sal

Ser   *to be*

Pres. ind.   soy, eres, es, somos, sois, son
Pres. subj.   sea, seas, sea, seamos, seáis, sean
Preterite   fui, fuiste, fue, fuimos, fuisteis, fueron
Imp. subj.   fuera, fueras, fuera, fuéramos, fuerais, fueran
             fuese, fueses, fuese, fuésemos, fueseis, fuesen
Imperative   sé

Tener   *to have, possess*

Pres. ind.   tengo, tienes, tiene, tenemos, tenéis, tienen
Pres. subj.   tenga, tengas, tenga, tengamos, tengáis, tengan
Future   tendré, tendrás, tendrá, tendremos, tendréis, tendrán
Conditional   tendría, tendrías, tendría, tendríamos, tendríais, tendrían
Preterite   tuve, tuviste, tuvo, tuvimos, tuvisteis, tuvieron
Imp. subj.   tuviera, tuvieras, tuviera, tuviéramos, tuvierais, tuvieran
             tuviese, tuvieses, tuviese, tuviésemos, tuvieseis, tuviesen
Imperative   ten

Traer   *to bring*

Pres. ind.   traigo, traes, trae, traemos, traéis, traen
Pres. subj.   traiga, traigas, traiga, traigamos, traigáis, traigan
Preterite   traje, trajiste, trajo, trajimos, trajisteis, trajeron
Imp. subj.   trajera, trajeras, trajera, trajéramos, trajerais, trajeran
             trajese, trajeses, trajese, trajésemos, trajeseis, trajesen
Pres. part.   trayendo
Past part.   traído

Valer   *to be worth*

Pres. ind.   valgo, vales, vale, valemos, valéis, valen
Pres. subj.   valga, valgas, valga, valgamos, valgáis, valgan
Future   valdré, valdrás, valdrá, valdremos, valdréis, valdrán
Conditional   valdría, valdrías, valdría, valdríamos, valdríais, valdrían
Imperative   val

Venir   *to come*

Pres. ind.	vengo, vienes, viene, venimos, venís, vienen
Pres. subj.	venga, vengas, venga, vengamos, vengáis, vengan
Future	vendré, vendrás, vendrá, vendremos, vendréis, vendrán
Conditional	vendría, vendrías, vendría, vendríamos, vendríais, vendrían
Preterite	vine, viniste, vino, vinimos, vinisteis, vinieron
Imp. subj.	viniera, vinieras, viniera, viniéramos, vinierais, vinieran
	viniese, vinieses, viniese, viniésemos, vinieseis, viniesen
Imperative	ven
Pres. part.	viniendo

Ver   *to see*

Pres. ind.	veo, ves, ve, vemos, veis, ven
Pres. subj.	vea, veas, vea, veamos, veáis, vean
Preterite	vi, viste, vio, vimos, visteis, vieron
Imp. ind.	veía, veías, veía, veíamos, veíais, veían
Past part.	visto

Acentuación y División en sílabas

ACENTUACION

1. For most Spanish words ending in a vowel or *n* or *s*, the next to the last syllable is stressed.

    *li*bro   *bai*le
    ex*a*men   *to*man
    *ca*sa   *va*lle
    *chi*cos   *co*ches

2. For most Spanish words ending in a consonant other than *n* or *s*, the last syllable is stressed.

    tom*ad*   dor*mir*
    profesio*nal*   apren*diz*
    er*ror*

3. Any word that is not pronounced according to the two preceding rules must carry an accent mark over the vowel of the stressed syllable.

    teléfono   gráfico
    fotógrafo   éxito
    carácter   rubí
    árbol   llamarán

4. All interrogative words have a written accent mark.

    ¿Qué pasa?   ¿Dónde está Juan?   ¿Quién es el chico?

5. An accent mark is used to distinguish between certain words with an identical spelling.

WITH ACCENT		WITHOUT ACCENT	
aún	*still, yet*	aun	*even*
dé	pres. subj. *dar*	de	*of*
él	*he* (subj. pronoun)	el	*the*
más	*more*	mas	*but*
sí	*yes*	si	*if*
sé	pres. ind. *saber*	se	reflexive pronoun
sólo	*only* (adverb)	solo	*sole, only* (adjective)
té	*tea*	te	personal pronoun
tú	*you* (subj. pronoun)	tu	possessive adjective

6. Usually a written accent is required when object pronouns are added to affirmative commands, present participles, or infinitives because the root word must always keep its original stress.

ROOT WORDS	WITH OBJECT PRONOUNS
da	dámelo
decir	decírselo
enseñando	enseñándonoslo

  but

da	dame

DIVISION EN SILABAS

1. A single consonant (including *ch*, *ll*, and *rr*) goes with the vowel that follows it.

   co/rrer   sen/ci/llo   co/che   lá/piz

2. Two consonants are separated, unless the second is *l* or *r*.

   par/te   con/tar   li/ber/ta/dor   a/sis/tir   gen/te

   but

   ma/dre   li/bro   pue/blo   do/blar

3. Three consonants are normally divided between the second and third, unless the third is *l* or *r*.

ins/tin/to	trans/por/tar	cons/cien/te

but

ex/plo/tar	in/fla/mar	in/gre/so

4. Any combination of strong vowels (*a*, *e*, or *o*) with weak vowels (*i* or *u*) or two weak vowels together form a diphthong, which is considered and pronounced as a single syllable.

sies/ta	ciu/dad
puer/to	jau/la
cui/da/do	me/dio
na/cio/nal	

5. A written accent on the weak vowels *i* or *u* breaks the diphthong and creates two separate syllables. The accent mark is written on the stressed weak vowel.

dí/a   tí/o   Ra/úl   ac/tú/a

6. Two strong vowels together are divided into two syllables.

cre/er   le/al   ro/er   pe/ón

Respuestas a las Lecciónes de Repaso

REPASO 1

A.   1. ríen   2. vuelven   3. C   4. piden   5. podemos sentarnos
6. miente   7. C   8. me divierto   9. riñen   10. C   11. construye
12. piensas   13. duele   14. vamos   15. recuerdo   16. C
17. sirven   18. escojo   19. obtienen   20. C

B.   1. está   2. es   3. C   4. Yo estoy   5. Está   6. C   7. están
8. es   9. Soy   10. estar   11. C   12. estaba   13. es   14. está
15. C   16. está   17. está   18. está   19. C   20. estamos

C.   1. despertar   2. acostarnos   3. C   4. C   5. me irrito   6. Te vas/C
7. se moja   8. C

D.   1. un gran escritor   2. nuestro problema   3. C   4. Un día   5. el alma   6. españoles   7. un nuevo coche   8. C   9. holgazana
10. franceses

E.   1. C   2. Cuándo   3. Cuántas   4. Cómo   5. Quiénes   6. Por qué
7. De quién   8. Adónde   9. C   10. Cuál

F.   1. es capitalista   2. Dame otra bebida   3. las   4. en media hora
5. C   6. C   7. la menor idea   8. es lunes   9. al parque   10. C

G.   1. tantos años como yo   2. más inteligente que   3. C   4. C   5. tiene
más años que   6. más bajo de   7. mucho más que   8. C   9. riquísima
10. tanto como

H.   Answers will vary.

I.   **1.** i   **2.** g   **3.** h   **4.** c   **5.** d   **6.** b   **7.** e   **8.** a   **9.** f

REPASO 2

A.   **1.** C   **2.** saldréis   **3.** será   **4.** C   **5.** Habrá   **6.** C   **7.** vendrás
8. Preferiremos   **9.** hablará   **10.** Dirán

B.   **1.** C   **2.** sería   **3.** C   **4.** Podríamos   **5.** tendría   **6.** Venderías
7. C   **8.** Pondrías   **9.** vendría   **10.** haría

C.   **1.** Era/llegó   **2.** C/tenía   **3.** compró   **4.** vi   **5.** C   **6.** recibí
7. Hacía/C   **8.** C   **9.** detuvo   **10.** Iba/C   **11.** fue   **12.** C
13. gritó   **14.** estabas/C   **15.** C

D.   **1.** se habrá graduado   **2.** habían extinguido   **3.** C   **4.** Había estado
5. C   **6.** habrá terminado   **7.** has estado   **8.** ha visto   **9.** habría
venido   **10.** C

E.   **1.** tenía/naciste   **2.** iba/vi   **3.** Sabíamos   **4.** Nos conocimos   **5.** dije-
ron/venían   **6.** No quiso/buscábamos   **7.** Supimos/llegamos   **8.** estabas/
dispararon   **9.** Había/trataban   **10.** Llovía/empezaron   **11.** era
12. Recibí   **13.** hicieron/nos fuimos   **14.** se quedaba/ibas   **15.** Quería/
podía (pudo)

F.   **1.** llamó/estaba   **2.** Era/nos acostamos   **3.** decidieron   **4.** estabas/vine
5. trató/pudo   **6.** entendía   **7.** tenías/aprendiste   **8.** supieron
9. miraban   **10.** era   **11.** te portabas   **12.** dijo/iba

G.   **1.** andábamos/vimos   **2.** Eran/empezó/terminó   **3.** Encontró
4. vivíamos/era   **5.** Hacía/se apagó   **6.** Salimos/oímos   **7.** acababan/em-
pezamos   **8.** estuve   **9.** costaron   **10.** jugaron   **11.** escribió/se hizo
12. Sabíamos/iba   **13.** Conocimos   **14.** Hacía/estudiábamos/fuimos
15. Fuimos/vimos/bailaba   **16.** trajiste/pedía

H.   Answers will vary.

I.   **1.** a   **2.** h   **3.** g   **4.** e   **5.** d   **6.** c   **7.** f   **8.** b   **9.** i

REPASO 3

A. 1. ponte   2. C   3. no salga   4. piensa   5. sal   6. C   7. no juegues   8. pase   9. di   10. no traiga

B. 1. Acostémonos   2. C   3. C   4. Comamos   5. Paguen
6. Divirtámonos   7. No me digan   8. Durmamos   9. toquen Uds.
10. presten

C. 1. nada   2. ninguna   3. C   4. No miramos nunca/Nunca miramos
5. nadie   6. C   7. No, no tengo nada   8. ni   9. ningún   10. (Ni) a
mí tampoco   11. C   12. C

D. 1. C   2. sabe   3. tuviera   4. conozca   5. C   6. quisiera   7. sea
8. fuera   9. es   10. C

E. 1. para poder   2. C   3. tiene   4. esté/llegues   5. sin decir   6. C
7. es   8. te cases   9. C   10. C

F. 1. dé   2. prometas   3. C   4. haya   5. sepa   6. vienen
7. tomáramos   8. pudiéramos   9. para poder   10. ha ganado
11. hubiéramos sabido   12. C

G. Answers will vary.

H. 1. c.   2. f   3. g   4. i   5. d   6. h   7. a   8. e   9. b

REPASO 4

A. 1. C   2. por   3. C   4. para   5. para   6. C   7. por   8. por
9. C   10. por   11. por   12. C   13. C   14. para   15. C

B. 1. Después de levantarnos   2. Queremos ir   3. C   4. Dejen de hablar
5. tratan de salir   6. no poder pagarte   7. jugar al vólibol   8. se
enamoró de   9. Debo ayudarlos   10. Antes de salir   11. C   12. empezó a hablar   13. Prometió llamarme   14. C   15. huele a cerveza

C. 1. C   2. divirtiéndose   3. C   4. Diciendo   5. durmiendo   6. C
7. C   8. pidiendo

D. 1. fue escrita   2. Se construyen   3. fueron pintados   4. han sido
descubiertas   5. Se eligió a Juan   6. se habla   7. Se me rompió   8. C

E. 1. Habrá   2. C   3. Hay   4. está   5. están   6. fue descubierta
7. hay/está   8. C   9. estará   10. hay   11. C   12. C

F. 1. cuyo libro   2. lo que   3. C   4. lo que   5. sin el cual   6. que
7. que   8. de quienes

G. 1. sino   2. C   3. sino que   4. C   5. pero   6. pero

H. Answers will vary.

I. 1. i   2. f   3. b   4. c   5. h   6. g   7. a   8. d   9. e

ESPAÑOL-INGLÉS

Exact or very close cognates with English are not included in the vocabulary listing, as well as the most commonly used words learned in beginning Spanish classes. Stem-changing verbs are indicated by (ie), (ue), or (i) after the infinitive. The following abbreviations are used:

adj.	adjective	*m.*	masculine
adv.	adverb	*pl.*	plural
conj.	conjunction	*p.p.*	past participle
f.	feminine	*prep.*	preposition

A

abajo *(adv.)* below, down

el **abogado** lawyer

abolir to abolish

abrazar to hug; el **abrazo** hug

el **abrebotellas** bottle opener

el **abrigo** overcoat

abrocharse to fasten

la **abuela** grandmother

el **abuelo** grandfather

aburrido bored, boring; **aburrirse**
  to get bored

acá here

acabar to end; **acabar de** to have
  just

acampar to camp

acaso perhaps

acceder to agree

el **aceite** oil

acerca (de) about

acercarse (a) to approach

el **acero** steel

aclarar to clarify

acompañar to accompany

aconsejar to advise; **aconsejable**
  (adj.) advisable

el **acontecimiento** event

acordarse (ue) to remember

acostarse (ue) to go to bed

la **actitud** attitude

la **actividad** activity

el **actor** actor

la **actriz** actress

actual present-day

actuar to act, perform

el **acuerdo** agreement; **estar de acuerdo con** to be in agreement with

adelantado *(adj.)* early (to arrive), advanced; **adelantarse** to go ahead

adelante forward

además (de) besides

adinerado wealthy

adivinar to guess

¿adónde? where

adquirir to acquire

la **aduana** customs; el **aduanero** customs official

adueñarse to appropriate

advertir (ie) to warn

el **aeromozo** (la **aeromoza**) steward(ess)

el **aficionado** fan, follower, amateur

afuera outside; las **afueras** outskirts

la **agencia** agency; la **agencia de empleos** employment agency

el **agente de viajes** travel agent

agotar to exhaust

agradecer to thank

agregar to add

agrupar to group

el **agua** *(f.)* water

aguantar to bear

agudo acute

el **agüero** omen

la **aguja** needle

ahogarse to drown

ahora now; **ahora mismo** right now

ahorrar to save

aislado isolated

ajeno foreign, alien

al contraction of *a* + *el*

alabar to praise

el **alcalde** mayor

alcanzar to attain, reach

la **alcoba** bedroom

el **alemán** German

la **alfarería** pottery

algo something

el **algodón** cotton

alguien someone

alguno someone, some; **en alguna parte** somewhere; **algunas veces** sometimes; **de alguna manera** in some way

la **alianza** alliance

el **aliento** breath; el **mal aliento** bad breath

alimentar to feed; el **alimento** food

aliviar to relieve, to soothe; el **alivio** relief

el **alma** *(f.)* soul

almorzar (ue) to have lunch

¿Aló? Hello (telephone—South America)

alquilar to rent; el **alquiler** rent

alrededor (de) around

la **altura** height

la **alucinación** hallucination

allá there

allí there

el **ama de casa** *(m., f.)* housekeeper

amargo bitter

el **ambiente** environment

ambos both

amenazar to threaten; la **amenaza** threat

el **amor** love

el **analfabetismo** illiteracy; **analfabeto** *(adj.)* illiterate

anaranjado *(adj.)* orange

la **anchura** width

andar to walk

el **andén** platform (train station)

anexar to annex

angustiado distressed, upset

anhelar to yearn for

el **anillo** ring

animarse to get excited

el **ánimo** spirit

anoche last night

anteayer day before yesterday

el **antebrazo** forearm

el **antepasado** ancestor

antes before, first; **antes de (que)**
before

antiguo old, former, ancient

añadir to add

el **año** year; **a fines del año** at the
end of the year; el **año
pasado** last year

apagar to turn off

aparecer to appear

la **apariencia** appearance

la **apatía** apathy, lack of interest

el **apellido** last name

aplaudir to applaud

apoderarse to seize control

el **apodo** nickname

apoyar to support; el **apoyo**
support

aprender to learn

apretar (ie) to squeeze

aprovecharse de to take advantage
of

los **apuntes** notes

aquí here; **por aquí** this way

el **arco** bow

ardiente (adj.) passionate, burning

arrancar to pull out

arrastrar to drag

arreglar to arrange, fix

arrepentirse (ie) to repent

arriba (adv.) up

el **arroz** rice

asar to bake

asegurar to assure

así so, thus; **así que** as soon as

el **asiento** seat

la **asignatura** subject

el **asilo** asylum

asistir (a) to attend

asomarse (a) to look out of

la **aspiradora** vacuum cleaner

la **astilla** splinter

el **asunto** matter, affair

asustar to scare

atacar to attack

el **ataque:** el **ataque al corazón**
heart attack

atender (ie) to attend to, wait on

aterrizar to land

atormentar to torture

atraer to attract

atravesar (ie) to cross

aumentar to increase

el **aula** (f.) classroom

aun even

aún still, yet

aunque although

la **ausencia** absence

la **aventura** adventure

avergonzar to embarrass;
avergonzado ashamed

averiguar to find out

el **aviso** advice, warning

la **azafata** stewardess

el **azúcar** sugar

B

bailar to dance; el **baile** dance

bajar to go down; **bajar de** to get out of

bajo *(prep.)* under; *(adj.)* short, low

la **bala** bullet

el **bananal** banana plantation

el **banco** bank, bench; **banquero** *(adj.)* banking

bañarse to take a bath

barato cheap

el **barco** boat

barrer to sweep

el **barrio** residential district

bastante *(adj.)* enough; *(adv.)* rather

la **batata** sweet potato

la **batidora** mixer

batir to beat

el **bautismo** baptism

beber to drink

la **bebida** drink

la **beca** scholarship

la **belleza** beauty

besar to kiss; el **beso** kiss

la **biblioteca** library

la **bicicleta** bicycle

el **bicho** bug

el **bienestar** well-being

la **bienvenida** welcome

bilingüe bilingual

el **billete** (Spain) ticket; **billete de ida y vuelta** round-trip ticket

la **billetera** wallet

el **bisabuelo** great-grandfather

blando soft

la **boda** wedding

boicotear to boycott

el **boleto** ticket

el **bolígrafo** ballpoint pen

el **bolsillo** pocket

el **bombero** fireman

la **bondad** kindness

borracho drunk

el **bosque** forest

bostezar to yawn

la **botella** bottle

el **brazo** arm

breve brief

la **brisa** breeze

el **broche** clasp

la **broma** joke

bromear to joke

el **bronce** bronze

buen, bueno good; **¡Buen provecho!** Good appetite!; **Buen viaje.** Have a good trip; **Bueno.** Hello (phone greeting—Mexico)

burlarse de to make fun of

buscar to look for; **en busca de** in search of

la **búsqueda** search

C

el **caballero** gentleman

el **caballo** horse

caber to fit

la **cabeza** head

la **cacerola** saucepan

cada *(invariable adj.)* each

la **cadera** hip

caer to fall

el **calcetín** sock

la **calefacción** heating

calentar (ie) to warm

la **calidad** quality

caliente hot

la **calificación** qualification, subject grade in school (Mexico)

el **calor** heat; **Hace calor.** It's hot.

la **caloría** calorie

caluroso *(adj.)* hot

callarse to stop talking

la **cama** bed

el **camarero** (la **camarera**) waiter (waitress)

cambiar to change, exchange

el **cambio** change

caminar to walk

la **camisa** shirt

la **campana** bell

el **campeonato** championship

el **campo** country, field

la **cancha** court

el **candidato** candidate

cansado tired; **estar cansado** to be tired

cansarse to get tired

capaz capable

captar to grasp

la **cara** face

el **caramelo** candy

el **carbohidrato** carbohydrate

la **cárcel** jail

cargar to load

el **cariño** love, affection; **cariñoso** affectionate

la **carne** meat, flesh

caro expensive

la **carrera** career

el **cartero** (la **cartera**) mail carrier

el **casamiento** marriage (ceremony)

casarse to get married

casi almost

castigar to punish

la **categoría** status, category

caudaloso swift

la **causa** cause; **a causa de** because of

cazar to hunt

el **celo** jealousy; **tener celos** to be jealous

cenar to have dinner

el **centro de guardería infantil** daycare center

cerca (de) near

el **cerebro** brain

el **cernidor de harina** flour sifter

cerrar (ie) to close

la **cerveza** beer; la **cervecería** brewery

el **césped** grass

la **cinta** magnetic tape, movie film, typewriter ribbon

la **cintura** waist

el **cinturón de seguridad** seatbelt

el **circo** circus

la **cirugía** surgery; la **cirugía estética** cosmetic surgery

la **cita** date, appointment

la **ciudad** city; el **ciudadano** citizen; la **ciudadanía** citizenship

el **clima** climate

cocer (ue) to cook

cocinar to cook; la **cocina** kitchen; el **cocinero** cook

el **coche** car

codicioso greedy

el **codo** elbow

coger to catch

el **colador** colander, strainer

el **colegio** high school

colgar (ue) to hang, to hang up (phone)

el **collar**   necklace

comenzar (ie)   to begin

comer   to eat

el **comestible**   foodstuff;   **comestible**
(*adj.*)   edible

la **comida**   meal

cómodo   comfortable

como   (*adv.*) as, like; (*conj.*) since;
tan . . . como   as . . . as;   **tanto . . . como**   as much . . . as

¿cómo?   how?

cómodo   comfortable

el **compañero**   companion, friend

compartir   to share

la **competencia**   competition

competir (i)   to compete

complacerse   to take pleasure, to be
pleased

completar   to complete

la **compra**   purchase;   **ir de compras**
to go shopping

comprar   to buy

comprimir   to compress

comprobar (ue)   to check

comprometerse   to become engaged

la **computadora**   computer

con   with;   **con permiso**   excuse
me;   **con respecto a**   with regard to;   **con tal (de) que**
provided that

el **concurso**   contest

conducir   to drive

la **conferencia**   lecture

confesar (ie)   to confess

la **confianza**   confidence, familiarity

confiar en   to confide in

confundir   to confuse

congelarse   to freeze

el **conjunto**   collection, set

conocer   to know, be acquainted
with

el **conocimiento**   knowledge

conseguir (i)   to obtain

el **consejo**   advice;   el **consejero**
adviser

el **conservador**   conservative

contar (ue)   to tell, to count;   **contar
con**   to count on

el **continente**   mainland

contra   against

contradecir (i)   to contradict

contrario   (*adj.*) opposite

contratar   to hire

convertirse (ie)   to turn into

coquetear   to flirt

el **corazón**   heart

la **cordillera**   mountain range

corregir (i)   to correct

el **correo**   mail, post office;   la **oficina
de correos**   post office

correr   to run;   **a todo correr**   at
full speed

la **corrida de toros**   bullfight

corriente   (*adj.*) current;
el **corriente**   stream

cortejar   to court, woo

la **corteza**   crust, rind, peel, bark

la **cosecha**   crop

coser   to sew

costar (ue)   to cost

la **costumbre**   custom

cotidiano   (*adj.*) daily

crear   to create

crecer   to grow;   **creciente** (*adj.*)
increasing

creer   to believe

el **criado;**   la **criada**   servant

criar   to raise;   la **crianza**   the
upbringing

el **crucero** cruise

la **cuadra** block

el **cuadro** painting

cual, cuales, el (la) cual, los (las) cuales which, whom; **lo cual** which

¿cuál? ¿cuáles? which one(s)?

cuando when

¿cuándo? when?

cuanto: en cuanto as soon as; **en cuanto a** as for

¿cuánto? ¿cuántos? how much? how many?

la **cucaracha** cockroach

la **cucharada** tablespoon

la **cucharita** teaspoon

el **cuchillo** knife

la **cuenta** bill, account; **darse cuenta de** to realize

cuerdo sane

el **cuerpo** body

el **cuidado** care; **tener cuidado** to be careful

cuidar de to take care of

culpable *(adj.)* guilty

cultivar to cultivate, till; el **cultivo** crop

cumplir años to have a birthday

la **cuñada** sister-in-law

el **cuñado** brother-in-law

el **cupón** coupon

cuyo *(rel. adj.)* whose

Ch

la **chaqueta** jacket

charlar to chat

el **cheque** check

el **chiste** joke

el (la) **chofer** driver

el **choque** clash, impact, crash

chupar to suck

D

el **daño** damage

dañoso harmful

dar to give; **dar a luz** to give birth; **dar un paseo** to take a walk

de of, about; **De nada.** You're welcome.; **de repente** suddenly

debajo (de) underneath

deber to ought to; el **deber** duty

debido a que *(conj.)* because

débil weak; **debilitarse** to weaken

decaer to decay

decir (i) to say; **querer decir** to mean

el **declive** decline

dejar to leave behind; **dejar de + inf.** to stop

del contraction of *de + el*

delante (de) in front of

delgado thin

demás: los demás the others

demasiado *(adv.)* too much; *(adj.)* too much, too many

dentro (de) inside, within

deponer to depose

el **deporte** sport; **deportivo** *(adj.)* sport, sports

deprimido *(adj.)* depressed; **deprimente** *(adj.)* depressing

derecho right; **a la derecha** to the right

el **derecho** right

derretir (i) to melt

derrocar to overthrow

derrotar   to defeat

desabrocharse   to unfasten

el **desafío**   challenge

desaparecer   to disappear

desarrollar   to develop;
el **desarrollo**   development

desayunarse   to eat breakfast

descalzo   barefoot

descansar   to rest

descolgar (ue)   to pick up the phone

el **descuento**   discount

desde   since, from

desdeñar   to scorn

desempeñar   to play (a role)

el **desengaño**   disillusionment; **desen-
gañado**   disillusioned

desgraciado   unfortunate;
desgraciadamente *(adv.)*
unfortunately

deshacerse de   to get rid of

deshelarse (ie)   to thaw

desligarse de   to disassociate, separate oneself

desmayarse   to faint

desocupado   unoccupied

despacio   slowly

despedirse (i)   to say goodbye

despegar   to take off

despejado   clear, cloudless

la **despensa**   pantry

despertarse (ie)   to wake up;
despertador   alarm clock

despreciado   scorned

después (de)   after, afterwards;
después (de) que *(conj.)*   after

el **desterrado**   exile

la **destreza**   skill

destruir   to destroy

la **desventaja**   disadvantage

devolver (ue)   to return, give back

el **día**   day; **de día**   in the daytime;
día de fiesta   holiday; **hoy
(en) día**   nowadays

diario   daily

el **dibujo**   drawing

el **diente**   tooth

diferir (ie)   to differ

la **dimisión**   resignation

dimitir   to resign

Dios   God; el **dios**   god

dirigir   to direct; **dirigirse a**   to
address

el **discurso**   speech

diseñar   to design

disfrazarse de   to disguise oneself

disfrutar de   to enjoy

disminuir   to diminish, reduce

disparar   to shoot

dispersar   to spread widely

disponer de   to have the use of;
disponible *(adj.)*   available

disputar   to fight over

distinto   different

distraído   distracted, absent-minded

divertirse (ie)   to have fun

la **docena**   dozen

doler (ue)   to ache

Don   Mr.

donde   where

¿dónde?   where?;   **¿de dónde?**
from where?

dorado   golden

dormir (ue)   to sleep; **dormirse**   to
fall asleep

ducharse   to take a shower

el **dueño**   owner

durar   to last

duro   hard, difficult

E

echar   to throw (out), pour;   **echar de menos**   to miss;   **echar una siesta**   to take a nap;   **echarse a**   to begin to

la **edad**   age

el **ejercicio**   exercise

el **ejército**   army

elegir (i)   to elect

elogiar   to praise

embarazarse   to become pregnant;   el **embarazo**   pregnancy

empeñarse en   to insist on

empezar (ie)   to begin

el **empleo**   employment;   el **empleado**   employee

empobrecer   to impoverish

la **empresa**   company;   el **empresario**   business leader

empujar   to push

enajenado   alienated

enamorarse de   to fall in love with

encantar   to charm;   el **encanto**   charm

encargar   to put in charge, to order (merchandise)

encender (ie)   to turn on, to burn

encontrar (ue)   to find

en cuanto   as soon as

el **encuentro**   game, match, meeting

la **encuesta**   survey

el **enemigo**   enemy

enfadarse   to get angry

enfermarse   to get sick

enfermizo   sickly

enfrentarse con/a   to face

engendrar   to produce

enojarse   to get angry

enredar   to involve, entangle

enriquecerse   to get rich

enseñar   to teach

ensimismado   self-absorbed

ensuciar   to dirty

entender (ie)   to understand

enterarse de   to find out

la **entrada**   entrance

entre   between, among;   **entre tanto**   in the meantime

entregar   to hand over

entrenar   to train;   el **entrenamiento**   training;   el **entrenador**   coach

entretener (ie)   to entertain

entrevistar   to interview;   la **entrevista**   interview

en vez de   instead of

la **época**   time, age

el **equipaje**   luggage

el **equipo**   team

equivocarse   to make a mistake

escalar   to climb

la **escalera**   stairway

el **escándalo**   scandal

la **escasez**   scarcity;   **escaso**   scarce

el **esclavo**   slave

escoger   to choose

escolar   *(adj.)* school

esconder   to hide;   **escondido**   hidden

escribir   to write

esculpir   to sculpt;   la **escultura**   sculpture

el **esfuerzo**   effort

espantar   to scare

la **espátula**   spatula

la **especia**   spice

el **espectador**   spectator

el **espejo**   mirror

esperar to wait for, to hope;
  la **espera** wait

la **espina** thorn

la **espinaca** spinach

la **esposa** wife

el **esposo** husband

el **esquema** outline

esquiar to ski

la **estación** season

estacionar to park

la **estadística** statistic(s)

estallar to break out, explode

el **estaño** tin

estar to be

el **este** east

estéril sterile

estornudar to sneeze

estrechar to tighten; **estrecho**
  (adj.) narrow; **estrechar la**
  mano shake hands

la **etapa** stage

la **etiqueta** label, ticket (for baggage)

eufórico euphoric

evitar to avoid

exigir to demand

el **éxito** success; **tener éxito** to be
  successful

el **éxodo** exodus

exponer to expose

extraer to extract

extranjero foreign

extrañar to find strange, surprise,
  to miss (nostalgically); **extraño**
  (adj.) strange

F

facturar to check (luggage)

faltar to be lacking, to need;
  la **falta** lack

la **fecha** date

feo ugly

la **fiebre del heno** hay fever

fiel faithful, loyal

fijarse en to notice

el **fin** end; **al fin** at last; **a fines**
  de at the end of; **el fin de**
  semana weekend

la **finca** farm

flaco thin

la **flor** flower

florecer to flourish

el **folleto** brochure

fomentar to promote

la **fortaleza** fortress, strength

forzar (ue) to force

fracasar to fail

freír (i) to fry

frente a confronted with, facing

el **frío** cold; **Hace frío.** It's cold.;
  tener frío to be cold

frito (*p.p.* **freír**) fried

la **frontera** border; **fronterizo** (adj.)
  border

el **fuego** fire; el **fuego lento** low
  heat

la **fuente** source, fountain

fuera (de) outside (of)

fuerte strong

fumar to smoke

fusilar to shoot, execute

G

el **gabinete** cabinet

gana: de buena gana willingly; **de**
  mala gana unwillingly; **tener**
  ganas de to feel like

el **ganado** cattle

gastar to spend, to waste

el **gato** cat

la **gente** people

el (la) **gerente** manager

la **gira** tour

el **globo** bubble, balloon

gobernar (ie) to govern

el **gobierno** government

la **goma** rubber, eraser (pencil)

gozar de to enjoy

gracioso funny

gran, grande big, large, great

la **granada** pomegranate

la **granja** farm

la **grasa** fat, grease

gratis free of charge

grave serious

el **griego** Greek

el **grifo** faucet

la **gripe** flu

el **grupo** group

guardar to keep, save, put away

la **guerra** war

el **guisado** stew

H

haber to have (auxiliary verb)

la **habilidad** ability

la **habitación** room

hablador *(adj.)* talkative

hacer to do, make; **hacer un papel**
to play a role; **hacer un viaje**
to take a trip

hacia toward

hallar to find

el **hambre** *(f.)* hunger; **hambriento**
(adj.) hungry

la **harina** flour

hasta until

hay (haber) there is, there are

hecho: de hecho in fact

el **helado** ice cream

helar (ie) to freeze

la **hembra** female

heredar to inherit

la **herencia** heritage, inheritance

herir (i) to wound

hervir (ie) to boil

el **hielo** ice

el **hierro** iron

el **hilo** thread

hipotecar to mortgage

la **hoja** leaf

el **holandés** Dutch

el **hombre** man

el **hombro** shoulder

la **hora** time of day, hour

el **horario** schedule

hormiguear to crawl, creep

el **horno** oven

la **huelga** strike; el (la) **huelguista**
striking worker

el **hueso** bone

el **huevo** egg

huir to flee

la **humedad** humidity

humedecer to moisten

el **humor** mood; **estar de buen (mal)
humor** to be in a good (bad)
mood

el **huracán** hurricane

I

el **idioma** language

igual equal

la **igualdad** equality

la **ilusión** joy

el **impedimento**   obstacle, physical
  handicap

impedir (i)   to prevent

imponer   to impose

el **impuesto**   tax

indeseable   undesirable

el (la) **indígena**   native

infeliz   unhappy

el **informe**   report

ingerir (ie)   consume, swallow,
  ingest

la **inhabilidad**   inability

injusto   unjust

insoportable   unbearable

insufrible   insufferable

interferir (ie)   to interfere

intervenir   to intervene

la **inundación**   flood

inútil   useless

invertir (ie)   to invest;
  la **inversión**   investment

el **investigador**   researcher

el **invierno**   winter; **invernal**   *(adj.)*
  winter

ir   to go; **irse**   to leave; **ir de
  compras**   to go shopping

la **isla**   island

el **itinerario**   itinerary

izquierdo   left; a la **izquierda**   to
  the left

J

el **jabón**   soap

jamás   never

el **jarabe**   syrup

el **jarro**   pitcher

la **jaula**   cage

el (la) **jefe**   boss

jubilarse   to retire;   la **jubilación**
  retirement

el **juego**   game;   el **juego de tazones**
  set of bowls

el **juez**   judge

jugar   to play (a sport);   el **jugador**
  player

el **juguete**   toy

junto   joined;   **juntos**   together,
  junto (a)   next to

jurar   to swear

justificar   to justify

justo   just

juzgar   to judge

L

ladrar   to bark

la **lágrima**   tear

lanzar   to launch, throw

el **lavaplatos**   dishwasher

el **lazo**   tie, bond

la **lealtad**   loyalty;   **leal**   *(adj.)* loyal

la **lectura**   reading

legar   to bequeath

la **legumbre**   vegetable

lejano   distant, far away

lejos (de)   far, far away

el **lema**   motto

la **lengua**   language

la **leña**   wood

lesionar   to harm, injure

la **letra**   handwriting, letter (of
  alphabet)

la **levadura en polvo**   yeast

levantarse   to get up

la **ley**   law

el **libanés**   Lebanese man

la **libanesa**   Lebanese woman

la **libra** pound

libre free

la **librería** bookstore

la **licuadora** blender

el **liderazgo** leadership

ligero light

la **limosna** alms

limpiar to clean

listo clever, ready

la **litera** berth (train), bunk bed

la **loción bronceadora** suntan lotion

el **locutor** announcer

lograr + *inf.* to succeed in

la **lotería** lottery

lucir to look nice

lucrativo profitable

la **lucha** battle, struggle

luego que as soon as

el **lugar** place; **tener lugar** to take place

lujoso luxurious

el **luto** mourning

LL

la **llave** key

llenar to fill; **lleno** *(adj.)* full

llevarse bien to get along with

llorar to cry

llover (ue) to rain; la **lluvia** rain

M

el **macho** male (animal)

la **madera** wood

madrugar to get up early; la **madrugada** early morning

el **maíz** corn

mal, malo *(adj)* bad, sick; **mal** *(adv.)* badly

maldecir (i) to swear

la **maleta** suitcase

maltratar to mistreat

mamarracho sissy, fool

el **mando** command

la **manera** manner, way

el **manicomio** insane asylum

la **mano** hand

la **manteca** butter, lard

la **mantequilla** butter

la **manzana** apple

el **maquillaje** makeup

marcar to dial

marchitar to wilt

mareado nauseated, dizzy

mas but

más more, most

masticar to chew

matricularse to register (for school)

el **matrimonio** marriage

mayor older, greater

la **mayoría** majority

la **medalla** medal

la **medianoche** midnight

el **medio** half, middle; **medio** *(adj.)* half, average

medir (i) to measure

mejor better, best

mejorar to improve; **mejorarse** to get better

menor younger, youngest; smaller, smallest

el **mensaje** message

mentir (ie) to lie; la **mentira** lie

menudo *(adj.)* small; **a menudo** often

las **mercancías** merchandise

merecer   to deserve

merendar (ie)   to have a snack, to picnic

la **meta**   goal

meter   to put

mezclar   to mix

la **microonda**   microwave

el **miedo**   fear

mientras   while

la **migra**   *(col.)* immigration authorities

mimar   to spoil

minero   *(adj.)* mining

mirar   to look at

mismo   same, own, very, -self; *(adv.)* **mismo**   right; **ahora mismo**   right now; **aquí mismo**   right here

mitigar   to relieve

el **moho**   mold

mojarse   to get wet

moler (ue)   to grind

molesto   *(adj.)* bothersome

la **moneda**   money

el **monje**   monk

el **mono,** la **mona**   monkey

montar   to ride

el **montón**   pile

morder (ue)   to bite

morir (ue)   to die

el **mostrador**   counter

mostrar (ue)   to show;   la **muestra**   sample

el **motín**   riot

la **moto (motocicleta)**   motorcycle

movedizo   *(adj.)* moving

mover (ue)   to move, stir

mudarse   to move (residence)

la **muerte**   death

la **multa**   fine

el **mundo**   world;   **mundial** *(adj.)* worldwide;   **todo el mundo** everyone

la **muñeca**   doll

el **muslo**   thigh

N

nacer   to be born;   el **nacimiento** birth

nada   nothing

nadie   no one

la **natalidad**   birth rate

la **necesidad**   need

necesitar   to need

negar (ie)   to deny

nevar (ie)   to snow

ni   neither;   **ni . . . ni** neither . . . nor;   **ni siquiera** not even

la **nieta**   granddaughter

el **nieto**   grandson

la **nieve**   snow

ninguno   *(adj.)* no one, none

la **niñez**   childhood

el **nivel**   level

el **nombre**   name

el **norte**   north

la **nota**   grade, note

las **noticias**   news

el **noviazgo**   engagement, dating

nublado   cloudy

la **nuera**   daughter-in-law

nuevo   new;   **de nuevo**   again

nunca   never

nutrir   to nourish, feed

O

o   or;   **o . . . o**   either . . . or

obedecer   to obey

el   **obrero**   workman (industrial)

occidental   *(adj.)* western

ocultar   to hide

la   **odontología**   dentistry

el   **oeste**   west

oír   to hear

ojalá   I wish that, I hope that

oler (ue—huelo)   to smell

la   **oliva**   olive

el   **olivo**   olive tree

la   **onza**   ounce

opinar   to think, express an opinion

optar   to choose

la   **oración**   prayer

el   **orador**   speaker

el   **orden**   order

ordenar   to give an order

el   **orgullo**   pride;   **orgulloso** *(adj.)* proud

oriental   *(adj.)* eastern

el   **oro**   gold

osado   *(adj.)* bold, daring

oscuro   dark

P

el   (la) **paciente**   patient;   **paciente** *(adj.)* patient

el   **padre**   father; *pl.* parents

el   **país**   country

el   **pájaro**   bird

la   **palabrota**   obscenity

pálido   pale

el   **palo**   stick

el   **pan**   bread

el   **pañuelo**   handkerchief

el   **papel**   paper, role;   **hacer el papel** to play the role

el   **papel higiénico**   toilet paper

para   in order to, for;   **estar para** to be about to;   **para que** in order that

la   **parada**   stop (train or bus)

el   **paraguas**   umbrella

parecer   to seem;   **parecerse a** to look like

la   **pareja**   couple

el   **pariente**   relative

el   **parque de atracciones**   amusement park

el   **partidario**   partisan, supporter

el   **partido**   game, match; political party

partir   to split

el   **pasajero**   passenger

el   **pasatiempo**   pastime

patinar   to skate

el   **pavimento**   pavement

la   **paz**   peace

el   **pecho**   breast, chest

el   **pedazo**   piece

pedir (i)   to ask for, request

pegar   to hit, to glue

peinarse   to comb one's hair

pelear   to fight

peligroso   dangerous

el   **pelo**   hair

la   **pelota**   ball

la   **pena**   pain, difficulty

pensar (ie)   to think

peor   worse, worst

percibir   to perceive

la   **percha**   coat hanger

perder (ie)   to lose;   la   **pérdida** loss

perder tiempo   to waste time

la   **perdición**   doom

perezoso   lazy

el **periódico** newspaper

permanecer to remain

el **perro** dog

el **personaje** character (in a literary work)

pertenecer to belong

pesado tiresome, boring

pesar to weigh; el **peso** weight

pesar: a pesar de in spite of

pescar to fish

pez (*pl.* **peces**) fish

el **picarón** rogue

la **piedra** stone

la **piel** skin

la **pierna** leg

la **píldora** pill

pisar to step on

la **piscina** swimming pool

el **piso** floor, story, apartment (Spain)

el **placer** pleasure

la **plaga** plague

planchar to iron

planear to plan

la **plata** silver

el **plátano** banana, plantain

el **plato** dish

la **playa** beach

la **pobreza** poverty

poder (**ue**) to be able

el **poder** power; **poderoso** powerful

la **política** politics, policy

poner to put, place; **ponerse** to put on (clothing)

portarse bien to behave; **portarse mal** to misbehave

el **portero** custodian

la **posguerra** postwar period

el **postre** dessert

el **precio** price

preciso (*adj.*) necessary

precolombino (*adj.*) before Columbus

predecir (**i**) to predict

preferir (**ie**) to prefer; **preferido** (*p.p.*) preferred

el **prejuicio** prejudice

el **premio** award

la **prensa** press

la **presión** pressure

el **préstamo** loan

prestar to loan

el **presupuesto** budget

la **primavera** spring

el **primo,** la **prima** cousin

la **princesa** princess

el **príncipe** prince

la **prisa** hurry; **tener prisa/estar de prisa** to be in a hurry; **darse prisa** to hurry

probar (**ue**) to taste, to prove, to test

profundo deep

prometer to promise; la **promesa** promise

promover (**ue**) to promote

la **propiedad** property

propio own, proper

proporcionar to furnish

el **propósito** purpose; **a propósito** by the way

la **proteína** protein

el **provecho** advantage, benefit

proveer to provide

la **prueba** proof, test

el (la) **psiquiatra** psychiatrist

el **puente** bridge

la **puerta** door; gate (airport)

pues well, then

la **pulgada** inch

el **pulgar**   thumb

el **puré de papas**   mashed potatoes

Q

quedarse   to remain;   **quedar en** to agree on

los **quehaceres domésticos**   housework

quejarse de   to complain

quemar   to burn

querer (ie)   to want

químico   chemical

quitar   to take away;   **quitarse**   to take off (clothing)

quizás   perhaps

R

el **rallador**   grater

el **rasgo**   characteristic, trait

la **razón**   reason

la **receta**   prescription, recipe

reclamar   to claim

recobrar   to recover

recoger   to pick up

el **recuerdo**   memory, souvenir

recurrir a   to resort to

el **recurso**   resource

el **reembolso**   refund

reemplazar   to replace

referirse (ie) a   to refer to

reforzar (ue)   to strengthen, reinforce

el **refrán**   proverb

el **refresco**   soft drink

regalar   to give;   el **regalo**   gift

regar (ie)   to water, irrigate

el **régimen**   diet, regime

la **regla**   rule

regresar   to return

el **rehén**   hostage

rehusar   to refuse

el **reino**   kingdom

reír (i)   to laugh;   **reírse de**   to laugh at

relajarse   to relax

remar   to row

el **remitente**   sender

renovar (ue)   to renew

reñir (i)   to quarrel, fight

repentino   *(adj.)* sudden

reponer   to replace

requerir (ie)   to require

el **requisito**   requirement

rescatar   to rescue

la **reserva**   reservation, reserve, back-up

el **respeto**   respect

la **respuesta**   answer

resucitar   to revive

retirar   to withdraw, take away

retrasado   *(adj.)* late (to arrive); el **retraso**   delay

el **retrato**   portrait

la **reunión**   meeting

reunirse   to get together (with)

el **revisor**   conductor (train)

el **rey**   king

rezar   to pray

robar   to steal

la **rodilla**   knee

rogar (ue)   to beg

romper   to break

roncar   to snore

la **ropa**   clothes

el **ruido**   noise

el **ruso**   Russian

la **rutina**   routine

S

saber to know; **saber** + *inf.* to know how to

saborear to savor

sagrado sacred

la **salida** exit

salir to leave; **salir con** to go out with

saltar to jump

la **salud** health

saludar to greet

sano healthy; **sano y salvo** safe and sound

el **sartén** skillet

satisfacer to satisfy; **satisfecho** satisfied

sazonar to season

secar to dry

secuestrar to kidnap; el **secuestrador** kidnapper

la **sed** thirst

la **seda** silk

seguida: en seguida immediately

seguido (a) followed by

seguro certain

el **sello** stamp

la **selva** forest

sensible sensitive

sentarse (ie) to sit down

el **sentimiento** feeling

sentir (ie) to feel (used with nouns), to be sorry; **sentirse** to feel (used with adjectives)

señalar to signal; la **señal** signal

la **sequía** drought

ser to be

servir (i) to serve

el **siglo** century

el **sindicato** labor union

sin embargo nevertheless

el **sinfín** endless number

sino but, but rather; **sino que** but rather

sobre over, about

el **sobrepeso** overweight

sobresaliente excellent

sobrevivir to survive

la **sobrina** niece

el **sobrino** nephew

el **socio** member

soler (ue) to be accustomed to

solo *(adj.)* alone; only

sólo *(adv.)* only

soltar (ue) to release

el **soltero**, la **soltera** single person

sonar to sound, ring

sonreír (i) to smile

soñar (ue) con to dream about

soplar to blow

soportar to tolerate

sorprender to surprise; **sorprendente** *(adj.)* surprising

sospechar to suspect; la **sospecha** suspicion

el **sótano** basement

suavizar to smooth, ease

subir a to get on

súbito *(adj.)* sudden

el **suceso** event

sucio *(adj.)* dirty

el **sueco** Swede, Swedish

la **suegra** mother-in-law

el **suegro** father-in-law

el **sueldo** salary

el **suelo** floor, soil

la **suerte** luck

sugerir (ie) to suggest

sujetar to subject

sumergir   to submerge

suministrar   to furnish, supply

la   **superficie**   surface

suprimir   to suppress

el   **sur**   south

surgir   to arise, come forth

suspender   to flunk

suspirar   to sigh

el   **susto**   scare

T

tal   *(adv.)* so; *(adj.)* such a;   **tal vez** perhaps;   **con tal (de) que** provided that

el   **tamaño**   size

también   also

tampoco   neither

tan   so, such;   **tan . . . como** as . . . as;   **tan pronto como** as soon as

tanto   *(adj. and pron.)* so much (many); *(adv.)* as much

tardar en   to delay in

la   **tarea**   job, task

la   **tarifa**   rate

la   **tarjeta**   card;   la   **tarjeta de embarque**   boarding pass

tener   to have;   **tener ganas de**   to feel like

el   **terremoto**   earthquake

el   **terreno**   a parcel of land, terrain

el   **testamento**   will

el   **testigo**   witness

la   **tía**   aunt

el   **tío**   uncle

tirar   to shoot, throw

el   **tobillo**   ankle

todavía   still;   **todavía no**   not yet

tomar   to take, drink

la   **tontería**   nonsense

la   **tormenta**   storm

la   **torta**   cake, sandwich (Mex.)

la   **tos**   cough

trabajador   *(adj.)* hard-working

traducir   to translate

traer   to bring

el   **trámite**   transaction

el   **trastorno**   upheaval

tratarse de   to be a question of

través: a través de   *(prep.)* through

travieso   mischievous

el   **trecho**   distance

la   **tregua**   truce

el   **trigo**   wheat

la   **tripulación**   crew

triste   sad

triturar   to crush, grind

tropezar con   to bump into

U

último   last

único   only, unique

unido   united, close

untar   to grease

el   **usuario**   user

útil   useful

V

vaciar   to empty

vacilar   to hesitate

valer   to be worth;   **valer la pena** to be worthwhile;   el   **valor** value

el   **varón**   male

el   **vaso**   glass

la **vecindad** neighborhood;
el **vecino** neighbor

la **vejez** old age

el **vencedor** winner

vender to sell

venir to come

la **ventaja** advantage

ver to see

el **verano** summer; **veraniego** *(adj.)* summer

las **verduras** vegetables

la **vergüenza** shame

vestirse (i) to get dressed

la **vez** time, instance; **a veces** sometimes; **de vez en cuando** occasionally; **en vez de** instead of; **tal vez** perhaps

viajar to travel

el **viento** wind

la **vientre** womb

vigilar to watch over

el **vino** wine

la **viuda** widow

el **viudo** widower

volar (ue) to fly

volver (ue) to return

el **vuelo** flight

Y

ya already; **ya no** no longer

el **yerno** son-in-law

Z

el **zapato** shoe

el **zoológico** zoo

Índice

PHOTO CREDITS

p. 1, Julianne Dueber—boys playing in fountain

p. 25, Julianne Dueber—man fishing with his daughters

p. 29, Peter Menzel—girl jogging in Santiago

p. 51, Julianne Dueber—Hispanic doctor

p. 58, Peter Menzel—Puerto Vallarta beach scene

p. 83, Julianne Dueber—the Alhambra in Granada

p. 84, Julianne Dueber—Granada, young people under an arch

p. 95, Julianne Dueber—bride trying on gown

p. 117, Julianne Dueber—mother and daughter dividing groceries

p. 120, Peter Menzel—couple kissing on park bench

p. 124, Julianne Dueber—girl kicking a ball in courtyard

p. 126, Julianne Dueber—graveyard scene

p. 146, Julianne Dueber—woman reading to a little boy

p. 153, Peter Menzel—Palacio Nacional in Managua

p. 173, Peter Menzel—graveside funeral in Managua

p. 186, Julianne Dueber—mother and daughter in kitchen

p. 209, Julianne Dueber—boy frying potatoes over an open fire

p. 216, Peter Menzel—bicycling in Madrid

p. 237, Peter Menzel—soccer match in Spain

p. 243, Julianne Dueber—man washing dishes

p. 264, Julianne Dueber—husband and wife with baby

p. 275, Julianne Dueber—salsa band

p. 296, Julianne Dueber—Ben Ortega, sculptor

p. 303, Official U. S. Coast Guard photograph—shipload of Cuban refugees

p. 320, Julianne Dueber—Manuel Barrueco, classical guitarist

p. 325, Julianne Dueber—Antonia Suárez de Palomo, Cuban-American immigrant

p. 331, Julianne Dueber—poster in New York City

p. 346, Julianne Dueber—storefront in New York City

p. 348, Marc Anderson—young girls in Puerto Rican Day parade